Besser präsentieren mit dem PC

Besser präsentieren mit dem PC

Michael Talman

DÜSSELDORF • PARIS • SAN FRANCISCO • SOEST (NL)

Fast alle Software- und Hardware-Bezeichnungen, die in diesem Buch erwähnt werden, sind gleichzeitig auch eingetragene Warenzeichen und sollten als solche betrachtet werden. Der Verlag folgt bei den Produktbezeichnungen im wesentlichen den Schreibweisen der Hersteller.

Übersetzung: Bodo Kummer

Titel der amerikanischen Originalausgabe: Understanding Presentation Graphics
Copyright © 1989 SYBEX Inc. 2021 Challenger Drive #100, Alameda, CA 94501

Projektmanagement/Lektorat: Michael Ortlepp/Matthias Bülow
Satz: TYPE SCRIPT, Renate Felmet-Starke, Mönchengladbach 2
Produktion: Uta Gardemann
Belichtung: projektionservice Klaus Weber GmbH, Düsseldorf
Farbreproduktionen/Umschlaggestaltung: Mouse House Design GmbH, Düsseldorf
Druck und buchbinderische Verarbeitung: Paderborner Druck Centrum

ISBN 3-8155-7006-9
1. Auflage 1992

Inhaltsverzeichnis

1

Ein Produktionsablaufverzeichnis erstellen

So wie Sie eine Weltreise nicht ohne eine Art Reiseführer planen würden, sollten Sie auch eine Präsentation nicht ohne ein Produktionsablaufverzeichnis planen. Falls mehrere Personen in die Vorbereitung der Präsentation eingebunden sind, ist es wichtig, sich zu vergewissern, daß niemand auf das Ergebnis eines anderen warten muß. Ein Produktionsablaufverzeichnis läßt jede beteiligte Person genau wissen, was von ihr verlangt wird und wann die Aufgaben beendet sein sollten.

Aber auch wenn Sie alleine arbeiten, wird Ihnen ein einfaches Produktionsablaufverzeichnis helfen, Verzögerungen zu vermeiden und einen Arbeitsfluß zu entwickeln, der die bestmögliche Präsentation produziert.

Ein Produktionsablaufverzeichnis einrichten

Ein solches Verzeichnis kann in seiner Komplexität sehr stark variieren. Für eine kleine Präsentation können vielleicht schon einige Eckdaten, an denen bestimmte Aufgaben in der vorausgehenden Woche abgeschlossen sein sollen, ausreichen. Bei einer dreitägigen Konferenz, in der mehrere Redner auftreten, kann ein Produktionsablaufverzeichnis für das Produktionsteam ähnliche Dimensionen annehmen wie ein Manöverplan, mit überlappenden Abgabeterminen und Zielen, die sich über mehrere Wochen vor der Präsentation erstrecken.

Eine leere Kalenderseite ist ein ideales Werkzeug, um ein Produktionsablaufverzeichnis zu erstellen. Markieren Sie Bereiche für jede Aufgabe, die auf den folgenden Seiten besprochen wird. In vielen Fällen werden sich die markierten Bereiche überlappen, insbesondere dann, wenn es sich um Präsentationen mit mehreren Rednern handelt. Heben Sie die Abgabetermine (beispielsweise den Abgabetermin für das Skript) mit einem roten Stift hervor, damit sie immer gut zu erkennen sind.

Das Abschätzen der Produktionszeit ist eine Fähigkeit, die mit den Erkenntnissen der Praxis geschult wird. Sie können sich aber vor ernsthaften Ablaufproblemen schützen, indem Sie die folgenden Punkte im Gedächtnis behalten:

–   Seien Sie realistisch; setzen Sie Ziele, die erreichbar sind.

–   Nehmen Sie immer an, das irgendeine Aufgabe länger dauern wird, als Sie es geplant haben.

– Behandeln Sie alle Abgabetermine ernsthaft; verzögern Sie nichts.

– Denken Sie an Murphy's Law: Wenn irgend etwas schiefgehen kann, dann geht es schief.

Bottom-Up-Produktionsablaufverzeichnis

In dem Moment, in dem der Redner auf das Podium schreitet, um die Präsentation zu starten, gibt es keine Zeit mehr für Zusätze, Veränderungen oder Reparaturen des Präsentationsmaterials. Dieses Datum - der Tag der Präsentation - wird zu Ihrem letzten Abgabetermin. Sie können ein Produktionsablaufverzeichnis erstellen, mit dem Sie sicher sein können, daß jede Aufgabe bis zu diesem Datum beendet ist, indem Sie von unten nach oben arbeiten (Bottom-Up), beziehungsweise die Aufgaben rückwärts vom Präsentationstag auflisten.

Die Abbildung 1.1 zeigt ein typisches Produktionsablaufverzeichnis für eine Präsentation. Es wird dabei von einer Präsentation ausgegangen, die aus 20 bis 100 Dias besteht. Die tatsächlich benötigte Zeit der einzelnen Teilaufgaben hängt einerseits von dem Fähigkeitsgrad der Mitarbeiter ab und andererseits von der Zeit, die von den Pflichten des Tagesgeschäfts abgezweigt werden kann. Denken Sie daran, daß alle anderen Dinge in Ihrer Firma nicht zum Stehen kommen, nur weil eine große Präsentation vor der Türe steht.

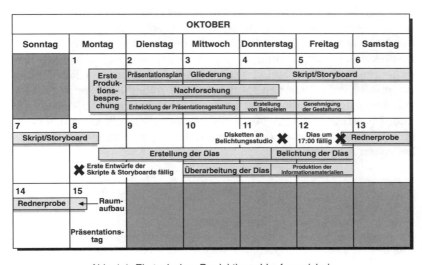

Abb. 1.1: Ein typisches Produktionsablaufverzeichnis

Da sich viele Arbeiten überschneiden können, wird die tatsächliche Produktionszeit kürzer als die Summe der einzelnen Teilarbeiten. Dadurch kann die Produktionszeit reduziert werden, vorausgesetzt, daß alle Beteiligten Ihren Part fristgerecht erfüllen.

Die folgenden Abschnitte erklären die einzelnen Stufen der Präsentationsproduktion und wie sie in ein Ablaufverzeichnis einzubinden sind, wobei rückwärts vom Präsentationstag gearbeitet wird.

Präsentationstag-Aufbau

Die Zeit, die benötigt wird, um das nötige technische Equipment für eine Präsentation aufzubauen, kann sehr stark variieren. Legen Sie fest, wann Sie das erste Mal auf den Raum, in der die Präsentation stattfinden soll, zugreifen können. Im allgemeinen können die meisten Präsentationen am Morgen des Präsentationstages aufgebaut werden. Wenn Sie nur eine kurze Besprechung in einem der firmeneigenen Konferenzräume abhalten, dann ist im Prinzip nicht viel zu tun. Sie brauchen dann nur ein Diakarussell in den Projektor einzulegen und die Schärfe zu regulieren.

Die Einrichtung einer Präsentation an der mehrere Redner, verschiedene Projektoren und auch eine Lautsprecheranlage einbezogen sind, nimmt logischerweise mehr Zeit in Anspruch (bis zu zwei Tagen).

Verlassen Sie sich bei der Vorbereitung des Raumes (oder der Räume) bei einer großen Sitzung nicht auf Ihr Glück. Solange Sie noch nicht mit den komplexen Problemstellungen, die bei einem solchen Projekt auftreten können, vertraut sind, sollten Sie es in Erwägung ziehen, ein Unternehmen einzubeziehen, das sich auf den Aufbau und die Einrichtung von großen Präsentationen spezialisiert hat. In der Regel können Sie lokale Unternehmen dieser Art in den *Gelben Seiten* unter der Rubrik Audiovision ausfindig machen. Falls es möglich ist, sollten Sie sich mehrere Angebote bezüglich der Kosten und der geschätzten Auf- und Abbauzeiten einholen.

Rednerprobe

Wie jeder andere, der vor einem Publikum auftritt, braucht auch derjenige, der die Präsentation abhält, eine gewisse Zeit, um die Show zu proben. Räumen Sie in Ihrem Produktionsablaufverzeichnis ein oder zwei Tage ein, in denen der Redner mit den Kopien des Präsentationsmaterials ein wenig Erfahrung sammeln kann.

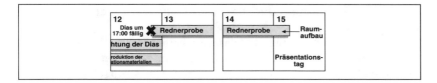

Falls Sie bei einigen Dias noch Änderungen in den letzten Minuten erwarten, kann es durchaus sinnvoll sein, dem Redner alle Dias zu Probezwecken zur Verfügung zu stellen. Danach überarbeiten Sie nur noch die Dias, die sich verändert haben, und tauschen dann vor der Präsentation die fehlerhaften Dias aus.

Produktion des Informationsmaterials

Häufig wird der Inhalt der gesamten Präsentation nach Ablauf der Veranstaltung nochmals in gedruckter Form an die Zuhörerschaft ausgeteilt. Die Zeitdauer, die Sie dem Ausdruck des Informationsmaterials zugestehen, ist unmittelbar vom Inhalt und Umfang abhängig. Wenn Sie eine kurze Präsentation, die überwiegend aus Textdias besteht, vor einem kleinen Publikum abhalten, dann sollte die Vorbereitung des Informationsmaterials nicht länger als einen Tag in Anspruch nehmen.

Müssen Sie hingegen für eine große Zuhörerschaft eine beachtliche Anzahl an aufwendigen und farbigen Grafiken ausdrucken lassen, so kann dies recht zeitaufwendig werden (bis zu drei Tagen). Abhängig davon, welche Software Sie verwenden, wie kompliziert die Grafiken sind und wie schnell Ihr Laserdrucker arbeitet, kann der Ausdruck der Masterkopie bei einer 100 Dia umfangreichen Präsentation schon einige Stunden dauern. Dann müssen Sie noch die Zeit hinzu addieren, die für das Fotokopieren (oder Drucken), das Vergleichen sowie die Bindung der Unterlagen benötigt wird.

Belichtung der Dias oder Overheadfolien

Unabhängig davon, ob Sie die Dias im eigenen Haus oder in einer externen Firma belichten lassen, müssen Sie genügend Zeit für die Belichtung, die Montage und das Einsortieren in das Diakarussell zulassen.

Die Leistung der Belichtungsgeräte ist sehr unterschiedlich. Je nachdem, welches Modell eingesetzt wird, kann die Belichtung eines einzigen Dias, das auf einer Datei abgespeichert worden ist, zwischen 2 und 20 Minuten dauern. Die bereits erwähnten Vorgänge Belichten, Montieren und Einsortieren können bis zu zwei Tage in Anspruch nehmen. Wenn Sie die Möglichkeit haben Ihre Dias in der eigenen Firma belichten zu lassen, sollten Sie mit dem Kollegen, der den Vorgang durchführt, die geschätzte Arbeitsdauer abstimmen und einen festen Termin festlegen.

Die meisten Belichtungsstudios bieten bei 35-mm-Dias einen 24-Stunden-Service an. (Bei Präsentationen, die die Grenze von 100 Dias überschreiten, kann es vielleicht auch ein wenig länger dauern.) Sollten Sie einmal unter starken Zeitdruck kommen, sind die meisten Belichtungsstudios auch in der Lage die Dias in weniger als 24 Stunden zu liefern. Diesen Service müssen Sie in der Regel jedoch auch teuer bezahlen. Einige Belichtungsstudios verlangen für die Lieferung am gleichen Tag den doppelten Preis.

Änderungen in der letzten Minute

Es ist egal, wie gut Sie sich vorbereiten oder wie oft Sie die Zahlen, die Sie in Ihrer Präsentation verwenden möchten, kontrollieren und überprüfen. Es wird immer Änderungen in der letzten Minute geben.

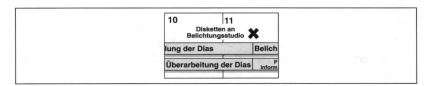

Solange Veränderungen nicht vermeidbar sind, berücksichtigen Sie sie einfach in Ihrem Produktionsablaufverzeichnis. Planen Sie für die abschließende Überarbeitung einen oder zwei Tage ein. Da Sie die vorzunehmenden Änderungen zwar nicht vorhersagen können, aber potentielle Änderungen eingeplant haben, wird dieser Vorgang zur Routine, und Ihr zeitlicher Rahmen gelangt dabei nicht ins wanken.

Der beste Weg, um die Überarbeitung der Charts durchzuführen, besteht darin, soviele Korrekturen wie möglich zu sammeln, um sie dann in einem Arbeitsgang auszuführen. Würde man jede kleine Änderung sofort ausführen, wäre der Arbeitsfluß immer wieder erneut unterbrochen. Da Sie die Überarbeitung zeitlich nach hinten verschieben, brauchen Sie einige der Änderungen, die in einem frühen Stadium entstanden sind, nicht auszuführen, da sie bis zu dem Zeitpunkt, an dem Sie die Änderungen ausführen bereits nochmals geändert worden sind. Somit brauchen Sie jedes einzelne Chart nur einmal zu überarbeiten.

Dias oder Overheadfolien entwerfen und umsetzen

Die meiste Zeit der tatsächlichen Produktion wird die Erstellung der Grafiken in Anspruch nehmen. Die Zeit, die benötigt wird, um die Grafiken zu entwerfen und auf dem Computer umzusetzen, ist von Präsentation zu Präsentation unterschiedlich. Sie werden bei der Präsentation A vielleicht nur zwei Stunden benötigen, um die erforderlichen Dias umzusetzen, während Sie bei der Präsentation B zwei Wochen brauchen. Es gibt einige Dinge, die den zeitlichen Umfang dieses Prozesses beeinflussen können:

- Ihre eigenen Fähigkeiten und Erfahrungsschatz
- Die Komplexität der zu erstellenden Grafiken
- Die Benutzerfreundlichkeit und Geschwindigkeit der verwendeten Software

Achten Sie darauf, daß Sie in Ihrem Produktionsablaufverzeichnis genügend Freiraum lassen, um diese Aufgabe direkt beim ersten Versuch richtig ausführen zu können. Sobald die Zeit für diese Arbeit zu knapp bemessen wird, steigt fast automatisch die Fehlerquote. Vielleicht kennen Sie auch das Zitat:

"Es ist nie genug Zeit vorhanden, um eine gute Arbeit zu machen... Aber immer genug Zeit, um eine schlechte Arbeit zu machen."

Wenn Sie nicht genau wissen, wieviel Zeit Sie für die Erstellung der Dias bemessen sollen, schätzen Sie einfach die Zeit, die Sie für die Umsetzung von jeweils einem Dia (einfach und komplex) benötigen und multiplizieren Sie dann diese Zahl mit der Anzahl der zu erstellenden Dias. Sie brauchen beispielsweise zehn Minuten, um ein einfaches Dia zu erstellen, und vierzig Minuten, um ein komplexes Dia fertigzustellen. Wenn Ihre Präsentation nun zwanzig einfache und zwanzig komplexe Dias enthält, müßten Sie ungefähr anderthalb Arbeitstage für die Umsetzung am Computer einplanen. Die Fähigkeit, diesen Prozeß zeitlich abzuschätzen, wird mit zunehmender Erfahrung steigen.

Gestaltungsrahmen und Genehmigung

Die Überarbeitung der Gestaltungsmerkmale beeinflußt die gesamte Präsentation. Während Sie mit kurzfristigen Änderungen vereinzelter Dias keine großen Probleme bekommen, kann die Veränderung des Gestaltungskonzeptes in den letzten Tagen vor der Präsentation zu einem Desaster führen. Insbesondere dann, wenn es sich um eine umfangreiche Präsentation handelt. Sie können solche Katastrophen

vermeiden, indem Sie eine frühzeitige Genehmigung des Gestaltungs-
rahmens in Ihrem Ablaufverzeichnis berücksichtigen.

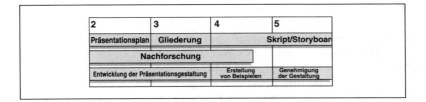

2	3	4	5
Präsentationsplan	Gliederung		Skript/Storyboar
Nachforschung			
Entwicklung der Präsentationsgestaltung		Erstellung von Beispielen	Genehmigung der Gestaltung

Veranschlagen Sie einige Tage, um einige Gestaltungsalternativen zu
entwickeln, die Sie an Hand von ein- und mehrfarbigen Text- und Grafikdias verdeutlichen. Rechnen Sie dann noch einen weiteren Tag für die
Belichtung der Beispieldias hinzu. Die entwickelten Beispieldias geben
Ihnen dann eine realistische Vorstellung, wie die Dias in der Präsentation aussehen werden.

Stellen Sie den an der Präsentation beteiligten Personen die Beispieldias
vor und versuchen Sie, einen Konsens für eine der Alternativen zu finden, ehe Sie fortfahren. In der Regel findet dieser Abstimmungsprozeß
zeitgleich mit der Vorbereitung des Skriptes und des Storyboards statt.

Präsentationsplan, Gliederung, Skript und Storyboard

Der Präsentationsplan und die Gliederung sind das Rückgrat Ihrer Präsentation. Sie sollten deshalb die Zeit, an der Sie daran arbeiten, nicht
zu knapp bemessen. Je besser die Gliederung strukturiert ist, um so
schneller wird die weitere Produktion vonstatten gehen. Veranschlagen
Sie einen Tag, um den Plan zu entwickeln und eine möglichst gut struk-
turierte Gliederung zu schreiben.

2	3	4	5	6	7	8
Präsentationsplan	Gliederung		Skript/Storyboard		Skript/Storyboard	
Nachforschung						
Entwicklung der Präsentationsgestaltung		Erstellung von Beispielen	Genehmigung der Gestaltung			✖ Erste Entwü Skripte & St

Mit der Hilfe einer guten Gliederung sollten die ersten Entwürfe Ihrer
Rede (das Skript) nur ein oder zwei Tage in Anspruch nehmen. Wäh-

rend Sie die ersten Entwürfe schreiben, sollten Sie sich schon Notizen über die Art der Dias (Text, Grafik, Illustration) machen, die notwendig sind, um Ihre Argumentation zu unterstützen. Dabei kann die Gliederung als Nachschlagewerk dienen.

Setzen Sie einen weiteren Tag an, um Entwürfe der Dias zu erstellen. In diesen Entwürfen sollten auch schon Skizzen der Charts oder Illustrationen, die Sie benötigen werden, enthalten sein. In dieser Phase sollen lediglich grobe Entwürfe erarbeitet werden, die keine Details und Verschönerungen enthalten. Beziehen Sie nur die grundlegenden Informationen ein, die Sie benötigen, um mit Ihrer Software die Dias zu erstellen. Einige Programme können direkt aus der Gliederung den Text für das Dias erzeugen.

Nachforschung

Falls Sie den größten Teil der Informationen bereits in Ihren Händen haben, kann der Großteil an Nachforschung durch die Weiterentwicklung der Gliederung und Skriptes abgeschlossen werden. Beispielsweise können Sie auf die Finanzdaten des Unternehmens, die Verkäufe und Produktionsdaten normalerweise sofort zugreifen.

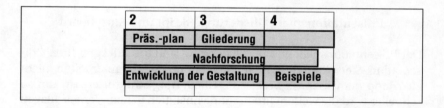

2	3	4
Präs.-plan	Gliederung	
Nachforschung		
Entwicklung der Gestaltung		Beispiele

Falls dennoch intensive Nachforschungsarbeiten notwendig werden, so sind sie dementsprechend im Ablaufverzeichnis zu berücksichtigen. Sie sollten dann auch noch einen kleinen Zeitpuffer für das Hinzufügen von verspätet eintreffendem Informationsmaterial berücksichtigen.

Erste Produktionsbesprechung

Wenn Ihre Präsentation eine Teamarbeit ist, rufen Sie die beteiligten Personen, sobald die Entscheidung über das exakte Präsentationsdatum gefallen ist, zu einer ersten Produktionsbesprechung zusammen. In dieser Besprechung sollten Sie die Reichweite des Projektes festlegen, indem die folgenden Punkte abgehandelt werden:

– Wie lange wird die Präsentation voraussichtlich dauern?
– Wie viele Dias werden benötigt?
– Wo wird die Präsentation abgehalten?
– Welche spezielle technische Ausrüstung ist erforderlich?

Wenn während dieser Besprechung noch nicht alle notwendigen Informationen zur Verfügung stehen, sollten Sie sich vergewissern, daß alle beteiligten Personen die noch ausstehenden Informationen schnellstmöglich erhalten.

Abgabetermine und Kontrollpunkte

Nachdem Sie nun einen allgemeinen Zeitplan für den Produktionsablauf festgelegt haben, markieren Sie die Termine, an denen bestimmte Aufgaben abgeschlossen sein müssen. Setzen Sie beispielsweise einen Abgabetermin für den Redner, um die Gliederung und das Skript abzuliefern.

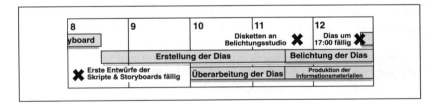

Immer dann, wenn eine Person von dem Ergebnis der Arbeit einer anderen Person abhängig ist, sollten im beiderseitigen Interesse eindeutige Termine festgesetzt werden.

Zeitpuffer

Auch wenn Sie das Produktionsablaufverzeichnis noch so präzise planen, wird es immer unvermeidbare Verzögerungen geben. Um diese Unvorhersehbarkeiten zu kompensieren, bauen Sie einfach einen Zeitpuffer in der Größenordnung eines halben Tages in Ihr Ablaufverzeichnis ein.

Prioritäten zuweisen

In der Hektik der Präsentationserstellung kann es sehr schnell passieren, daß man die Prioritäten aus dem Auge verliert. Sie können Konflikte und Verwirrungen vermeiden, indem Sie sich gelegentlich selber ins Gedächtnis rufen, was das wichtigste ist.

In den frühen Stufen des Planungsprozesses sollten Sie sich auf die Entwicklung der endgültigen Gliederung und des Storyboards konzentrieren. Sobald diese beiden Dinge komplett und zufriedenstellend sind, verringert sich die Wahrscheinlichkeit, daß im weiteren Verlauf des Produktionsprozesses noch sehr tiefgreifende Veränderungen zu erwarten sind.

Bei der Erstellung der Dias oder Overheadfolien ist es wichtig, daß man das gesamte Bild im Kopf hat und die Produktion nicht deshalb unterbricht, weil einige Zahlen oder Grafiken noch nicht zur Verfügung stehen. Versuchen Sie, die Dias so weit, wie es geht, fertigzustellen. In den meisten Fällen können Sie die Charts oder Tabellen auch schon erstellen, indem Sie für noch fehlende Daten genügend Platz frei lassen. Sie können auch unvollständige Textdias erstellen. In der Regel ist es einfacher, Wörter oder Zahlen zu verändern oder einzugeben, als ein gesamtes Dia in der letzten Minute neu aufbauen zu müssen.

Bei einer Teamarbeit genießt die direkte und klare Kommunikation höchste Priorität. Es gibt nichts, was den Produktionsprozeß stärker unterbricht als mißverstandene Äußerungen der Teammitglieder.

Benachrichtigen Sie Ihre Lieferanten (Drucker und Belichtungsstudio) rechtzeitig, wenn eine große Präsentation bevorsteht. Wenn Sie die Lieferanten in die Planung einbeziehen, werden Sie einen besseren Service erhalten. Außerdem können viele Probleme in der Endphase vermieden werden, wenn man mit der technischen Ausrüstung und den kapazitiven Möglichkeiten des Lieferanten vertraut ist.

Planung einer Präsentation mit mehreren Rednern

Eine der größten Herausforderungen, die sich Ihnen stellen kann, ist eine Top-Veranstaltung Ihres Unternehmens, wie zum Beispiel die Jahreshauptversammlung vor mehreren hundert Aktionären, eine wissenschaftliche Konferenz oder die Präsentation vor der Verkaufsmannschaft. In solche Veranstaltungen sind viele Redner manchmal über mehrere Tage eingebunden. Hunderte oder sogar Tausende von Dias werden dann benötigt.

Der Produktions-Koordinator

Wenn Sie an einem sehr großen Projekt mit mehreren Sprechern und Hunderten von Dias beteiligt sind, ist es eine gute Idee, jemanden aus Ihrer Organisation auszuwählen, der als Produktions-Koordinator fungiert. Der Produktions-Koordinator ist derjenige, der dafür zu sorgen hat, daß das Produktionsablaufverzeichnis eingehalten wird. Er muß darauf achten, daß jede Arbeit korrekt und innerhalb des Zeitplanes durchgeführt wird. Weiterhin muß er die Bremser ein wenig anschieben und die Übereifrigen ein wenig bremsen. Der Produktions-Koordinator sollte als Bindeglied zu den Lieferanten fungieren. Alles in allem dient der Koordinator dazu, den Kommunikationsprozeß zu vereinfachen.

In der Praxis sieht es dann häufig so aus, daß der Produktions-Koordinator auch derjenige ist, der den Großteil der Gestaltung entwirft und umsetzt. Verzweifeln Sie nicht, falls Sie in eine solche Situation kommen. Setzen Sie sich zum Ziel, so viel Verantwortung wie möglich an die Redner und das restliche Team zu delegieren.

Die Produktions-Checkliste

Ein Möglichkeit, komplexe Präsentationen zu organisieren, besteht in der Anwendung einer Produktions-Checkliste. Erstellen Sie eine Liste aller einzelnen Präsentationen der Gesamtveranstaltung und fertigen Sie dann für die notwendigen Aufgaben Kontrollfelder an. Die Abbildung 1.2 stellt ein Beispiel einer Produktions-Checkliste für eine Präsentation mit mehreren Rednern dar.

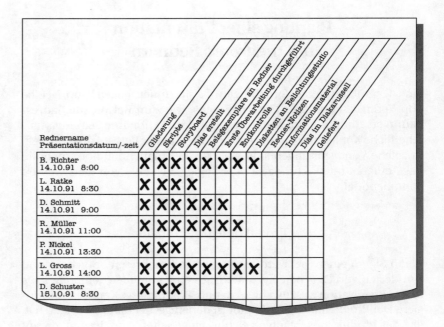

Abb. 1.2: Eine Produktions-Checkliste

Sobald jedes Skript geschrieben, jede Diagruppe erstellt und jedes Dia-karussell sortiert ist, haken Sie die entsprechenden Kontrollfelder ab. Auf diesem Weg verlieren Sie nicht die Übersicht über die verschiedenen Arbeitsstufen der einzelnen Präsentationen. Sie können ganz einfach er-kennen, wer mit dem Abgabetermin für das fertige Skript noch nach-hinkt und wessen Präsentationen bereits belichtet werden können.

Der Praxisfall

Scharfe Kanten

Willkommen in der Realität, in der Produktionsablaufverzeichnisse aus-einanderfallen, Leute den Prozeß verzögern und Computer abstürzen. In der auch die beste Planung unter dem starken Druck von engen Ab-gabeterminen und Persönlichkeitskonflikten schiefgeht. In der Murphy's Law noch eine Untertreibung ist.

Montag, den 1. Oktober, 13:00 Uhr: Wir werfen einen Blick hinter die Kulissen der Firma Hypothetika International. Um die finanziellen Mittel für neue Geschäftsbereiche außerhalb der bisherigen Diversifikation zu erlangen, hat unser Management entschieden Aktien, zu emittieren. Damit der Verkauf der Aktien auch erfolgreich verlaufen wird, werden der Finanzdirektor, der Verkaufsdirektor und der Geschäftsführer einige Präsentationen vor potentiellen Aktienkäufern abhalten, um dort zu erläutern, welch ein großartiges Investment der Kauf von Hypothetika-Aktien in Zukunft sein wird. Zum Interessentenkreis zählen hauptsächlich Aktienhändler, Makler und institutionelle Anleger (Versicherungen und Banken).

Bei der ersten Produktionsbesprechung nehmen fünf Personen teil:

Georg Spitzer, Verkaufsdirektor

Albert Schmitz, Geschäftsführer

Verena Reuter, Finanzdirektorin

Ellen Jakobs, Marketing-Referentin

Tim Gonzales, Desktop-Publishing-Spezialist

Die Ziele dieses ersten Meetings bestehen darin, allen Beteiligten eine Vorstellung von der geplanten Präsentationsreihe zu geben und einige Richtlinien bezüglich eines Produktionsablaufverzeichnisses zu entwickeln. Georg, Albert und Verena sind die Redner. Sie werden jeder einen Präsentationsplan vorbereiten und mit der Hilfe Ihrer Assistenten Ihre Reden schreiben. Ellen wird das gesamte Projekt koordinieren und als Bindeglied zwischen den Rednern, dem hausinternen Produktionsteam sowie den Lieferanten fungieren. Tim ist der Kreative, der die Gestaltung und Umsetzung der Dias durchführen wird. Außerdem wird er sich auch noch um das Begleitmaterial der Präsentation kümmern.

Die gesamte Präsentation wird aus vier Teilen bestehen:

–   Einleitende Worte von Georg Spitzer

–   Eine allgemeine Vorstellung der Hypothetika International von Albert Schmitz

–   Umfassende Informationen zur Finanzlage und Details zur Aktienemission von Verena Reuter

–   Abschließende Worte von Georg Spitzer

Die gesamte Veranstaltung soll ungefähr eine Stunde dauern, von der die eigentliche Präsentation 35 bis 40 Minuten in Anspruch nehmen wird. Anschließend soll eine Frage-und-Antwort-Runde folgen. All unsere Redner haben eine klare Vorstellung über das, was gesagt werden muß, wobei jede Rede nicht länger als 15 Minuten umfassen soll.

Es ist nicht viel Zeit vorhanden, um Nachforschungen anzustellen, aber glücklicherweise sind die meisten Informationen, die zur Präsentation benötigt werden, im Computer vorhanden. Es wird einige Zahlen bezüglich des Aktienangebotes geben, die erst in letzter Minute ausgearbeitet werden können, jedoch stehen die Informationen zur Finanzlage schon bereit.

Nach unseren vorläufigen Schätzungen werden für die gesamte Präsentation ungefähr 100 Dias anfallen. Außer den Finanzdaten von Verena werden die meisten Informationen in einfachen Text- oder Grafikdias präsentiert.

Die erste Präsentation findet am Montag, dem 15. Oktober in einer renommierten Investmentbank statt. Die Redner werden am vorherigen Sonntag nachmittag nach Frankfurt fliegen.

Wenn vom Abflugdatum rückwärts gearbeitet wird, so ist der erste Abgabetermin in unserem Ablaufverzeichnis Freitag, der 12. Oktober, 17:00 Uhr. Bis dahin sollten alle Sprecher die endgültige Version Ihrer Präsentation in den Händen halten, damit Sie das Material während des Wochenendes einstudieren können.

Der nächste Abgabetermin wird Donnerstag, 11. Oktober, 12:00 Uhr. Zu diesem Termin müssen die Disketten an unser Belichtungsstudio versendet werden. Weiterhin müssen die endgültigen Informationsunterlagen in die Hausdruckerei abgeliefert werden, damit sie gedruckt und gebunden werden. Indem der Abgabetermin auf den Mittag fixiert wird, haben wir und das Belichtungsstudio ein wenig Luft, falls noch Änderungen oder Fehler in der letzten Minute eintreffen bzw. auffallen sollten.

Basierend auf den bisherigen Erfahrungen von Tim Gonzales sollten drei Tage genügend Zeit sein, um die Dias zu erstellen. Deshalb werden wir die Deadline für die Redner zwecks Abgabe der Diavorlagen auf Montag, den 8. Oktober, 21:00 Uhr setzen. Eine endgültige Überprüfung der

Dias wird am Donnerstag morgen erfolgen, unmittelbar bevor die Disketten an das Belichtungsstudio gehen.

Während die Sprecher am Inhalt Ihrer Reden feilen, wird sich Tim den Gestaltungsaspekten widmen. Wir legen Donnerstag, den 4. Oktober, als Termin für den Abschluß der Gestaltungsarbeit fest. Zu diesem Termin werden auch die Entwürfe der Redeskripte fällig.

Zu Ihrem eigenen Nutzen planen die Redner ein Meeting am Abend des 2. Oktober, um über die jeweiligen Präsentationspläne und Umrisse zu sprechen.

Es sieht wie ein gutes Produktionsablaufverzeichnis aus. Wir haben ein paar Kanten entschärft, indem wir einige Arbeiten parallel laufen lassen, um Zeit zu sparen. Weiterhin haben wir fast zwei Wochenenden, an denen eventuelle Nachlässigkeiten aufgeholt werden könnten. Leider gibt es noch ein paar Engpässe, die uns im weiteren Verlauf noch mit Ärger versorgen werden. Doch dazu mehr in Kapitel 2!

Zusammenfassung

Ihr erster Schritt zu einer erfolgreichen Präsentation besteht in der Organisation des Produktionsprozesses:

– Erstellen Sie ein Produktionsablaufverzeichnis, das rückwärts vom Veranstaltungstag aufgebaut wurde.

– Setzen Sie für alle wichtigen Produktionsziele feste Abgabetermine und Kontrollpunkte.

– Priorisieren Sie Ihre Produktionsaufgaben, damit sich niemand durch fehlende Informationen verspätet.

– Weisen Sie bei umfangreichen Präsentationen einer Person die Aufgabe des Präsentations-Koordinators zu.

– Benutzen Sie eine Präsentations-Checkliste, um permanent über den Stand der verschiedenen Arbeitsschritte informiert zu sein.

2

Die Präsentations-
planung

Den ersten Schritt, den Sie bei der Erstellung einer Präsentation durchführen sollten, besteht in der Entwicklung eines Präsentationsplanes. Dieser Plan ist nicht dasselbe wie die Gliederung. Der Plan ist ein Entwurf, den Sie dazu benutzen, Argumente und Fakten zu konstruieren, die Ihr Publikum zu der von Ihnen gewünschten Schlußfolgerung führt. Sie müssen viel Zeit in den Präsentationsplan investieren. Es geht lediglich darum, eine klare Vorstellung darüber zu erlangen, wie die Präsentation zu strukturieren ist.

Ihr Ziel und die Botschaft definieren

Bevor Sie mit irgendeiner konkreten Arbeit an der Präsentation beginnen, sollten Sie zunächst einmal überlegen, mit welchen Vorstellungen das Publikum aus der Präsentation herauskommen soll. Mit welchen Gedanken sollen sich die Zuhörer beschäftigen, wenn sie die Präsentation verlassen?

Ihr Ziel

Schreiben Sie einen Satz nieder, der beschreibt, welche *Handlung* Sie vom Auditorium wünschen. Wollen Sie, daß die Zuhörerschaft ihr hart verdientes Geld für Ihre Produkte oder Dienstleistungen ausgibt? Wollen Sie, daß ein neuer und größerer Etat genehmigt wird? Oder wollen Sie, daß sich die Zuhörer einfach besser und zufriedener in Ihrer Firma fühlen? Ein ähnlicher Satz stellt Ihr *Ziel* dar.

Ihre Kernaussage

Nachdem Sie Ihr Ziel festgelegt haben, müssen Sie es von verschiedenen Seiten betrachten und es in eine klare, einfache Aussage setzen (*Botschaft*). Ihre Kernaussage sollte den entscheidenden Grund herausheben, weshalb das Publikum so reagieren soll, daß Ihr Ziel erreicht wird.

Beispielsweise könnten Sie eine der folgenden Kernaussagen vermitteln wollen:

- Unsere Produkte sind die besten.
- Ein größerer Etat wird unsere Organisation effizienter und profitabler gestalten.
- Unser Unternehmen ist finanziell gesund.

Alles, was in Ihre Präsentation eingeht (Skript, Textdias, Tabellen, Grafiken, Fotos, Informationsmaterial) sollte diese Kernaussage vermitteln. Während Sie die Gliederung der Präsentation erstellen, Ihre Rede schreiben oder die Dias erstellen, sollten Sie sich immer die Frage stellen, ob die Informationen, die Sie zeigen, auch einen Beitrag leisten, um die Kernaussage zu übertragen.

Falls Sie eine Präsentation mit verschiedenen Rednern planen, entwickeln Sie eine zentrale, vereinigende Kernaussage für die gesamte Präsentation. Die einzelnen Sprecher sollten dann für ihre Präsentationen Kernaussagen erstellen, die das übergreifende Thema unterstützen.

Beispielsweise könnte die übergreifende Kernaussage für eine Ausbildungskonferenz folgendermaßen aussehen:

Die Computertechnologie weckt die Vorstellungskräfte von Kindern.

Darauf basierend könnten die Aussagen der einzelnen Redner folgendes enthalten:

Multimedia ist ein Werkzeug für die künstlerische Ausbildung.

Computerspiele haben positive Auswirkungen auf die Phantasie von Kindern.

Durch das übergreifende Thema wird nicht nur die gesamte Präsentationsfolge fließender, sondern die einzelnen Präsentationen werden stärker und erhalten eine größere Überzeugungskraft, da jede Präsentation die andere unterstützt.

Entwicklung eines Top-Down-Präsentationsplanes

Die Methode der Top-Down-Präsentationsplanung ist wie eine Pyramide strukturiert, wie auch in der Abbildung 2.1 dargestellt wird. Ihr Ziel ist die Spitze der Pyramide, die von Ihrer Kernaussage gefolgt wird. Diese beiden oberen Blöcke werden durch darunterliegende Aussagen unterstützt. Dadurch erhalten Sie einen Aufbau für Ihre Präsentation, den Sie in der Gliederung, im Skript und in den Dias weiterentwickeln können.

Die "Warum"-Methode

Haben Sie Ihre Kernaussage festgelegt, ist das hilfreichste Werkzeug, um einen Präsentationsplan zu erstellen, das Wort *Warum*. Versetzen Sie sich in die Position der Zuhörer und stellen Sie sich bei jeder Aussage die Frage "Warum?". Formulieren Sie jede neue Antwort in einen aussagefähigen Satz.

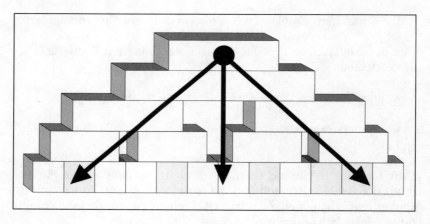

Abb. 2.1: Ein Top-Down Präsentationsplan

Durch diesen Prozeß werden Sie eine solide Struktur von Fakten und Argumenten in Ihre Präsentation einbinden.

Nehmen Sie beispielsweise an, daß Ihre Kernaussage wie folgt aussieht:

Essen Sie unser Gemüse.

Einige Antworten auf die Warum-Frage könnten folgendermaßen aussehen:

Gemüse schmeckt großartig.

Gemüse trägt zur Gesundheit bei.

Diese Antworten stellen die dritte Ebene Ihres Planes dar. Es handelt sich um die unterstützenden Elemente, die an der Kernaussage mitwirken.

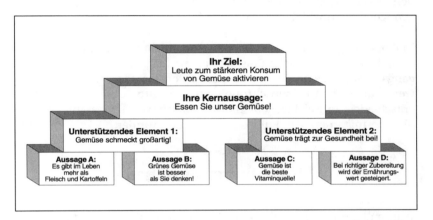

Durch die kontinuierliche Beantwortung des "Warum?" werden Sie sich bis zu der Detailstufe vorarbeiten, die Sie zur Vorbereitung Ihrer Gliederung und Skriptes benötigen.

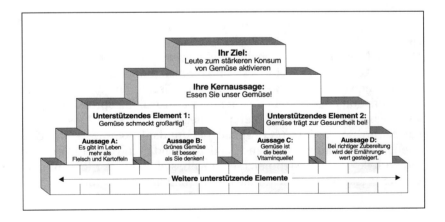

Wenn Sie den Boden Ihrer Pyramide erreicht haben, sollten Sie eine Reihe von Aussagen besitzen, die Ihnen als Einträge für die Gliederung oder sogar als Diatitel dienen können. Vielleicht möchten Sie auch höhere Stufen Ihrer Pyramide als Kopf für einen gesamten Bereich einsetzen.

Die Form des Präsentationsplanes

Der Präsentationsplan muß nicht symmetrisch sein. Unter einer einzelnen Aussage können so viele Einträge stehen, wie Sie benötigen, um ihr genügend Stichhaltigkeit zu verleihen.

In einem Präsentationsplan können noch nicht alle Aspekte enthalten sein, die eine erfolgreiche Präsentation ausmachen. Es ist nur ein Ausgangspunkt, um eine Gliederung zu erstellen. Der Plan besitzt beispielsweise auch noch keinen chronologischen Aufbau. Sie müssen noch entscheiden, in welcher Reihenfolge und mit welcher Geschwindigkeit die Informationen dem Publikum präsentiert werden.

Die Zuhörer verstehen

Während der Erstellung des Präsentationsplanes ist es wichtig, sich ins Gedächtnis zu rufen, wer die Warum-Frage stellt. Die Detailtiefe und Komplexität der Informationen, die Sie in Ihrer Präsentation benötigen werden, ist stark von der Beschaffenheit Ihrer Zielgruppe abhängig.

Der Grad des Einflusses

Den Grad des Einflusses, den das Publikum über Ihr definiertes Ziel besitzt, wird die Art und Weise bestimmen, wie die zu präsentierenden Informationen ausgewählt werden. In einer Präsentation, in der man vor dem Vorstand nach Mitteln für ein neues Konstruktionsprojekt ersucht, wird sicherlich eine andere Betonung liegen als bei einer Präsentation vor der Presse. Auch wenn es sich dabei um die Bekanntgabe des gleichen Projekts handelt. Während bei der Präsentation vor dem Vorstand die Vorteile des Unternehmens überragen, stehen bei der Präsentation vor der Presse die Vorteile für die Gesellschaft im Vordergrund.

Ein weiterer Aspekt stellt die Vertrautheit der behandelnden Thematik seitens der Zuhörerschaft dar. Ein Wissenschaftler, der eine Präsentation vor seinesgleichen abhält, kann sehr stark ins Detail gehen und muß nur wenig Hintergrundwissen zur Verfügung stellen. Sobald derselbe Wissenschaftler jedoch vor potentiellen Investoren einer biotechnischen Firma präsentiert, muß er die Schwerpunkte stärker auf die Vorteile für die Allgemeinheit legen und das Marktpotential betonen, als die technischen Prozesse darzulegen.

Was muß der Zuhörer wissen?

Wieviele Informationen in eine Präsentation einbezogen werden, ist stark davon abhängig, was das Publikum wissen muß. Beispielsweise müßte der erste Redner, in einer Versammlung vor potentiellen Investoren, die eigene Firma nur in allgemeinen Worten vorstellen. Dabei müßten nur soviel Details genannt werden, daß das Publikum mit dem Unternehmen und seiner Geschichte vertraut wird. Andererseits erfordert die Präsentation der Finanzlage (oder des Aktienangebotes) vielleicht kaum allgemeine Informationen, sondern fast ausschließlich sehr detaillierte Daten, um das neue Aktienangebot und die damit verbundenen Gewinnpotentiale zu erläutern.

Das Zuhörerprofil

Nehmen Sie sich die Zeit, um ein kurzes Zuhörerprofil zu erarbeiten. Sie werden klarer und überzeugender sprechen können, wenn Sie eine genauere Vorstellung darüber haben, mit wem Sie sprechen. Die Abbildung 2.2 zeigt ein Beispielformblatt, das man zur Erarbeitung des Zuhörerprofils einsetzen könnte.

Zuhörerprofil

Datum und Uhrzeit der Präsentation: _____

Veranstaltungsort: _____

Art des Vortragssaales: _____

Zur Verfügung stehende technische Ausrüstung: _____

Benötigte technische Ausrüstung: _____

Ihre Kernaussage: _____

Beschreiben Sie Ihre Zuhörer:

Anzahl: _____

Kenntnisse der Zuhörer über das präsentierte Thema:
❏ Sehr vertraut ❏ Ein wenig vertraut ❏ Nicht vertraut

Erwartete Einstellung der Zuhörer gegenüber Ihnen und dem Gegenstand der Präsentation:
❏ Freundlich ❏ Neutral ❏ Feindlich ❏ Nicht bekannt

Wie häufig nehmen Ihre Zuhörer an Präsentationen dieser Art Teil?
❏ Häufig ❏ Gelegentlich ❏ Selten

Wie groß ist der Einfluß der Zuhörer auf ihre Ziele?
❏ Groß ❏ Mittelmäßig ❏ Klein ❏ Kein Einfluß

Versetzen Sie sich in die Lage des Zuhörers:

Wieviel Hintergrundinformationen müssen den Zuhörern zur Verfügung gestellt werden
❏ Sehr viele ❏ Einige ❏ Sehr wenige

Wenn Sie ein typische Zuhörer wären (wie oben beschrieben), wie müßte Ihnen das Thema näher gebracht werden, um Sie zu überzeugen:

_____

_____

Abb. 2.2: Formblatt zur Bestimmung des Zuhörerprofils

Der Praxisfall

Fehlende Teile einfügen

Mittwoch, den 3. Oktober, 11:00 Uhr. Es war recht einfach, die oberste Ebene des Präsentationsplanes für Hypothetika International zu erstellen. Georg, Albert und Verena haben entschieden, daß Ihr Ziel wie folgt aussieht:

Das Publikum wird unsere neuen Aktien kaufen oder empfehlen.

Die übergreifende Kernaussage soll wie folgt heißen:

Hypothetika International ist eine Investition in die Zukunft.

Anschließend haben Sie sich ausgedacht, wie lange die einzelnen Präsentationen dauern sollen. Jeder Redner hat dann für seine Präsentation eine eigene Kernaussage entwickelt:

Georgs einleitende Worte (5 Minuten): Die Zeit ist gekommen, um zu expandieren.

Alberts Präsentation (15 Minuten): Wir haben die Fähigkeiten, um kolossal zu wachsen.

Verenas Präsentation (15 Minuten): Hypothetika International ist eine solide Investition.

Georgs abschließende Worte (5 Minuten): Sie sind ein Teil unserer Zukunft.

Lassen Sie uns Alberts Präsentationsplan ein wenig genauer betrachten. Er unterstützt seine Kernaussage mit drei Fakten, die beweisen, daß die Firma Hypothetika eine starke Organisation ist: ihre Personen, ihre Infrastruktur und ihre Erfolgsgeschichte. Danach baut er Elemente auf, die wiederum diese drei Punkte unterstützen sollen.

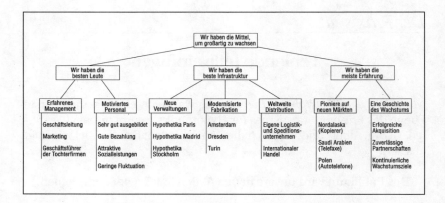

Albert hat die meisten Grundlagen abgedeckt. Jedoch hat er einen entscheidenden Bereich, der den übergreifenden Präsentationsfluß verbessern würde, in seiner Rede vergessen. Nachträglich entscheidet sich Albert dazu, einen kurzen Part über die allgemeine Finanzlage der Firma zu integrieren, um damit einen Übergang zu den finanziellen Details in Verenas Präsentation zu schaffen.

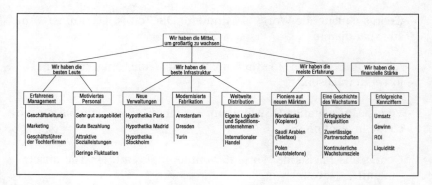

Nachdem der Finanzbereich in Alberts Präsentation hinzugefügt wurde, sieht es so aus, als ob seine Präsentation aus ungefähr 30 Dias bestehen wird. Diese Zahl haben wir durch die Addition der Einträge in der untersten Ebene des Präsentationsplanes erhalten, wobei dann noch der Spielraum für ein paar zusätzliche Dias berücksichtigt wurde, da einige Einträge vielleicht nicht durch ein einzelnes Dia darzustellen sind.

Zusammenfassung

Die Erstellung einer effektiven Präsentation erfordert eine bedächtige Planung. Sie können Ihren Argumenten mehr Überzeugungskraft verleihen und somit einen größeren Eindruck beim Publikum erzeugen, wenn Sie die folgenden Richtlinien berücksichtigen.

– Legen Sie Ihr Ziel an der intendierten Handlung der Zuhörerschaft fest.

– Definieren Sie Ihre Kernaussage, in der zum Ausdruck kommt, warum sich das Publikum in der von Ihnen gewünschten Weise verhalten soll.

– Versuchen Sie bei einer Veranstaltung mit mehreren Rednern ein Thema zu finden, das die verschiedenen Präsentationen miteinander verbindet.

– Stellen Sie sich kontinuierlich die Warum-Frage, um weitere Aussagen zu finden, die Ihre Kernaussage verstärken können.

– Schneidern Sie Ihre Aussagen und Informationen auf das zu erwartende Publikum zu. Versetzen Sie sich in die Lage des Publikums, wenn Sie über die verstärkenden Aussagen nachdenken.

3

Eine Präsentations-
gliederung vorbereiten

Ihr Präsentationsplan ist eine Hierarchie von Aussagen, die Sie dem Publikum mitteilen möchten. Die Gliederung - der Rahmen Ihrer Präsentation - konstruieren Sie aus den Fakten, die Ihre Aussagen unterstützen.

Eine Gliederung aus einem Plan entwickeln

Sie erstellen eine Gliederung für Ihre Präsentation, indem Sie einfach die Aussagen des Präsentationsplanes erweitern und organisieren. Jede Aussage des Planes wird zu einem Eintrag in Ihrer Gliederung. Dann können Sie wie folgt fortfahren, um Ihre Gliederung zu entwickeln:

–   Fügen Sie Informationen hinzu, die Ihre Aussagen unterstützen.

–   Legen Sie in Abhängigkeit von Ihrer Kernaussage die Bedeutung der einzelnen Aussagen und Fakten fest.

–   Organisieren Sie Ihre Daten in der Weise, daß sie eine Geschichte erzählen.

Aufbau und Inhalt der Gliederung

Die Detailtiefe Ihres Präsentationsplanes basierte darauf, wie weit die "Pyramide" nach unten reichte. Verschieben Sie nun die Elemente, so daß sich ein logischer Ablauf der Informationen ergibt. Anschließend können Sie die unterstützenden Informationen in die entsprechenden Ebenen der Gliederung hinzufügen.

Wie in der Beispielgliederung in Abbildung 3.1 zu sehen ist, kann in Ihrer Gliederung alles enthalten sein, was zur Entwicklung der gesamten Präsentation beiträgt. Beispielsweise könnte eine Gliederung folgendes beinhalten:

–   Aufgelistete Punkte

–   Hinweise zu den Tabellen und Grafiken, wobei an dieser Stelle noch keine aktuellen Zahlen eingesetzt werden sollten

–   Notizen zur Rede

–   Vorschläge zu einzubeziehenden Illustrationen oder Fotos

Seminar zur Gestaltung von Dias

    Gestaltung von professionell aussehenden Dias und Overheadfolien
    Einsatz der Präsentations-Software

    Mit guten Gestaltungsprinzipien kann man in allen Medien einsetzen:
        Dias
        Overheadfolien
        Screen Shows

    Gestaltungselemente
        Format
          Farbe
          Schrift
          Grafiken

    Aufbau eines Präsentationsformates

    Die goldenen Regeln der Diagestaltung
        Ein Dia sollte:
        Sich mit der Aufmerksamkeit des Publikums beschäftigen
        Klare und verständliche Daten bereit stellen
        Die Aussage des Redners verdeutlichen

    Das wichtigste ist jedoch:
        Planen Sie im voraus!

    Berücksichtigen Sie das Image Ihres Unternehmens
        Geschäftsbereich
        Corporate Culture
        Logo/Signet
        Anderes Material, das der Öffentlichkeit zugänglich ist
        Individuelle Vorlieben des Redners

    Bleiben Sie konsequent
        Entwickeln Sie eine abgestimmte Farbpalette
        Halten Sie eine einheitliche Schriftgröße/Schriftart/Position bei
        Bauen Sie Dias mit Illustrationen in gleicher Weise auf
        Standardisieren Sie das Format von Schaubildern
        Achten Sie auf kleine Dinge
          Schatten
          Umrisse

    Halten Sie es einfach
        Schmücken Sie nicht zu stark aus
        Geben Sie den Informationen genügend Raum zur Entfaltung
        Bauen Sie auch für Grafiken ein Format auf, damit Sie den
        Diarahmen besser organisieren können
        Begrenzen Sie die Anzahl der Schriftarten und Farben
        Gestalten Sie die Präsentation auch für Teilnehmer, die in
        der hintersten Reihe sitzen

Abb. 3.1: Eine Muster-Gliederung für eine Präsentation

Die Geschichte der Präsentation

Nachdem Sie einen Entwurf Ihrer Gliederung erstellt haben, sollten Sie sich über die Geschwindigkeit und den Fluß der Präsentation Gedanken machen. Es empfiehlt sich, den Informationsfluß einer Präsentation wie den Handlungsstrang einer interessanten Geschichte zu behandeln. Starten Sie die Präsentation nicht direkt mit Zahlen und Fakten, sondern erzeugen Sie ein wenig Spannung und Erwartung bei Ihrem Publikum.

Beginnen Sie Ihre Gliederung mit Hintergrundinformationen und nähern Sie sich dann der Kernaussage. In jeder Präsentation sollte es einen Moment geben, in dem das Publikum alle informativen Mosaiksteine zusammensetzt und in Gedanken sagt: "Aha! Ah ja! Jetzt habe ich es verstanden!" Sobald dieser Punkt erreicht ist, sollte nochmal eine kurze Zusammenfassung der Fakten erfolgen und danach die Rede zum Abschluß gebracht werden.

Strukturieren Sie Ihre Präsentation wie ein Drama, um so das Interesse des Publikums aufrecht zu erhalten und den überzeugenden Effekt Ihrer Aussage zu steigern. Lassen Sie die Informationen zu einer Schlußfolgerung führen (dies sollte die Botschaft/Kernaussage der Präsentation sein), verstärken Sie die Aussage mit einer Zusammenfassung und schließen Sie die Rede mit einer deutlichen Aufforderung zum Handeln (im Sinne Ihres Zieles) ab.

In einer Präsentation, an der mehrere Redner teilnehmen, können Sie die verschiedenen Akte des Dramas verschiedenen Rednern zuweisen. Lassen Sie einen Sprecher die Einführung geben, einen anderen die Zuhörerschaft mit dem Aha-Effekt versorgen und eine weitere Person die Präsentation zusammenfassen und beenden.

Hilfen bei der Erstellung der Gliederung

Die Erstellung der Gliederung kann langweilig sein, da Sie solange mit allen Aussagen und dem unterstützenden Material jonglieren müssen, bis Sie die optimale Präsentation erdacht haben. Entsprechende Programme können diesen Prozeß leichter gestalten. Einige Textverarbeitungsprogramme, wie zum Beispiel Word für Windows und Lotus Ami Pro besitzen eingebaute Gliederungsfunktionen.

Viele Präsentationsgrafik-Programme, wie beispielsweise Power Point von Microsoft und Aldus Persuasion, sind in der Lage, Dateien aus Textverarbeitungsprogrammen zu importieren. Dies hat den Vorteil, daß Sie bei der Erstellung der Dias nicht von vorne beginnen müssen.

Einsatz von Präsentationsgrafik-Programmen

Eine neue Generation der Präsentationsgrafik-Software hat die Erstellung der Gliederung zu einem integralen Bestandteil der Diaerstellung gemacht. Beispielsweise verfügen Aldus Persuasion und CA-Cricket Presents über eingebaute Gliederungsmodule, die Ihnen erlauben, bei Bedarf die Texte aus der Gliederung direkt in die Erstellung der Dias, Overheadfolien oder Informationsmaterialien zu integrieren.

Die Abbildung 3.2 zeigt Ihnen ein Beispiel einer Gliederung, die mit Aldus Persuasion erstellt wurde. Das Programm konvertiert automatisch das Gliederungsmaterial in Text- und Grafikdias. Die verschiedenen Icons (Symbole) am linken Textrand repräsentieren jeweils den Diatitel und -text. Die Zahlen am linken Seitenrand numerieren die Dias durch.

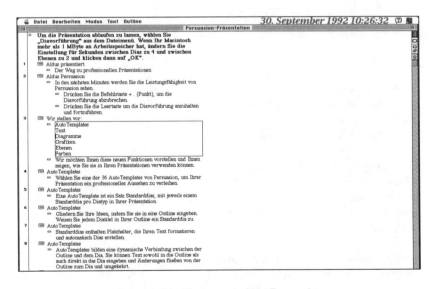

Abb. 3.2: Die Gliederung in AldusPersuasion

Der Praxisfall

Bleiben Sie der, der Sie sind...

Donnerstag, den 4. Oktober, 13:00 Uhr: "Das ist langweilig!"

Georg Spitzer betrachtete die abgeschlossene Gliederung seiner einleitenden Worte und stellte fest, daß die Dinge, die er eigentlich sagen wollte, und die, die er jetzt zu sagen plante, nicht auf derselben Wellenlänge lagen.

Einleitende Worte
Willkommen
Eine sich verändernde Welt erfordert ein gesamtheitliche Veränderung
Das Marktwachstum stagniert
      Fortlaufende inländische Rezession
      Verringerte Inlandsumsätze
      Erwartete Kürzungen im Militärhaushalt
Der aktuelle Weltmarkt ist sehr hart umkämpft
      Schwacher U.S.-Dollar
      Japanischer Protektionismus
      Zunahme asiatischer Konkurrenz
Hypothetika ist in stark umkämpften Märkten groß geworden
      Kommunikation
      Computerindustrie
      Internationaler Handel
Die neue Ordnung der Welt ist auch eine neue Gelegenheit
      Sich öffnende osteuropäische Märkte
      Immer knapper werdende Ressourcen
      Neue Handelspartner in der ehemaligen UDSSR

Als Verkaufsdirektor und Mitgründer der Firma war es auch Georgs Erfolg, aus der ehemals kleinen Firma ein multinational agierendes Millionen-Unternehmen zu machen. Er ist ein kluger und erfolgreicher Geschäftsmann, wobei seine eigentliche Stärke in seiner Motivationskraft liegt.

Georg kann Leute sehr gut aktivieren. Er hält großartige Reden aus dem Stegreif, ansteckend begeisternd und immer auf den Punkt bringend.

Seine Gliederung las sich jedoch wie eine trockene Auflistung der unternehmerischen Pläne für die nächsten Jahre.

Die Informationen der Gliederung waren alle korrekt. Es ergab einen Sinn, in welche Richtung sich die Firma zu bewegen gedachte, aber es war nicht die Art von Rede, die sein Publikum für die Zukunft von Hypothetika zu begeistern vermochte.

Also zerriß Georg seine erste Gliederung und schrieb neun neue Punkte.

Einleitende Worte
      Willkommen
      Eine sich verändernde Welt erfordert Veränderungen
      Die neue Weltordnung bietet neue Möglichkeiten
      Hypothetika bietet viele neue Perspektiven
      Es ist die Zeit des Wachstums und der Expansion gekommen
      Wir haben die Saat gepflanzt, nun wollen wir sie nähren
      Sie und Ihre Investoren können ein Teil unseres Wachstums werden
      Vorstellung von Albert und Verena

Der Text in Georgs neuer Gliederung besteht einfach aus Themen, aus denen er dann spontan einige Sätze improvisieren kann. Jede Zeile baut auf der vorherigen auf, um sich vollständig auf die Zukunft von Hypothetika zu konzentrieren.

Georgs Vorteil ist, daß er in seiner Präsentation nur wenige Fakten und Zahlen einsetzen muß. Diese Aufgabe hat er seinem Geschäftsführer und der Finanzdirektorin freigehalten. In seiner einleitenden Präsentation darf er nun das tun, was er am besten kann: Seine Zuhörerschaft begeistern und ihr Interesse für Hypothetika International wecken.

Der größte Nachteil bei einer Präsentation dieser Art besteht darin, daß es nur wenige Voraussetzungen und Informationen für die Erstellung der Dias gibt.

Zusammenfassung

Eine umfassende Gliederung ist der Schlüssel zu einer überzeugenden Präsentation. Benutzen Sie die Gliederung als Werkzeug, um alle Elemente Ihrer Präsentation zu organisieren. Beachten Sie die folgenden Richtlinien, wenn Sie Ihre Gliederung erstellen:

–   Weiten Sie Ihre Gliederung mit Fakten, Zahlen und Hinweisen aus, die Ihrer Aussage Bedeutung verleihen.

–   Setzen Sie die Prioritäten und Bereiche der Präsentationselemente fest.

–   Entwickeln Sie in Ihrer Gliederung einen Informationsfluß, damit eine Geschichte erzählt wird.

–   Wenden Sie Präsentationsgrafik-Programme an, die Ihre Präsentation leichter organisieren.

–   Falls die Möglichkeit besteht, sollten Sie die Informationen aus der Gliederung in die Präsentationsgrafik-Software importieren.

–   Werden Sie nicht der Sklave einer zu stark organisierten Gliederung. Falls die freie Rede Ihrem persönlichen Stil besser enspricht, sollten Sie in Ihrer Gliederung nur Thesen aufnehmen, die Sie dann spontan ausführen möchten.

4

Die Erstellung des Skriptes
und des Storyboards

Nachdem Sie den grundlegenden Inhalt Ihrer Präsentation geplant und organisiert haben, sind Sie in der Lage, die zwei folgenden Komponenten der Präsentation zu entwickeln:

– Das *Skript*, in dem steht, was der Redner sagen wird.
– Das *Storyboard*, in dem beschrieben ist, was das Publikum sehen wird.

Aufteilung der einzelnen Komponenten einer Präsentation

Wie in der Abbildung 4.1 zu sehen ist, benutzen Sie Ihre Gliederung, um Ihr Skript und Ihr Storyboard zu entwickeln. Halten Sie bei der Erstellung dieser Komponenten die grundlegende Prämisse im Gedächtnis:

Sage es mit Worten, zeige es mit Bildern.

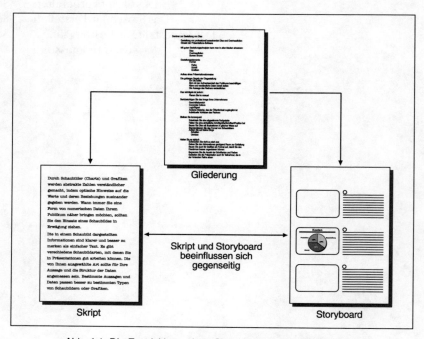

Abb. 4.1: Die Entwicklung eines Skriptes und eines Storyboards

Eine audiovisuelle Präsentation ist eine Kombination aus gesprochenen Wörtern, Text und Zahlen sowie Grafiken. Das Erfolgsgeheimnis liegt darin, daß man zum Publikum spricht, ihm aber nur die Elemente zeigt, die das unterstützen, was gerade gesagt wurde.

Die meisten Zuhörer können sich zur selben Zeit nur auf eine Sache konzentrieren. Entweder hören sie dem Redner zu oder sie lesen die projizierten Dias oder das Informationsmaterial. Sobald Sie größere Text- oder Datenmengen auf einem Dia unterbringen, wird das Publikum gezwungen, einen Großteil der Zeit zu lesen, in der dann nicht zugehört wird.

Wenn Sie möchten, daß Ihr Publikum seine Zeit mit Lesen verbringt, dann verschwenden Sie dessen Zeit nicht mit einer Rede. Drucken Sie eine Broschüre, die Sie dann verschicken. Falls Sie aber möchten, daß das Publikum dem folgt, was Sie zu sagen haben, sollten Sie es nicht mit übertrieben komplizierten Dias verwirren. Die von Ihnen erstellten Dias sollten eine Ergänzung zur Rede sein. Stellen Sie keine Dias her, die mit der Rede um die Aufmerksamkeit des Publikums konkurrieren.

Die Gliederung formt die Grundlagen des Skriptes und des Storyboards, jedoch stellt dies nur den Ausgangspunkt dar. Während Sie Ihre Rede schreiben und das Storyboard entwickeln, werden Sie neue Ideen erarbeiten, um Ihre Position zu verdeutlichen.

Bleiben Sie flexibel genug, um die Präsentation anzupassen, während Sie die einzelnen Komponenten erstellen. Zögern Sie nicht Ihre Rede zu ändern, wenn Ihnen eine Grafik einfällt, die Dinge einfacher vermitteln kann. Vielleicht müssen Sie dann den Weg, wie Sie einen bestimmten Aspekt behandeln, nochmals organisieren, da die Struktur der dargestellten Grafik dies notwendig macht. Auf der anderen Seite werden Sie vielleicht bereits eingeplante Grafiken finden, die bei näherer Betrachtung unklar sind und nicht dazu beitragen können, die gewünschte Aussage zu vermitteln. Egal wie schön eine Grafik auch sein mag, Sie sollten sie herausstreichen, wenn sie das präsentierte Material nicht unterstützt.

Das Skript vorbereiten

Ihr persönlicher Stil wird die Art, in der Sie die Rede halten werden, bestimmen. Berücksichtigen Sie die verschiedenen Stile von Politikern, Interessenvertretern und anderen erfahrenen Rednern. Jeder hat eine unterschiedliche Annäherung an seine Aussage.

Ihr Ziel besteht darin, einen dynamischen Redestil zu entwickeln, der zu Ihrer Persönlichkeit paßt. Falls Sie schon häufig vor einer großen Zuhörerschaft gesprochen haben, ist es für Sie vielleicht schon angenehm, vor einem großen Publikum zu stehen. Außerdem sind Sie dann auch mit dem Klang Ihrer eigenen Stimme vertraut. Wenn Sie noch nie in der Öffentlichkeit gesprochen haben, gibt es ein paar Dinge, die Sie bei der Vorbereitung des Skriptes berücksichtigen können, damit Ihre Präsentation erfolgreich verläuft. Unabhängig davon, was Sie zu sagen haben, ist der wichtigste Punkt, daß Sie es auf *Ihre* Weise sagen.

Reden statt schreiben

Sie denken vielleicht, daß der beste Weg, um ein Skript vorzubereiten, darin besteht, das niederzuschreiben, was man sagen möchte. In den meisten Fällen ist dies der falsche Ansatz.

Menschen sprechen in der Regel nicht so, wie sie schreiben. Fast jeder lernt in einem eher formal akademischen Stil zu schreiben, der sich auf dem Papier gut liest, jedoch bei lautem Lesen hochtrabend und monoton erscheint.

Beginnen Sie mit der Vorbereitung des Skriptes, indem Sie einfach laut über die Themen Ihrer Gliederung reden. Benutzen Sie einen Kassettenrecorder, um Ihre Äußerungen aufnehmen zu können. Anschließend lassen Sie es abspielen, damit Sie den Stil und Rhythmus Ihrer Sprechweise herausfinden. Danach bringen Sie die verbal geäußerten Ideen zu Papier oder geben diese direkt in den Computer ein. Überarbeiten Sie die Wiederholungen und Abschweifungen. Achten Sie auch darauf, an welchen Stellen Sie Verlegenheitsphrasen einsetzen (prinzipiell, quasi, halt, usw.). Was verbleibt, ist eine Rede, die der Art, wie Sie sprechen, entspricht und nicht der Art, wie Sie schreiben.

Überarbeiten und nachprüfen

Sobald Sie Ihre Ideen zu Papier gebracht haben, sollten Sie Ihr Werk nicht in Ihrem Schreibtisch verschließen. Zeigen Sie Ihr Skript Personen, deren Redefähigkeiten Sie schätzen, und bitten dann um eventuelle Anregungen. Lassen Sie Ihre Kollegen nach fehlenden Aspekten, falscher Logik, Grammatik und Stil schauen. Versuchen Sie von den Personen, die Ihr Skript lesen, herauszufinden, wie überzeugend Ihre Rede nach deren Meinung ist. Falls genügend Zeit vorhanden ist, sollten Sie die Rede einem (oder mehreren) Kollegen laut vorlesen, damit Sie ein Urteil darüber erhalten, ob die Rede aufgesetzt oder natürlich klingt.

Starten Sie mit der Überarbeitung Ihrer Rede, indem Sie die Vorschläge Ihrer Kollegen (oder wer auch immer Ihre Rede gelesen hat) integrieren. Sobald Sie das Storyboard erstellen, werden Sie noch andere Änderungen in Ihrem Skript vornehmen müssen. Die Überarbeitung und Verfeinerung Ihres Skriptes ist ein Prozeß, der fast bis vor den eigentlichen Präsentationstag fortgesetzt werden sollte. Natürlich sollten Sie die Veränderungen in den letzten Tagen vor der Präsentation nur noch auf kleine Verfeinerungen beschränken, da nicht mehr viel Zeit vorhanden ist, um umfangreiche Änderungswünsche noch umzusetzen!

Proben Sie Ihre Rede so oft wie möglich. Starten Sie dabei ruhig schon mit den ersten Entwürfen Ihres Skriptes. Denn nur wenn Sie das laute Sprechen üben, werden Sie sich an den Klang und Fluß Ihrer Worte gewöhnen.

Ein guter Redner setzt das Skript auf dem Podium eigentlich nur als eine verstärkte Gliederung ein. Tatsächlich gibt es einige erfahrene Redner, die Ihr Skript, nachdem es geprobt wurde, wieder wegwerfen und dann zur einfachen Gliederung zurückkehren, die ihnen mehr Spielraum zum Improvisieren gewährt und die Person auch natürlicher auftreten läßt.

Das Skriptformat

Das traditionelle Skriptformat ist eine mit der Schreibmaschine geschriebene Seite mit doppeltem Zeilenabstand. Durch den doppelten Zeilenabstand können Sie Notizen und Hinweise auf das Wechseln des Dias einfügen. Während Sie das Storyboard entwickeln, markieren Sie in Ihrem Skript die Stellen, an denen ein neues Dia erscheinen soll. Die Abbildung 4.2 stellt ein Skript dar, in dem die Diahinweise eingetragen wurden.

Wenn Sie über das entsprechende Equipment verfügen, gibt es auch bessere Wege, Ihr Skript zu formatieren. Beispielsweise können Sie Ihr Skript mit einem Laserdrucker, der skalierbare Schriften unterstützt, in 14 Punkt oder sogar in 18 Punkt ausdrucken, wobei der Zeilenabstand höchstens anderthalbzeilig sein sollte. In der Abbildung 4.3 ist das Skript dementsprechend formatiert. Der Vorteil liegt darin, daß man in einem abgedunkelten Raum den größeren Text besser lesen kann und immer noch genügend Platz für Notizen und Hinweise zur Verfügung hat.

Wenn Ihr Präsentationsgrafik-Programm über eine Funktion zur Erstellung von Rednernotizen verfügt, können Sie die Seiten Ihres Skriptes mit dem entsprechenden Dia zusammen ausdrucken, wie auch in Abbildung 4.3 zu sehen ist. Diese Art des Skriptformates hat einige Vorteile:

– Sie stellen einen direkten Zusammenhang zwischen den Bildern und der Rede her.

– Der Redner muß sich nicht umdrehen oder auf den Bildschirm schauen, um das Dia zu sehen.

– Der Sprecher kann sich direkt im Skript Notizen zu den Grafiken machen.

– Jede umzudrehende Seite ist auch eine Erinnerung, das Dia zu wechseln.

In Kapitel 12 werden Sie noch mehr Informationen über das Format von Rednernotizen finden.

/1

Guten Abend meine Damen und Herren. Nachdem uns Herr Keller das fantastische technologische Wachstum vorgestellt hat, ist es nun an mir, Ihnen zu sagen, ob Sie in diesem Jahr auch Geld verdient haben.

Die Diversika AG begleitet eine Geschichte kontinuierlichen Wachstums. 1980 starteten wir mit einem Brutto-Jahresumsatz in Höhe von DM 1,5 Millionen. In 1985 war der Umsatz schon auf DM 8,5 Millionen angestiegen und durch die expandierende Computerindustrie /4 ist unser Umsatz im Jahre 1990 auf DM 26 Millionen explodiert. Durch den immer stärkeren Wettbewerbsdruck konnten die Zuwachsraten im letzten Jahr nicht das hohe Niveau des Vorjahres halten. Für das kommende Jahr erwarten wir aber dennoch einen Anstieg des Umsatzes auf DM 32 Millionen.

Während sich die prozentualen Umsatzanstiege seit 1990 verringert haben, hat die Ertragslage jedoch ein gesundes Bild gezeigt. Unsere anfänglichen Startkosten, die einen entscheidenden Anteil an der Ertragslage bis 1985 hatten, haben sich vollständig amortisiert. Durch finanzielle Strukturierungsmaßnahmen ist das Unternehmen seit 1987 auch auf ein breites Fundament gestellt worden. / 7

Unsere Forschungsabteilung hat durch die Entwicklung eines neuen Fertigungsaggregats 65 Prozent der Produktionskosten reduzieren können, wodurch gleichzeitig die Produktivität der Arbeiter um 300 Prozent gestiegen ist. Diese beiden Komponenten erhöhten die Marge im Verkauf der Endgeräte um 35 Prozent. / 8

Die Verringerung der Ausgaben für die langfristigen Schulden, die gesteigerte Effizienz bei der Produktion der Güter sowie die Durchsetzung höherer Margen führten zu einem überaus befriedigendem Ergebnis. Während unsere Umsatzanstiege gleich geblieben sind, ist der Netto-Gewinn rapide angestiegen. Daraus folgt auch, daß die Dividende für das vergangene Geschäftsjahr um 5 Prozent höher ausfallen wird als im Vorjahr.

Abb. 4.2: Ein Skript mit Hinweisen und Notizen

/1
Guten Abend meine Damen und Herren. Nachdem uns Herr Keller das fantastische technologische Wachstum vorgestellt hat, ist es nun an mir, Ihnen zu sagen, ob Sie in diesem Jahr auch Geld verdient haben.

Die Diversika AG begleitet eine Geschichte kontinuierlichen Wachstums. 1980 starteten wir mit einem Brutto-Jahresumsatz in Höhe von DM 1,5 /3 Millionen. In 1985 war der Umsatz schon auf DM 8,5 Millionen angestiegen und durch die expandierende Computerindustrie ist unser Umsatz im Jahre 1990 auf DM 26 Millionen explodiert. Durch den immer stärkeren Wettbewerbsdruck konnten die Zuwachsraten im letzten Jahr nicht das hohe Niveau des Vorjahres halten. Für das kommende Jahr erwarten wir aber dennoch einen Anstieg des Umsatzes auf DM 32 Millionen.

Während sich die prozentualen Umsatzanstiege seit 1990 verringert haben, hat die Ertragslage jedoch ein gesundes Bild gezeigt. Unsere anfänglichen Startkosten, die einen entscheidenden Anteil an der Ertragslage bis 1985 hatten, haben sich vollständig amortisiert. Durch finanzielle Strukturierungsmaßnahmen ist das Unternehmen seit 1987 auch auf ein breites Fundament /7 gestellt worden.

Abb. 4.3: Ein Skript mit großer Typographie

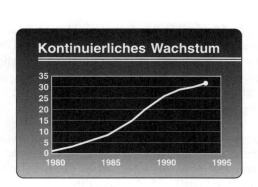

Die Diversika AG begleitet eine Geschichte kontunierlichen Wachstums. 1980 starteten wir mit einem Brutto-Jahresumsatz in Hohe von DM 1,5 Millionen. In 1985 war der Umsatz schon auf DM 8,5 Millionen angestiegen und durch die expandierende Computerindustrie ist unser Umsatz im Jahre 1990 auf DM 26 Millionen explodiert. Durch den immer stärkeren Wettbewerbsdruck konnten die Zuwachsraten im letzten Jahr nicht das hohe Niveau des Vorjahres halten. Für das kommende Jahr erwarten wir aber dennoch einen Anstieg des Umsatzes auf DM 32 Millionen.

Abb. 4.4: Eine Skriptseite, die als Rednernotiz erstellt wurde

Das Storyboard erstellen

Das Storyboard ist das visuelle Äquivalent zum Skript. Es ist eine Sammlung von kleinen Skizzen oder Entwürfen, die als Hilfe bei der Erstellung der entgültigen Dias fungieren. Sie müssen kein großartiger Künstler sein, um ein Storyboard zu erstellen. Einfache Zeichnungen für die Tabellen und Grafiken, Strichmännchen für die Personen und handgeschriebener Text reichen aus.

Wenn andere Personen die Dias für Ihre Präsentation am Computer umsetzen, dann werden Sie durch das Storyboard mit den notwendigen Informationen versorgt. Falls Sie alles selber machen, wird Ihnen die Entwicklung des Storyboards dabei helfen, Ihre grafischen Ideen zu verfeinern, bevor Sie die Dias tatsächlich erstellen.

Das Storyboardformat

Das Format des Storyboards ist ein bequemer Weg Ihre Grafiken zu organisieren. Wie in Abbildung 4.5 zu sehen ist, besteht das Format aus vorgedruckten Diarahmen (ungefähr 7,5 mal 11,5 Zentimeter), neben denen genügend Platz für Notizen vorhanden ist. Sie können mit Ihrer Präsentationsgrafik-Software eine Masterseite des Storyboards erstellen, die sie dann nach Bedarf fotokopieren.

Skizzieren oder schreiben Sie den Inhalt Ihrer Dias in den Bereich des Rahmens. Schreiben Sie die Zahlen, die in den Tabellen oder Grafiken vorkommen sollen, in den Notizbereich. Falls die Daten einer Tabelle zu umfangreich sind, nutzen Sie einfach die Rückseite des Storyboards aus oder schreiben diese auf einem gesonderten Blatt nieder.

Wenn Ihnen die Erstellung der Masterseite zu aufwendig ist, können Sie auch normale Karteikarten benutzen. Skizzieren Sie die Grafik auf der nicht liniierten Seite und schreiben Sie Ihre Notizen auf die liniierte Seite nieder. In der Abbildung 4.6 wird ein Storyboard dargestellt, das mit Karteikarten aufgebaut ist. Ein Vorteil der Karteikarten besteht darin, daß Sie die Reihenfolge der Dias durch einfaches Umsortieren der Karten durchführen können.

Seite _____ **von** _____

Präsentation _____ **Redner** _____ **Datum** _____

Dianummer _____

Dianummer _____

Dianummer _____

Abb. 4.5: Ein Storyboardformat

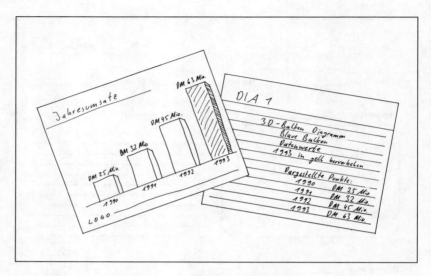

Abb. 4.6: Ein Karteikarten-Storyboard

Arbeiten Sie mit kleinen Rahmen

Wenn Sie eine ganze DIN-A4-Seite für jede Diaskizze benutzen würden, wären Sie auch versucht, die Seite auszufüllen. Das Ergebnis wäre ein mit Informationen überfrachtetes Dia. Was auf einer ganzen Seite lesbar und übersichtlich erscheint, kann auf einem Dia sehr zusammengepreßt aussehen.

Sobald Sie die Skizze in einen kleineren Diarahmen innerhalb des Storyboards setzen, wird Ihnen sofort auffallen, daß zuviel Text unleserlich ist; komplexe Tabellen und Grafiken nur schwer zu verstehen sind und Diagramme sowie Organisationscharts, in denen Kästen verwendet werden, verwirren. Benutzen Sie die begrenzte Größe des Rahmens, um Ihre visuellen Elemente zu verfeinern und zu bearbeiten. Falls Ihre Grafik oder der Text nicht in den vorgedruckten Rahmen des Storyboards paßt, ist es vielleicht auch zuviel, um es auf einem Dia darzustellen.

Richtlinien, um eine Rede in Dias zu fassen

In Ihrer Präsentation sollten die Dias bestimmte Aspekte in Ihrer Rede klären und hervorheben, um die Kernaussage zu verstärken. Wählen Sie die wichtigsten Elemente Ihrer Rede aus und entwickeln Sie dann Dias, die diese Elemente bildhaft darstellen. Die folgenden Abschnitte enthalten einige Orientierungshilfen, die bei der Entwicklung der Diainhalte anzuwenden sind.

Ein Dia: Eine Aussage

Denken Sie bei der Durcharbeitung Ihres Skriptes daran, daß jedes von Ihnen erstellte Dia direkt in bezug auf das Gesprochene gesetzt werden sollte. In den meisten Fällen benötigen ein oder zwei Absätze Ihres Skriptes mindestens ein Dia.

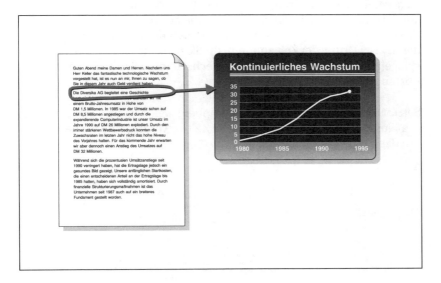

Achten Sie auf Verständlichkeit

Um sicherzustellen, daß die Dias die Wirkung der Worte verstärken, anstatt Verwirrung herzustellen, sollten Sie Textdias entwickeln, die kurz und gut lesbar sind, sowie Grafikdias, die wichtige Punkte visuell hervorheben.

Benutzen Sie in Ihren Textdias kurze, aufgelistete Punkte, die das Wesentliche erfassen. Halten Sie an Substantiven und Verben fest und konzentrieren Sie sich auf die aktiven Worte in Ihrer Rede. Vergewissern Sie sich in Ihren Grafikdias, daß die Illustrationen, Tabellen und Grafiken klar und nicht überfrachtet sind.

Halten Sie eine gleichmäßige Geschwindigkeit bei

Die Geschwindigkeit Ihrer Präsentation ist ein wichtiger Faktor. Wenn Sie ein Dia zu lange auf dem Bildschirm des Projektors liegen lassen, werden sich die Zuhörer langweilen. Falls Sie die Dias aber zu schnell wechseln, wird Ihr Publikum überfordert und müde. Eine gute Daumenregel ist das Dia alle 45 Sekunden während Ihrer Rede zu wechseln.

Wechseln Sie die Dias nicht so schnell, daß Ihr Publikum nicht in der Lage ist, den Text zu lesen. Jedes Dia sollte mindestens dreimal so lange auf dem Bildschirm liegen bleiben, wie die normale Lesezeit beträgt. Auf diese Weise können Ihre Zuhörer ein Drittel der Zeit lesen und die anderen zwei Drittel der Zeit zuhören. Ihr Skript sollte diesen Aspekt widerspiegeln, indem die Hinweise zum Wechseln des Dias in gleichmäßigen Abständen erfolgen.

Setzen Sie die Hinweise in Ihrem Skript ein wenig vor die Stelle, die das Dia illustriert. Dadurch haben Sie die Zeit gewonnen, die Sie benötigen, um das neue Dia aufzulegen.

Guten Abend meine Damen und Herren. Nachdem uns Herr Keller das fantastische technologische Wachstum vorgestellt hat, ist es nun an mir, Ihnen zu sagen, ob Sie in diesem Jahr auch Geld verdient haben.

Die Diversika AG begleitet eine Geschichte kontinuierlichen Wachstums. 1980 starteten wir mit einem Brutto-Jahresumsatz in Höhe von DM 1,5 Millionen. In 1985 war der Umsatz schon auf DM 8,5 Millionen angestiegen und durch die expandierende Computerindustrie ist unser Umsatz im Jahre 1990 auf DM 26 Millionen explodiert. Durch den immer stärkeren Wettbewerbsdruck konnten die Zuwachsraten im letzten Jahr nicht das hohe Niveau des Vorjahres halten. Für das kommende Jahr erwarten wir aber dennoch einen Anstieg des Umsatzes auf DM 32 Millionen.

Während sich die prozentualen Umsatzanstiege seit 1990 verringert haben, hat die Ertragslage jedoch ein gesundes Bild gezeigt. Unsere anfänglichen Startkosten, die einen entscheidenden Anteil an der Ertragslage bis 1985 hatten, haben sich vollständig amortisiert. Durch finanzielle Strukturierungsmaßnahmen ist das Unternehmen seit 1987 auch auf ein breites Fundament gestellt worden.

Gehen Sie kleine Schritte

Ihr Publikum wird, während Sie reden, die Tendenz haben, auf dem Dia weiterzulesen. Sie können vermeiden, daß das Publikum Ihrer Rede auf dem Dia schon voraus ist, indem Sie Ihre Informationen auf den Dias in kleinere Bereiche aufbrechen.

Wenn Sie zu einem Thema mehr Informationen besitzen, als Sie in einem Dia unterbringen können, dann teilen Sie das Informationsmaterial einfach auf zwei oder mehrere Dias auf. In diesen Fällen empfiehlt es sich, *Fortsetzung* an den Titel hinzuzufügen, um die Verbindung darzustellen. Sogar die elf Titel von Gary Moores neuer CD "After Hours" sollten man auf zwei Dias verteilen.

Ein anderer Weg, um das Publikum vom Weiterlesen abzuhalten, liegt im Einsatz von *aufbauenden* oder *gesteuerten* Diasequenzen. Eine aufbauende Sequenz zeigt den ersten Teil der Information im ersten Dia; den ersten und zweiten Teil im zweiten Dia; den ersten, zweiten und dritten Teil im dritten Dia; und so weiter. In den Kapiteln 9 und 10 werden Sie mehr über die Erstellung von aufbauenden Dias lernen.

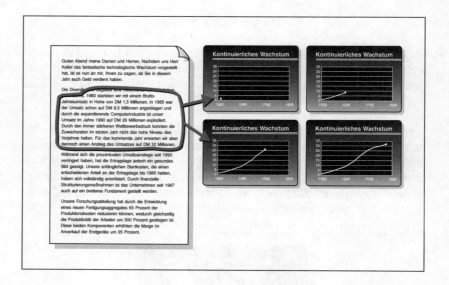

Lassen Sie Ihre Bilder erzählen

Setzen Sie so oft wie möglich Grafiken ein, um Ihre Aussage zu zeigen. Während das Publikum dem Redner zuhört, kann es den Inhalt einer Grafik viel leichter aufnehmen als auch nur ein paar Zeilen Text.

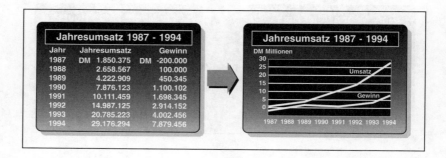

Zu viel, um damit zu arbeiten

Vielleicht werden Sie in Ihrer Präsentation auch ein Dia finden, das sich hartnäckig jeder Bearbeitung widersetzt. Es kann eine Businessgrafik mit einer zu großen Legende oder aber eine Tabelle mit zu vielen Reihen oder Spalten sein, die nicht reduziert werden können. Falls Sie solche

Dias für eine andere Person erstellen, kann es vorkommen, daß derjenige darauf besteht, der einzige Weg, um ein Thema sauber zu erklären, seien 25 Zeilen Fließtext.

Wenn Sie eine Grafik oder Tabelle haben, der man in Diaform nicht folgen kann, dann legen Sie eine Kopie dieser Informationen in das Begleitmaterial, das an das Publikum ausgegeben wird. In der Präsentation können Sie dann mit einem Zeigestock (oder ähnlichem) auf die entscheidenden Informationen des projizierten Dias aufmerksam machen und auf die Unterlagen in der Mappe verweisen.

Sollten Sie an jemanden gelangen, der sich von der Idee eines total überladenen Dias nicht abbringen läßt, sollten Sie ein Beispieldia erstellen, um das Problem plastisch darzustellen. Projizieren Sie dieses Dia und schauen Sie es sich dann gemeinsam aus der Entfernung an, die ungefähr der letzten Reihe des Vortragssaales entspricht. Wenn die Leute dann erkennen, daß sie eigentlich nichts erkennen, sind sie eher bereit, den Text nochmals zu bearbeiten.

Der Praxisfall

Die besten Pläne...

Donnerstag, den 4. Oktober, 15:00 Uhr. Albert Schmitz erhielt gerade schlechte Nachrichten. Da es mit einem wichtigen Zulieferer Vertragsprobleme gibt, muß Albert vier Tage nach Tokio reisen. Seine Gliederung ist abgeschlossen, und der Hauptteil seines Skriptes ist auch erledigt. Er hatte bisher jedoch nicht die Zeit gefunden, um seine Dias im Storyboardformat vorzubereiten. Also hat er seine Notizen, seine Gliederung und den ersten Entwurf seiner Rede an Ellen Jakobs weitergeleitet.

"Ich werde während des Fluges noch an der Rede arbeiten. Aber ich glaube, Du solltest überprüfen, was Du mit dem, was ich bisher gemacht habe, anfangen kannst. Sobald ich in Tokio gelandet bin, werde ich Dir die Überarbeitung meines Skriptes faxen. Du kannst mir dann auch faxen, was Du mit den Dias vorhast."

Freitag, den 5 Oktober, 21:00: Ellen beginnt die Gliederung von Albert durchzuarbeiten.

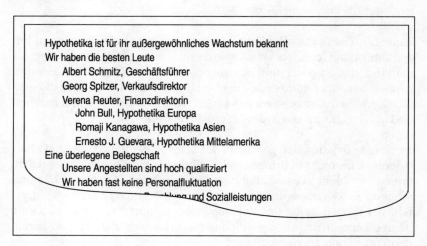

Sie beginnt ein grobes Storyboard zusammenzustellen. Da Albert am Anfang seiner Gliederung das Management der Firma vorstellt, beginnt auch Ellen mit einem Titeldia und einigen biographischen Dias.

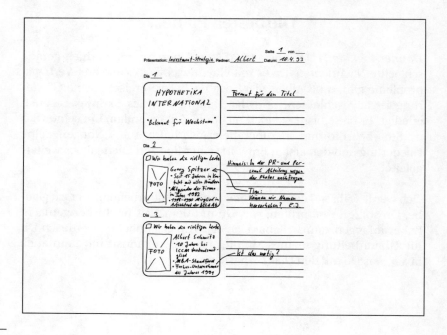

Neben den üblichen biographischen Informationen bezieht Ellen auch Fotos der Direktoren ein. Sie schreibt eine Notiz, um sich bei der Personal- oder PR-Abteilung zu vergewissern, daß gute Fotos der Direktoren zur Verfügung stehen.

Wir haben Glück, da der Zugang zu Alberts Präsentation relativ allgemein gehalten ist. Die meisten seiner Aussagen behandeln die Geschichte und den Status quo der Firma. Alle diesbezüglichen Informationen kann Ellen selber besorgen. Sie kann sicher einen Großteil der Diainhalte vorhersagen, indem Sie einfach die Eintragungen aus der Gliederung verwendet.

Durch Alberts gute Vorbereitung konnte ein großes Desaster vermieden werden. Falls Albert die Gliederung und den groben Entwurf seiner Rede nicht abgeschlossen hätte, hätte bis zu seiner Rückkehr am folgenden Dienstag nichts getan werden können. In diesem Fall wären nur noch ein paar Tage verblieben, um seine gesamte Präsentation zu erstellen.

Durch Alberts Abwesenheit wird in dieser Stufe des Produktionsprozesses natürlich auch das Produktionsablaufverzeichnis berührt. Da Ellen das Material für die Dias von Albert auswählt, kann man davon ausgehen, daß es mehr als die übliche Anzahl von Veränderungen geben wird. Deshalb müssen wir eine kompliziertere und umfangreichere Überarbeitung zeitlich abschätzen und dementsprechend einplanen.

Wir können in der tatsächlichen Umsetzung auf dem Computer eine Menge Veränderungen verhindern, indem wir die Produktion von Alberts Dias verzögern und uns zunächst auf die Präsentationen von Georg und Verena konzentrieren. Dadurch, daß wir Alberts Präsentation an das Ende der Diaerstellungsphase gelegt haben, geben wir ihm mehr Zeit, um über Ellens Storyboard zu schauen und es auf seine Bedürfnisse abzustimmen.

Zusammenfassung

Das Skript und das Storyboard enthalten zwei Komponenten Ihrer Präsentation: Ihre Rede und Ihre Dias. Im folgenden sind einige Richtlinien aufgelistet, die Ihnen helfen werden, beides zu entwickeln:

– Benutzen Sie Ihre Gliederung als Orientierung und teilen Sie dann Ihre Präsentation in Worte (Ihr Skript) und Bilder (Ihr Storyboard) ein.

– Die Dias sollen nicht die Rede ersetzen, sondern auf eine Aussage zuarbeiten oder eine Aussage verstärken.

– Ihr Skript sollte den Stil, wie Sie reden, widerspiegeln und nicht die Art, wie Sie schreiben.

– Lassen Sie eine andere Person Ihre Rede lesen. Zögern Sie nicht, Ihre Rede danach zu überarbeiten.

– Üben Sie Ihre Rede so oft wie möglich.

– Benutzen Sie ein angefertigtes Storyboardblatt oder setzen Sie Karteikarten ein, um Ihre Vorstellungen bezüglich der zu verwendenden Bilder grob zu skizzieren.

– Ihr Storyboard sollte lesbar und verständlich sein, jedoch ohne Ausschmückungen. Denken Sie daran, daß es sich nur um grobe Skizzen zur Erstellung der Dias handelt.

– Binden Sie die Aussage jedes Dias an eine konkrete Aussage Ihres Skriptes.

– Überfrachten Sie Ihre Dias nicht mit zuviel Text oder komplizierten Grafiken. Falls es notwendig ist, sollten Sie die Informationen auf zwei oder mehrere Dias aufteilen.

– Halten Sie beim Auflegen der Dias eine konstante Geschwindigkeit bei, die dem Publikum genügend Zeit zum Lesen gibt, ohne daß Langeweile auftritt.

5

Die Produktion organisieren

Das effektive Management des Produktionsprozesses wird Ihre Erfolgs-
chancen steigern. Dieses Kapitel beschreibt, wie durch die Organisation der Diaproduktion Krisen vermieden werden. Weiterhin bietet es
Vorschläge an, um den Produktionsprozeß reibungsloser zu gestalten
sowie Verwirrung und Engpässe zu eliminieren.

Fangen Sie klein an

Vor kurzem hat eine große werbungtreibende Firma ein MacIntosh-Sy-
stem gekauft, um Präsentationen im eigenen Haus herstellen zu können. Kaum war der Computer richtig warm gelaufen, als sich das
Management dazu entschloß, eine sehr wichtige Produkteinführungs-
Show, mit über 200 Dias, im eigenen Haus zu erstellen. Das Ergebnis
stand eigentlich von vornherein fest. Das Produktionsteam - ohne jeg-
liche Erfahrung im Umgang mit der neuen Software oder in der Handhabung von großen Präsentationen - war total überfordert.

Als die Veranstaltung näher und näher rückte, gab es an der Präsentation noch massive Farbveränderungen, Überarbeitungen und Zusätze.
Während dieses Prozesses sind die 200 Dias dreimal zum Belichtungsstudio gebracht und auch dreimal als Rush-Print belichtet worden. Als
die Präsentation dann gehalten wurde, war niemand mit dem Ergebnis
zufrieden. Unterm Strich hatten die Dias mehr gekostet, als wenn man
den gesamten Auftrag an ein externes Unternehmen abgegeben hätte.

Sie können nicht alles über die Herstellung einer effektiven Präsentation aus einem Buch lernen. Die praktische Erfahrung ist auch hier der
beste Lehrer. Deshalb sollten Sie zunächst eine kleinere Präsentation,
von etwa 10 bis 20 Dias, produzieren, ehe Sie sich einer großen Veranstaltung widmen.

Im Klartext bedeutet dies, daß jeder, der seine erste Präsentation erstellt,
mit dem Feuer spielt. Die Erstellung einer Präsentation ist ein komplexer
Prozeß, den nur sehr wenige Leute beim ersten Anlauf richtig ablaufen
lassen. Geben Sie nicht auf, falls Ihr erster Versuch nicht mit Lorbeeren
versehen werden sollte. Mit wachsender Erfahrung werden Sie sehr
schnell Methoden der Präsentationsplanung und -gestaltung entwickeln,
die für Sie und Ihre Firma von Nutzen sind.

Die Planung der Präsentationsgestaltung

Das gesamte Design der Präsentation versorgt die einbezogenen Informationen mit einem bestimmten Umfeld. Darüber hinaus übermittelt die Gestaltung aber auch Informationen. Die in der Präsentation verwendeten Schriften, Farben und auch das Layout der Grafiken sagen eine Menge darüber aus, wer Sie sind und was Sie darstellen. Es ist wichtig, daß die Gestaltung zu Ihrem Redner, Ihrer Firma und Ihrer Kernaussage paßt.

Sobald die Gestaltungsfrage der Präsentation geklärt ist, müssen Sie bei der Erstellung der Dias nur noch die Richtlinien und Regeln einhalten, die Sie sich vorher gesetzt haben. Wenn die meisten Gestaltungsfragen häufig schon von vornherein feststehen, wird der tatsächliche Herstellungsprozeß der Dias schnell und reibungslos verlaufen.

Erstellen Sie ein konsequentes Design

Die erste Aufgabe, bei der Erstellung der Dias für eine Präsentation, liegt darin, Muster anzulegen, die den Hintergrund und die Formatzuweisungen der Dias beschreiben. Arbeiten Sie nicht nur am Titel und Hintergrund, sondern nehmen Sie sich die Zeit, verschiedene "Schablonen" für Ihre gesamte Präsentation zu entwickeln. Wenn Sie in Ihre Präsentation Schaubilder und Grafiken einbinden, müssen Sie die gestalterische Behandlung (Farben, zwei- oder dreidimensionale Darstellung, mit oder ohne Gitternetz) der einzelnen Elemente planen. Denken Sie auch über die Behandlung von einzufügenden Fotos und Illustrationen nach. Es wird immer Dias geben, die in Ihr vordefiniertes Muster oder Format nicht hineinpassen werden. Aber Sie sparen im Herstellungsprozeß viel Zeit, indem Sie im voraus entscheiden, wie die am meisten zu verwendenden Diatypen auszusehen haben.

Erstellen Sie mit Ihrem Programm einige Muster, die Sie dann als Dateien auf einer Diskette speichern. Sobald Sie dann ein Dia erstellen müssen, das einem Ihrer Muster ähnelt, öffnen Sie die Datei, in der Sie das entsprechende Muster abgespeichert haben, und verändern es nach Ihren Wünschen. Anschließend speichern Sie das Ergebnis als neue Datei, ohne die Originaldatei zu überschreiben. Die Originaldateien dienen Ihnen nun als Schablonen oder Muster für die zu erstellenden Dias.

Einige Programme, wie zum Beispiel Aldus Persuasion oder Harvard Graphics, liefern vordefinierte Masterformate und Schablonen mit. In der Abbildung 5.1 wird dargestellt, wie dies zu verstehen ist. Sie haben die Möglichkeit, die mitgelieferten Muster zu modifizieren, oder Sie erstellen für die verschiedenen Diatypen Ihre eigenen Schablonen. Sie müssen dann nur noch den aktuellen Text oder Daten eingeben, um das Dia herzustellen. Die Anwendung eines Standardformates erlaubt Ihnen, die Herstellungsphase zu verkürzen und eine Konsequenz im Design zu erhalten.

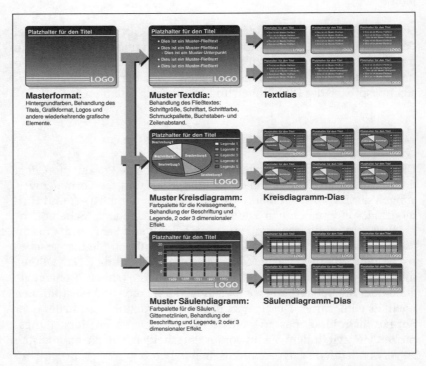

Abb. 5.1: Das Masterformat und Schablonen eines Präsentationsprogrammes

Musterdias belichten

Es kann sehr schwierig und zeitraubend sein, wenn man nach der Erstellung aller Dias die grundlegende Gestaltung nochmal verändern muß. Um dies zu vermeiden, empfiehlt es sich, daß alle an der Präsentation beteiligten Personen die Gestaltungskonstanten zu sehen bekommen und auch billigen müssen, bevor mit der weiteren Diaerstellung fortgefahren wird.

Um einen realistischen Eindruck davon zu erlangen, wie die fertige Präsentation tatsächlich aussehen wird, sollten Sie sich die Mühe machen und ein paar Beispiele als Dias oder Overheadfolien belichten lassen. Abhängig von Ihrer Hard- und Software kann das, was auf Ihrem Bildschirm gut aussieht, auf dem belichteten Dia sehr mittelmäßig erscheinen. Versuchen Sie, alle Farben und Schriften, die in Ihrer Gestaltung verwendet werden, in die Beispieldias einzubeziehen.

Ein weiterer Vorteil der Probebelichtung liegt darin, daß auch den Leuten des Belichtungsstudios eine ungefähre Vorstellung von dem vermittelt wird, was Sie bei der Belichtung aller Dias erwarten wird. Das Belichtungsstudio hat dann die Möglichkeit, auf potentielle Probleme mit Ihren Dateien hinzuweisen. Die Probleme könnten in fehlenden Schriften, nicht kompatiblen Dateiformaten, zu kleinen Rahmen oder Texten und Grafiken, die das Diaformat überschreiten, bestehen.

Sobald Sie die belichteten Beispiele zurückerhalten, lassen Sie alle an dem Projekt beteiligten Personen einen Blick auf die Dias werfen. Wenn anhand der Beispieldias die Gestaltung zufriedenstellend beurteilt wird, sollten Sie sich die Gestaltungskonstanten schriftlich genehmigen lassen. Sollten die Entscheidungsträger mit dem Design unzufrieden sein, können Sie es ohne großen Zeit- und Geldaufwand überarbeiten.

Wenn es sich bei Ihrer Präsentation um eine Teamarbeit handelt, sollte die Erstellung der Gestaltungskonstanten sowie deren Genehmigung zur gleichen Zeit stattfinden, in der die Redner ihre Gliederung und Skripte vorbereiten. Indem Sie parallel arbeiten, kann der Gestaltungsprozeß zu dem Termin abgeschlossen sein, an dem die Redner bereit sind, den Inhalt ihrer Dias in das Storyboard einzutragen. Falls Sie alleine arbeiten, sollten Sie sich auch nicht davon abbringen lassen, einige Beispieldias zu belichten, da eventuelle Probleme, die kurz vor dem Präsentationstermin auftreten, schwieriger zu lösen sind, wenn Sie auf sich selbst gestellt sind.

Diatypen und deren Überarbeitung organisieren

Wie Sie bereits im ersten Kapitel dieses Buches gelernt haben, ist Organisation der Schlüssel für eine reibungslose Erstellung einer Präsentation. Durch die Organisation der Reihenfolge, in der die Dias erstellt werden, können Sie den Herstellungsprozeß erheblich beschleunigen und erhalten eine Hilfe zur Beibehaltung der Gestaltungskonstanten. Wenn Sie auch die Veränderungen dementsprechend zuordnen, können Sie die Änderungen in einzelne Gruppen einordnen.

Diatypen gruppieren

Nachdem Sie wertvolle Zeit mit der Planung der sinnvollsten Reihenfolge für Ihre Argumente verbracht haben, mag es nun kontraproduktiv erscheinen, bei der Erstellung der Dias eine neue Reihenfolge festzulegen. Sie werden jedoch effektiver arbeiten, wenn Sie alle Textdias hintereinander erstellen können, danach die Grafikdias, anschließend die Dias, in denen Tabellen enthalten sind, und so weiter. Durch die Einteilung der Diaerstellung in die verschiedenen Typen können Sie einen "Schnelldurchlauf" entwickeln, der Ihnen die Möglichkeit bietet, die Gestaltungsentscheidungen schneller zu treffen.

Wenn Sie mit DOS-Programmen arbeiten, wie beispielsweise Applause II und Lotus Freelance Graphics, die jedes Dia als separate Grafikdatei speichern, ist es unerheblich, welches Dia Sie zuerst erstellen. Sie sollten einfach aus Ihrem Storyboard die Dias in Gruppen einteilen, bevor Sie mit ihrer Erstellung beginnen. Wenn Sie ein Windows oder Mac-Intosh Präsentationsgrafikpaket benutzen, wie beispielsweise Microsoft Powerpoint oder Aldus Persuasion, möchten Sie vielleicht, daß alle Dias in der gleichen "Präsentations"-Datei gespeichert werden. In diesem Fall erstellen Sie alle Dias der einzelnen Diatypen und setzen anschließend die Dia-Sortier-Funktion ein, damit die Dias in der Reihenfolge gespeichert werden, in der sie auch später präsentiert werden sollen.

Die Organisation des Überarbeitungsprozesses

Änderungen sind unvermeidbar! Unabhängig davon, wie oft eine Präsentation vor der Erstellung der Dias gelesen, überarbeitet oder neu geschrieben wurde, wird es dennoch Änderungen während des gesamten

Herstellungsprozesses geben. Ein sicherer Weg, um Ihren Verstand zu verlieren, ist der Versuch, jede winzige Änderung direkt zu berücksichtigen, obwohl Sie noch mit der Erstellung neuer Dias beschäftigt sind. Ein konstanter Zufluß von kleinen Veränderungen ist verwirrend und führt häufig zu anderen Fehlern.

Um winzige Veränderungen zu eliminieren, setzen Sie eine festgelegte Zeitdauer kurz vor das Ende des Produktionsablaufverzeichnisses, die nur für Korrekturen und Änderungen bestimmt ist. Das Ergebnis ist ein geringerer Gesamtkorrekturaufwand, da die Redner ihre Zahlen und Wörter mehrfach ändern, ehe die endgültige Version der Rede und der Dias feststeht. Wenn Sie die Ausführung der Korrekturen bis an das Ende des Überarbeitungsprozesses verschieben, vermeiden Sie die dazwischenliegenden Korrekturen und konzentrieren sich direkt auf die abschließenden Änderungen.

Mit Fehlern umgehen

Der einfachste Weg um Panikattacken in den letzten Tagen (oder auch Stunden) vor der Präsentation zu vermeiden, besteht darin, daß man sich daran erinnert, daß Dias und Begleitmaterial nur zur Verstärkung der Rede vorbereitet wurden. Bei sorgfältiger Prüfung sollten die größten Fehler in den Dias bei den Überarbeitungs- und Nachprüfungsgängen gefaßt werden.

Je einfacher und direkter die Information in Ihrem Dia dargestellt ist, um so unwahrscheinlicher wird es sein, daß ein Fehler bis zur Belichtung unbemerkt bleibt. Dennoch wird es nicht das Ende der Welt sein, falls auf einem Dia ein typographischer Fehler auftauchen wird. Kleinere Fehler werden bei der Projektion häufig übersehen. Die einzige "nicht zu vergebende" Sünde ist ein fehlerhaft geschriebener Firmen- oder Personenname.

Sollten einige geringfügige Fehler durch den Prüfungsvorgang geschlüpft sein, können Sie während der Präsentation mit einigen gut gewählten Worten damit umgehen. Sie können falsche Zahlen in Tabellen oder Schaubildern verbal richtigstellen. Häufig kann eine charmante oder humorvolle Bemerkung die Verärgerung des Publikums über ein fehlerhaftes Dia mildern.

Fehlerhafte Dias, die zu Mißverständnissen führen würden oder inakzeptabel sind, sollten aus der Präsentation entfernt werden. Es ist besser, ohne die Unterstützung eines Dias zu arbeiten, als Dias zu zeigen, die im Widerspruch zum Gesprochenen stehen.

Der Praxisfall

Wahnsinn in der letzten Minute

Donnerstag, den 11. Oktober, 10:00 Uhr: Der Artikel im Handelsblatt schockte alle Mitglieder des Präsentationsteams. Gerhard von Gernegroß, der gefürchtete Übernahmespezialist, hatte fünf Prozent des Aktienkapitals von Hypothetika International erworben. Nach einer rasanten Serie von Faxen und Telefongesprächen wurde der Aktienkauf bestätigt. Jedoch konnte nicht herausgefunden werden, ob von Gernegroß weitere Aktienkäufe geplant hatte. Obwohl Albert und Georg die Pläne des Übernahmespezialisten mißtrauisch betrachten, haben Sie, dem Rat Ihrer Investmentbank folgend, sich dazu entschieden, die Emission der neuen Aktien dennoch durchzuführen.

11:00 Uhr: Der Aktienkauf von Gerhard von Gernegroß hat in Banken- und Maklerkreisen zu großer Aufregung geführt. Um wilden Spekulationen vorzugreifen, entscheidet sich Georg, die zweite Rede seiner Präsentation diesem Thema zu widmen und sich auf ein wenig Schadensbegrenzung einzulassen. Zusätzlich muß Verena ein Dia überarbeiten, in dem die Verteilung der Aktienanteile von Hypothetika International gezeigt wird.

Den größten Teil von Georgs Originalrede machte eine Zusammenfassung des Aktienangebotes sowie ein kleiner Verkaufsteil aus. Er entscheidet sich, daß nichts davon gestrichen wird. Dennoch muß er einen kleinen Teil hinzufügen, der sich mit den Aktivitäten und Konsequenzen des aktuellen Aktienkaufes von Gerhard von Gernegroß befaßt.

Verenas Überarbeitung ist Routine; eine einfache Veränderung im Tortenchart, das die Verteilung des Aktienkapitals darstellt.

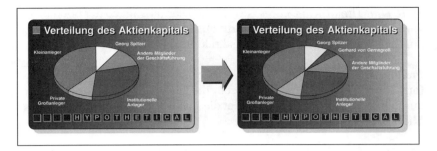

12:30 Uhr: Tim Gonzales hat wie ein Wahnsinniger an den letzten Kor-rekturen der Dias gearbeitet und wird die Änderung an Verenas Dia prompt ausführen.

Gemäß dem Produktionsablaufverzeichnis ist der Versand der Disket-ten zum Belichtungsstudio heute mittag fällig. Tim und Ellen entschei-den sich, die ersten drei Präsentationen zum Belichtungsstudio zu senden. In einem Fax informieren sie das Studio darüber, daß morgen noch eine vierte Präsentation gesendet wird, die dann so schnell wie möglich belichtet werden muß.

14:00 Uhr: Georg spielt in Gedanken die möglichen Auswirkungen des Aktienkaufes durch, um die neue Situation aus dem bestmöglichen Licht erscheinen zu lassen. Er wird die Tatsache betonen, daß der Anteil von Gerhard von Gernegroß im Vergleich mit dem restlichen Aktienkapital relativ klein ist. Außerdem wird er herausstellen, daß Hypothetika kei-nes der Probleme besitzt, die die meisten Übernahmeziele des Finanz-experten ausmachen. Georg erstellt eine kurze Gliederung und kann jetzt schon absehen, daß ungefähr acht neue Dias in seiner Präsentation be-nötigt werden.

Es wird eine Weile dauern, um alle Zahlen, die Georg benötigt, zu re-cherchieren. Georgs Sekretärin übernimmt die Erstellung von groben Skizzen für die noch benötigten Dias.

17:00 Uhr: Unglücklicherweise stehen immer noch nicht alle Zahlen, die zur Erstellung der neuen Dias benötigt werden, zur Verfügung. Aber um die Sache ins Rollen zu bringen, setzt sich Georg mit Tim und Ellen zu-sammen, um über die letzten Dias der Präsentation zu sprechen. Tim möchte diese Dias noch am Abend erstellen, wobei er für die noch aus-stehenden Informationen Platz frei läßt.

19:15 Uhr. Tim druckt Georgs zusätzliche Dias (abzüglich der noch nicht vorhandenen Zahlen) in Papierform aus und läßt sie zur Genehmigung auf dem Schreibtisch des Verkaufsdirektors liegen.

Freitag, den 12. Oktober, 10:00 Uhr. Nachdem Georg die fehlenden Informationen erhalten hat, zeichnet er die Diaausdrucke ab und füllt die ausstehenden Zahlen ein. Es sendet die Ausdrucke an Tim, der dann die Lücken am Computer ausfüllt.

11:30 Uhr. Die Diskette, die Georgs zweite Präsentation enthält, wird per Kurier zur Belichtung an das Belichtungsstudio geschickt. Ellen setzt sich mit dem Studio in Verbindung und teilt mit, daß die Diskette auf dem Weg sei und die belichteten Dias spätestens um 17:00 Uhr wieder in ihren Händen sein müßten.

13:00 Uhr. Die Dias der ersten drei Präsentationen werden vom Belichtungsstudio angeliefert. Mit Hilfe des Storyboards sortieren Ellen und Tim die Dias in die Diakarusselle ein und geben sie dann an Georg, Albert und Verena weiter. Die Redner sehen sich die Dias der Präsentationen nochmals an und beginnen anschließend ihre Reden zu proben.

17:00 Uhr. Auch die Dias der vierten Präsentation sind pünktlich vom Studio geliefert worden. Auf Grund der sehr kurzfristigen Veränderungen ist keine fertige Gliederung oder ein abgeschlossenes Storyboard von Georgs zweiter Präsentation vorhanden. Ellen liefert die Dias zusammen mit einem leeren Diakarussell an Georg, so daß er die entsprechende Reihenfolge für seine Präsentation festlegen kann.

Zusammenfassung

Die Herstellung von aussagefähigen Präsentationsgrafiken ist eine Fähigkeit, die man durch Erfahrung und Übung erlernt. Nun ein paar Richtlinien, um Desaster zu vermeiden:

- Führen Sie zuerst einige kleinere Projekte durch, ehe Sie sich großen Herausforderungen stellen.

- Gestalten Sie nicht nur einen hübschen Hintergrund, sondern entwickeln Sie ein umfassendes Design, in dem möglichst viele der Diatypen Ihrer Präsentation vorhanden sind.

– Speichern Sie Gestaltungsschablonen oder -muster auf der Diskette ab und nutzen Sie diese dann als Vorlagen, um Ihre Dias zu erstellen.

– Setzen Sie die Muster Ihres Präsentations-Programmes ein. (Diese Muster werden manchmal auch Style oder Master genannt.)

– Lassen Sie Musterdias belichten und dann auch genehmigen, bevor Sie mit der Herstellung der Dias fortfahren.

– Organisieren Sie die Herstellung der Dias nach Diatypen (Text, Grafik, Tabelle).

– Vermeiden Sie, kleine Änderungen sofort auszuführen. Versuchen Sie die Korrekturphase in den Herstellungsprozeß einzuplanen, damit alle Änderungswünsche auf einmal durchgeführt werden können.

– Geraten Sie nicht in Panik. Kleinere Fehler werden vom Publikum häufig übersehen oder können vom Redner verbal korrigiert werden.

– Bereiten Sie eine Strategie vor, um mit Änderungen in der letzten Minute verfahren zu können.

6

Die Gestaltung des Formates: Layout

Ein konsequentes Format, das während der gesamten Präsentation benutzt wird, läßt das Publikum das "Umfeld" vergessen und fokussiert es auf die Informationen der Dias. Die Gestaltung eines Präsentationsformates beinhaltet die Manipulation der folgenden drei Elemente: Layout des Diarahmens, Farben und Typographie. In diesem Kapitel werden wir uns mit dem Layout des Diarahmens befassen. Dahinter verbirgt sich die Anordnung von wiederkehrenden Elementen, die als Rahmen für Ihre Informationen eingesetzt werden. Die Elemente des Diarahmens enthalten Hintergründe, Logos, Titel und andere dekorative Punkte.

In den ersten Überlegungen, die das Format betreffen, sollten Sie einbeziehen, in welcher Form die Präsentation produziert wird. Es gibt drei verschiedene Medien, die in den meisten Präsentationen eingesetzt werden: 35-mm-Dias, Overheadfolien oder Computer Screen Shows. Bevor Sie das Format entwickeln, müssen Sie sich entscheiden, mit welchem Hilfsmittel Sie Ihre Aussagen präsentieren möchten.

Die Auswahl Ihres Informationsträgers

Jedes Medium stellt Bilder in einer anderen Form dar. Es gibt verschiedene Faktoren, die die Qualität des Ergebnisses beeinflussen können. Falls Sie sich noch nicht entschieden haben, mit welchem Informationsträger Sie arbeiten wollen, dann sollten Sie die Vor- und Nachteile der einzelnen Medien abwägen und erst anschließend die Entscheidung treffen, welches Medium am besten zu Ihren Bedürfnissen paßt.

35-mm-Dias

Am häufigsten werden bei Präsentationen 35-mm-Dias eingesetzt. Ein 35-mm-Dia besteht aus einem kleinen Stück farbtransparentem Film, der auf einen ca. fünf Zentimeter großen quadratischen Papp- oder Plastikrahmen montiert wird. Die tatsächliche Bildgröße auf dem Film beträgt 24 mm mal 36 mm, obwohl der Rahmen das Bild wieder ein wenig beschneidet.

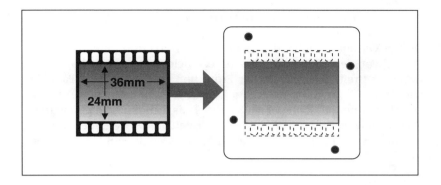

Vor- und Nachteile von 35-mm-Dias

35-mm-Dias sind klein, nicht teuer und einfach zu projizieren. Da die Dias auf qualitativ hochwertigen Farbfilmen belichtet werden, sind die Farben kräftig, und die Bilder besitzen eine Tiefe und Realität, die mit anderen Präsentationsmedien nicht zu vergleichen sind.

Dias sind durch die geringe Größe einfacher zu handhaben und zu transportieren als Overheadfolien. Befinden sie sich in einem Diakarussell, sind sie auch vor den meisten Pannen relativ sicher. Ein Koffer, in dem ein Diaprojektor und ein Diakarussell mit ungefähr 140 Dias enthalten sind, kann bequem unter dem Sitz eines Flugzeuges verstaut werden. Die einzigen Dinge, die Sie dann noch benötigen, um eine einfache Präsentation halten zu können, sind ein elektrischer Anschluß und eine weiße Wand.

Dennoch gibt es einige Nachteile von 35-mm-Dias:

– In der Regel benötigt die Projektion von Dias einen zumindest teilweise abgedunkelten Raum, um eine maximale Lesbarkeit zu gewährleisten.

– Der Redner kann auf einem projizierten Dia weder schreiben noch einen anderen Einfluß nehmen (bis auf den beschränkten Gebrauch eines Zeigestockes).

– Durch die Belichtungs- und Produktionserfordernisse der Dias können Veränderungen in der letzten Minute (weniger als vier Stunden vor der Präsentation) nicht mehr ausgeführt werden.

Überlegungen zum Format von 35-mm-Dias

Die zur Verfügung stehende Fläche hat bei Dias eine einmalige Formel, die sich von den anderen Medien unterscheidet. Das 2:3-Verhältnis von Höhe zur Breite erscheint in der Projektion breiter als Overheadfolien oder Videobilder. Sie müssen ein Layout gestalten, das den breiteren Diarahmen berücksichtigt. Falls Sie Ihre Dias nicht im richtigen Verhältnis erstellen, werden Sie nur teilweise ausgefüllte Dias erhalten und verschenken wertvollen Platz, wie auch in der Abbildung 6.1 zu erkennen ist.

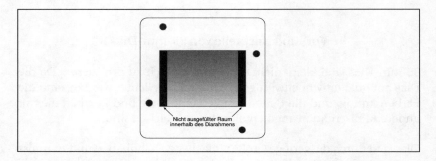

Abb. 6.1: Das falsche Verhältnis führt zu einem nur teilweise ausgefüllten Dia

Sobald Sie Ihr Präsentations-Programm starten, sollten Sie die Seiteneinrichtung kontrollieren, um sich zu vergewissern, daß Ihre Seite dem 35-mm-Dia entspricht. Bei vielen Programmen ist die Standardeinstellung der Seiteneinrichtung auf Overheadfolien eingestellt, die schmaler und höher als 35-mm-Dias sind. Aus diesem Grund ist die Überprüfung der Seiteneinrichtung sehr wichtig. Wenn Ihr Programm das Seitenformat für 35-mm-Dias nicht automatisch einstellt, erstellen Sie "von Hand" eine Seitengröße, die die Abmessungen der Dias berücksichtigt. Die tatsächliche Größe der Seite spielt dabei keine Rolle. Wichtig ist ein Verhältnis von 2:3, also beispielsweise 10 Zentimeter Höhe zu 15 Zentimetern Breite, 6 Zentimeter Höhe zu 9 Zentimetern Breite oder andere Dimensionen, die im Verhältnis 2:3 stehen.

Overheadfolien

Overheadfolien werden häufig bei kleinen Präsentationen eingesetzt, in denen eine starke Wechselwirkung zwischen dem Redner und dem Publikum besteht. Eine Overheadfolie ist ein 20,3 mal 25,4 Zentimeter (oder 21,6 mal 27,9 Zentimeter) großes Stück Film, das üblicherweise auf einen 25,4 mal 30,5 großen Papp- oder Plastikkarton montiert wird. Die tatsächlich zu bearbeitenden Ausmaße des Overheadrahmens betragen 19,1 mal 24,1 Zentimeter.

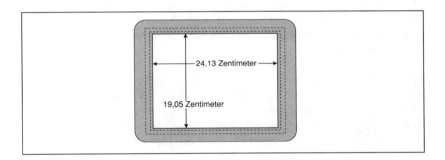

Vor- und Nachteile von Overheadfolien

Die Folien können während der Präsentation beschrieben werden. Der Redner kann auf einer vorbereiteten Folie einen Aspekt betonen oder aus dem Stegreif eine Grafik improvisieren.

Overheadfolien können mit vielen verschiedenen Druckerarten erstellt werden. Die Auswahl reicht von der günstigen Schwarz-weiß-Folie, die auf einem Laserdrucker ausgegeben wird, bis zu hochwertigen, vierfarbigen Folien, die auf einem Farbkopierer oder durch fotografische Prozesse erstellt werden. Durch das große Angebot an Ausgabemöglichkeiten sind Overheadfolien in jeder Etatgröße einsetzbar.

Durch die Größe der Folien und der Projektionsgeräte sind sie schwieriger zu handhaben als 35-mm-Dias. Overheadprojektoren sind im Vergleich zu Diaprojektoren sperrig und schwer. Ein Geschäftsreisender wünscht ein solches Gerät nicht durch den gesamten Flughafen zu schleppen. Die Folien sind relativ groß und deshalb auch leichter durch

Kratzer, Staub und Fingerabdrücke zu beschädigen. Abhängig von der Herstellungsart der Dias kann jedesmal eine Neuerstellung notwendig werden, wenn der Redner auf dem Dia geschrieben hat. Manchmal ist es auch bei Overheadfolien problematisch, Veränderungen in der letzten Minute umzusetzen.

Überlegungen zum Format von Overheadfolien

Da Overheadfolien nicht so rechteckig wie Dias sind, müssen Sie diesen Unterschied auch in der Seiteneinrichtung berücksichtigen. Falls die von Ihnen eingesetzte Software das Seitenformat für Overheadfolien nicht automatisch erstellt, wählen Sie eine Seitengröße von 19,1 mal 24,1 Zentimeter aus.

Viele Leute sind der Ansicht, da die Folie sehr viel größer als das Dia ist, auch viel mehr Informationen in einer Folie untergebracht werden können. In der Realität ist das projizierte Bild einer Overheadfolie nicht größer als das projizierte Bild eines Dias. Deshalb sollten Sie in einer Overheadfolie nicht mehr Fließtext oder Grafiken als in einem Dia plazieren.

Mini-Overheadfolien

Einige Belichtungsstudios haben seit kurzer Zeit damit begonnen, Belichtungsdienstleistungen für *Mini-Overheadfolien* (10,2 mal 12,7 Zentimeter) anzubieten. Diese Folien werden auch mit speziellen Projektoren gezeigt, die kleiner und leichter als die Standardprojektoren sind.

Diese Version ist einfacher zu transportieren und leichter in der Handhabung als die Standardgröße. Obwohl sich die Fläche verkleinert hat, steht immer noch genügend Platz für die individuelle Beschriftung während der Präsentation zur Verfügung. Leider ist diese Art der Projektion noch sehr teuer, und es gibt auch nicht viele Belichtungsstudios, die diesen Service anbieten. Die Formatüberlegungen sind die gleichen wie bei den Standardfolien.

Screen Shows

Der Bildschirm des Computers ist ein grundlegend neues Medium für den Präsentator. Es gibt verschiedene Formen der Screen Show:

–   Direktpräsentation: Das Signal, das eigentlich vom Computer an Ihren Bildschirm gehen würde, wird an einen Großbildschirm oder eine Videoprojektionseinheit umgeleitet. Die Dias Ihrer Präsentation werden dann mit Hilfe Ihres Präsentationsprogrammes oder einer speziellen Screen-Show-Software dargestellt.

–   Projektionsaufsatz: Diese Schnittstelle ist eine besondere Bildschirmdarstellung, die am Videoausgang Ihres Computers angeschlossen wird und auf die Projektionsfläche des Overheadprojektors plaziert wird. Der Overheadprojektor mit dem Projektionsaufsatz zeigt den Computerbildschirm so an, als ob es eine Overheadfolie wäre. Wie auch bei der Direktpräsentation wird diese Darstellungsform von Ihrer Software kontrolliert. Diese Art der Vorführung erlangt eine gewisse Beweglichkeit, wenn Sie über einen Laptop-Computer läuft.

–   Video-Projektor: Ihre Präsentation wird auf ein Videoband aufgenommen, zu dem auch häufig Ton hinzugefügt wird. Diese Darstellungsform ist für Geschäftsbesprechungen eher unüblich. Das Einsatzgebiet liegt schwerpunktmäßig in selbstlaufenden Anzeigen am Verkaufsort (point of purchase) oder in Messen.

Die Abbildung 6.2 stellt die verschiedenen Formen der Screen Show dar.

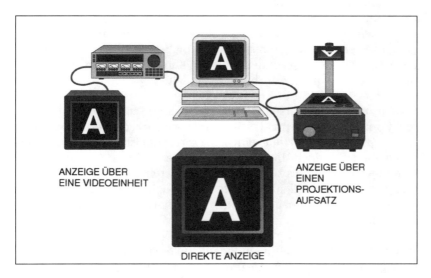

Abb. 6.2: Die Screen-Show-Optionen

Vor- und Nachteile von Screen Shows

Computer Screen Shows sind ideal für kleine und mittelgroße Bespre-chungen. Sie bieten neben den Vorteilen der Dias und Overheadfolien noch die hohe Flexibilität bei kurzfristigen Änderungen sowie den di-rekten Zugriff auf alles, was man zur Ansicht vorbereitet hat, an. Es gibt sogar die Möglichkeiten zur Animation (Ablauf von bewegten Bildern) und anderen Spezialeffekten.

In gut ausgerüsteten Konferenzräumen finden sich immer häufiger die technischen Voraussetzungen für Screen Shows.

Der Preis, der für diese Vorteile zu zahlen ist, setzt sich zusammen aus einer geringen Auflösung, groben Grafiken und Text sowie einer sperri-gen und teuren Projektionsausrüstung. Wenn Sie über den Einsatz ei-nes Video-Projektors nachdenken, sollten Sie nicht vergessen, daß die Änderungen teurer und schwieriger sind als bei jedem anderen Präsen-tationsmedium.

Überlegungen zum Format von Screen Shows

Der Erfolg einer Computer Screen Show hängt vom verwendeten Com-puter und der dazugehörigen Ausrüstung ab. Die Ausrüstung, die zur Darstellung Ihrer Show eingesetzt wird, hat in der Regel nicht das glei-che System, das Sie einsetzen, um die Show zu erstellen. Bevor Sie mit der gesamten Erstellung Ihrer Präsentation beginnen, sollten Sie zuerst die Art der Darstellung kennenlernen. In Kapitel 13 werden einige tech-nische Aspekte von Screen Shows behandelt.

Die Grundform der Darstellungsfläche bei einer Screen Show ist mit Ih-rem Computerbildschirm identisch und besitzt fast ein gleiches Verhält-nis wie Overheadfolien (ungefähr 4:5). Das Layout ist dem der Overhead-folien ähnlich, jedoch sind Sie auf Grund der geringen Auflösung Ihres Computerbildschirmes zu einem bedächtigeren Umgang mit der Text-menge gezwungen. Kleine Schriften werden, auch wenn Sie mit dem besten Equipment arbeiten, bei der Projektion nur sehr schwer zu le-sen sein.

Wenn Ihre Präsentation für ein Videoband oder eine Videoprojektions-einheit erstellt wird, sollten Sie um Text und Grafiken einen zusätzlichen Freiraum lassen. Indem Sie Ihre Schaubilder innerhalb des "geschützten oder sicheren" Videobereichs setzen, wird ein Abschneiden Ihrer Informationen vermieden.

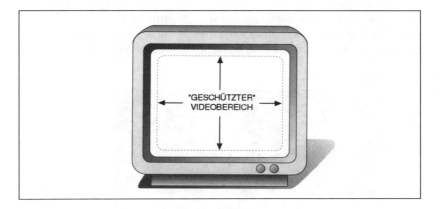

Die Darstellung der Farben und der Schärfe sowie die Intensität eines Projektionsaufsatzes wird von der Darstellung des üblichen Computerbildschirmes erheblich abweichen. Bevor Sie Ihre Gestaltung abschließen, sollten Sie das Ergebnis auf dem Ausgabegerät testen, das Sie auch bei der Präsentation benutzen werden.

Ein Präsentationsformat erstellen

Das grundlegende Format Ihrer Präsentation enthält zunächst die Elemente, die in den meisten Dias enthalten sind: Titel, Hintergründe und dekorative Elemente. Anschließend können Sie mit der Ausweitung des Designs fortfahren, indem Sie die unterschiedlichen Diatypen Ihrer Präsentation gestalten. In den folgenden Abschnitten werden Ihnen einige Orientierungshilfen vorgestellt, die Ihnen bei der Gestaltung der Präsentationselemente nützlich sein werden. Das Layout und Design von bestimmten Diatypen wird in den Kapiteln 9, 10, und 11 besprochen.

Dirigieren Sie die Aufmerksamkeit des Publikums

Wie auch die anderen Komponenten einer Präsentation dient das Format der Dias zur Vermittlung Ihrer Aussage. Sie müssen die Aussage an eine gute Position plazieren, an der sie auch gelesen wird.

Nutzen Sie das natürliche Blickmuster aus

Sobald ein Dia auf die Leinwand oder einen Bildschirm projiziert wird, folgen die Augen des Publikums einem bestimmten Muster. Die übliche Wahrnehmung von einem einfachen, textlosen Bereich ist ein Zickzack quer über den Bildschirm, ausgehend vom Bildschirmmittelpunkt.

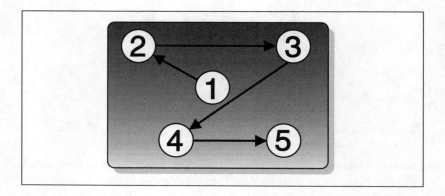

Sie denken jetzt vielleicht, daß der beste Punkt, um Ihre Aussage zu plazieren die Mitte des Dias sei, da dort zuerst hingesehen wird. Dies funktioniert aber nur dann, wenn Ihre gesamte Präsentation nur aus Titeln besteht, die einen Satz enthalten. Die Zentrierung bietet nicht viel Platz für Informationen, die Sie zur Unterstützung Ihrer Aussagen häufig benötigen.

Anstatt nun zu versuchen, Ihren Titel in die Mitte des Dias zu quetschen, sollten Sie ihn oben oder links oben plazieren. Dadurch erhalten Sie genügend Platz für die weiteren Informationen. Diese Plazierung nutzt auch die natürliche Leserichtung (von links nach rechts) aus. Das Publikum wird aufnahmefähiger, wenn Sie die Informationen in einer gewohnten Leseweise präsentieren.

Betonen Sie wichtige Bereiche

Sie können der Zuhörerschaft beim Verstehen Ihrer Dias helfen, indem Sie ein Format gestalten, welches Bereiche, die besondere Aufmerksamkeit benötigen, auch besonders betont. Setzen Sie das Format ein, um sicherzustellen, daß sich das Publikum auf die von Ihnen gewünschten Punkte fokussiert.

Ein Weg, um die Aufmerksamkeit auf einen Punkt zu legen, besteht in der auffallenden Plazierung desselben (beispielsweise am oberen Diarand zentriert). Andere Möglichkeiten, um einen Bereich hervorzuheben, sind Farbe, Größe und Grafiken:

- Farbe: Der Einsatz von leuchtenden, kontrastierenden Farben erzeugt immer Aufmerksamkeit. Sie müssen dabei nicht die optischen Schmerzgrenzen des Publikums berühren, sondern nur einen Kontrast herstellen, der den hervorzuhebenden Punkt vom Rest des Dias abhebt.

- Größe: Die größte Sache nimmt auch die größte Aufmerksamkeit in Anspruch. Text, der größer ist als der umliegende Text, wird immer zuerst gelesen. Jeder Teil einer Grafik, der größer oder dominanter als der Rest ist, wird auch einen größeren Effekt beim Publikum haben.

- Grafiken: Text, der mit einer Grafik verbunden ist, wird sich von einfachem Text deutlich abheben. Wenn Sie den Titel beispielsweise in einen Rahmen fassen oder ihn an eine dekorative Grafik angrenzen lassen, wird automatisch die Aufmerksamkeit erhöht.

Die Abbildung 6.3 illustriert die vier wichtigsten Wege, um bestimmte Punkte auf Ihrem Dia zu betonen und somit die Aufmerksamkeit des Publikums zu dirigieren.

Position: Plazieren Sie den Text und die Grafiken an eine starke Position innerhalb des Rahmens

Farbe: Leuchtende, kontrastreiche Farben werden Aufmerksamkeit erzeugen

Größe: Auf einem Dia wird der größten Sache auch die meiste Aufmerksamkeit zukommen

Grafiken: Selbst durch eine einfache Grafik kann zusätzlich Aufmerksamkeit auf einen Text gelegt werden

Abb. 6.3: Die Aufmerksamkeit auf bestimmte Elemente lenken

Grafische Elemente gewichten

Ein leeres Dia ist wie eine leere Leinwand, auf der Sie die verschiedenen Komponenten arrangieren. Auf einem Dia hat jedes grafische Element eine bestimmte "Gewichtung", die das Interesse des Publikums beeinflußt.

Bei der Gestaltung eines Präsentationsformates müssen Sie die unterschiedlichen Gewichtungen berücksichtigen, um einen ausbalancierten Rahmen für Ihre Botschaft zu erhalten. Die beiden größten Bereiche, die es für jedes Dia auszubalancieren gilt, sind der Titelbereich und der Bereich, in dem sich der Hauptinhalt befindet. Logos, Linien und andere grafische Möglichkeiten dienen als Abstimmungshilfen, um das richtige Verhältnis zwischen Titel und Inhalt zu erreichen.

Ihr Diainhalt (Text, Tabelle und Illustration) kann normalerweise als eine Einheit behandelt werden, so daß Sie sich bei der Gewichtung des Inhaltes eine große Box mit einem Rahmen vorstellen können.

Der Titel ist eine weitere Einheit innerhalb des Dias. Sie sollten dessen Gewichtung mit dem Inhaltskasten ausbalancieren.

Wenn Sie den Inhaltskasten zentrieren und den Titel darüber hinzufügen, wird das Dia aus dem Gleichgewicht gebracht. Ihr Format wäre dann oberlastig, mit zuviel Betonung im oberen Diaabschnitt.

Verschieben Sie den Inhaltskasten ein wenig nach unten, um das Gleichgewicht zu erreichen. Da der Inhaltskasten eine stärkere Gewichtung als der Titel hat, muß er nicht sehr weit nach unten verschoben werden. Eine kleine Veränderung in der Position, der Helligkeit oder der Größe kann bei einem großen Element effektiver sein als eine große Veränderung bei einem kleineren Element.

Ein weitere Möglichkeit, die Balance zwischen Titel und Inhaltskasten herzustellen, ist das Hinzufügen eines Logos. Indem Sie das Logo am unteren Rand des Dias plazieren, kann der Inhaltskasten wieder in die Mitte gesetzt werden, ohne daß ein Ungleichgewicht entsteht.

Denken Sie daran, daß die Farbe das Gewicht eines grafischen Elementes erhöhen und reduzieren kann. Falls beispielsweise die Schrift des Logos viel dicker als die Schrift des Titels ist, können Sie die richtige Gewichtung ganz einfach wieder herstellen, indem Sie das Logo ein wenig dunkler machen als den Titel. Dadurch verliert das Logo an Wichtigkeit und nähert sich dem Titel an.

Nutzen Sie den Platz weise

Unabhängig von Ihrem Präsentationsmedium haben Sie immer nur eine begrenzte Fläche zur Verfügung, auf der Sie Ihre Aussage darstellen können. Sie müssen ein Format erstellen, das die verfügbare Fläche optimal nutzt.

Aus Gründen der Lesbarkeit sollten der Text und die Grafiken innerhalb der nutzbaren Fläche so groß wie möglich sein. Jedoch erscheint Ihr Dia überfrachtet, wenn Sie grafische Elemente zu nah an den Diarand setzen. Darüber hinaus besteht dann die Gefahr, daß ein Teil Ihrer Grafik durch den Diarahmen (den physischen aus Plastik oder Karton) beschnitten wird.

Auf der anderen Seite sollten Sie auch keinen Platz verschenken, indem Sie einen zu großen Abstand zwischen Inhalt und Diarand festsetzen. Sie opfern außerdem die Lesbarkeit des Textes und der Grafiken, wenn der Abstand zum Diarahmen zu groß ist. Eine leere Fläche, mit einer kleinen Schrift in der Mitte, wird nur die Sehkraft Ihres Auditoriums strapazieren.

Um ein gesundes Verhältnis zwischen Lesbarkeit und Diarand zu erhalten, erstellen Sie an allen vier Seiten Ihres Dias einen Abstand zum Rand, der mindestens fünf Prozent der gesamten Breite des Dias beträgt. Die Abbildung 6.4 zeigt den Abstand von fünf Prozent im Vergleich mit einem zu eng und zu weit gewählten Abstand. Sie können die Ränder ignorieren, wenn Sie Hintergründe, Linien, Fotos oder Grafiken formatieren, die beschnitten werden sollen.

Abb. 6.4: Den Abstand zum Diarand formatieren

Der Umgang mit dem Diatitel

Die Hauptaussage jedes Dias sollte im Diatitel stehen. Um sicher zu gehen, daß Ihr Publikum die Aussage versteht, muß der Titel ins Auge fallen, leicht lesbar sein und immer an der gleichen Position auftauchen.

Normalerweise sollten die Diatitel an der besten Position innerhalb des Dias plaziert werden. Diese Position ist entweder oben links oder oben in der Mitte. Die Textausrichtung sollte zur Position des Titels passen: mittig ausgerichteter Text für zentrierte Titel und linksbündiger Text für oben links stehende Titel.

Setzen Sie eine größere oder unterschiedliche Schrift ein, um den Titel hervorzuheben. Als Faustregel kann man sich merken, daß die Schriftgröße im Titel ungefähr 25 bis 50 Prozent größer sein sollte als im Fließtext. Wenn Ihr Fließtext beispielsweise in einer 24 Punkt großen Schrift erstellt ist, benutzen Sie eine 36 Punkt große Schrift im Titel. Ein fetter Schriftschnitt läßt den Titel auch größer erscheinen, selbst wenn Sie die gleiche Schriftgröße im Titel und im Fließtext benutzen. Farben sind ein weiterer Weg, um den Titel hervorzuheben (in Kapitel 7 erfahren Sie Details zum Einsatz von Farben).

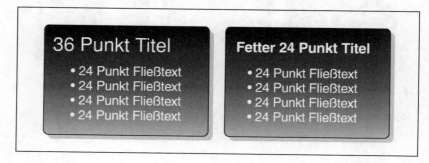

Ein einfacher Titel am Kopf des Dias mag vielleicht ein wenig einsam und unwichtig erscheinen. Besonders dann, wenn der Titel nur aus einem oder zwei Wörtern besteht. Es gibt auch hier wieder einige Alternativen, um die Wirkung des Titels vom restlichen Diainhalt abzuheben:

– Eine grafische Linie wird die Diafläche in einen Titelbereich und einen Inhaltbereich aufteilen.

– Ein Kasten, eine Box oder eine andere Rahmenart wird kurze Titel aufwerten. Jedoch ist der Einsatz von Boxen bei längeren Titeln oftmals nicht angebracht, da die sperrige Box den eigentlichen Inhalt überwiegen könnte.

– Eine aparte Grafik kann den Titel verankern und die Aufmerksamkeit auf ihn lenken.

Die Abbildung 6.5 illustriert die drei Alternativen. Berücksichtigen Sie bei der Formatierung des Titels dessen durchschnittliche Länge. Wenn Sie Titel haben, die sich vorraussichtlich über zwei Zeilen erstrecken werden, sollten Sie überprüfen, ob Ihr Design auch mit einem doppelzeiligen Titel gut aussieht.

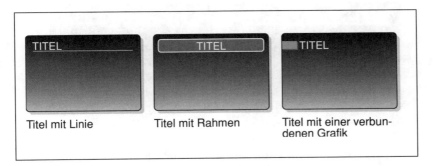

Abb. 6.5: Formatierung des Titels

Durch das Format fixierte Grafiken

Eine konsequent plazierte Grafik trägt zum Gleichgewicht und zur Organisation des formalen Rahmens Ihrer Dias bei. Die am häufigsten fixierten Grafikelemente in Dias sind Linien, die mit dem Titel verbunden sind. Sie können natürlich auch andere grafische Elemente, wie beispielsweise Rahmen, Boxen, Schatten und Logos, fixieren.

Linien und Rahmen innerhalb des Formates

Die im Format festgelegten Linien werden häufig im unteren Bereich des Dias eingesetzt, um ein Gleichgewicht zu Titeln zu erstellen, die mit einer Linie verbunden sind. Darüber hinaus helfen Formatlinien, daß sich das Publikum auf den Inhalt konzentriert.

Im Format festgelegte Rahmen sind dünne Linien, die einen Teilbereich des Dias umschließen, bzw. einrahmen.

Kästen mit Schatteneffekt

Ein Kasten mit Schatteneffekt ist eine anspruchsvollere Version des einfachen Rahmens. Dieses Element besteht aus einer Box, die den Inhalt des Dias enthält, und einem simulierten Schatten, der den Eindruck von Tiefe vermittelt.

Einige Software Pakete enthalten eine Auswahl von verschiedenen Kästen, die Sie dann in Ihrem Dia plazieren können. Sie können aber auch selber einen Kasten mit Schatteneffekt erstellen. Plazieren Sie einen einfachen Kasten an eine beliebige Stelle, kopieren Sie ihn, und fügen Sie die Kopie des Kastens, ein wenig verschoben, hinter dem Original ein.

Wenn Sie die Farbe des Schattens bestimmen, sollten Sie ihn so natürlich wie möglich aussehen lassen. Stellen Sie sich vor, daß ein kräftiges, helles Licht oberhalb Ihres Hintergrundes scheint. Auf einem dunklen Hintergrund sollten Sie einen dunkleren Farbton des Hintergrundes oder schwarz für den Schatten auswählen. Sobald der Schatten heller als der Kasten ist, wird er auch die Aufmerksamkeit vom Kasten lenken. Bei Overheadfolien, die einen hellen Hintergrund haben, sollte die Farbe des Schattens nur ein wenig dunkler als der Farbton des Hintergrundes sein.

Wiederkehrendes Logo

Logos (Firmensignet) sind häufig ein fester Bestandteil des visuellen Firmenauftrittes. Aus diesem Grund werden Logos oft als ein feststehender Teil des Präsentationsformates einbezogen. Normalerweise übertreibt man jedoch, wenn man das Logo auf jedem Dia plaziert. Egal wie sehr Sie den Anblick Ihre Signets schätzen, wird Ihr Publikum spätestens ab dem hundertsten Dia dem Anblick Ihres Logos müde sein. Arbeiten Sie sparsam mit dem Einsatz des Logos. Vielleicht setzen Sie es nur beim Präsentationstitel und wenigen wichtigen Dias ein.

Wenn Sie das Logo im Rahmen des Gesamterscheinungsbildes des Unternehmens dennoch auf jedem Dia zeigen müssen, versuchen Sie es klein und unaufdringlich einzusetzen. Das Logo soll nicht mit dem konkurrieren, was Sie zu sagen haben, sondern dem Publikum darstellen, wer Sie sind. Beziehen Sie das Signet alleine oder als Teil einer Grafik in Ihre Dias ein. Es folgen ein paar Anregungen, wie man mit Logos umgehen kann:

– Setzen Sie das Logo in die rechte untere Ecke, um ein Gegengewicht zum Titel in der linken oberen Ecke zu erzeugen.

–   Stellen Sie eine Grafik her, die das Logo einverleibt. Indem das Logo
    ein Teil von einer größeren Grafik wird, verliert es an Bedeutung
    und erscheint dem Betrachter weniger aufdringlich.

–   Erstellen Sie aus dem Logo ein "Wasserzeichen". Dabei sollten Sie
    eine Farbe benutzen, die der Farbe des Hintergrundes sehr nahe
    kommt. Auf diese Weise ist das Signet immer präsent. Es wird je-
    doch unaufdringlich als Teil des Hintergrundes wahrgenommen.

Die Abbildung 6.6 zeigt drei Alternativen im Umgang mit Logos.

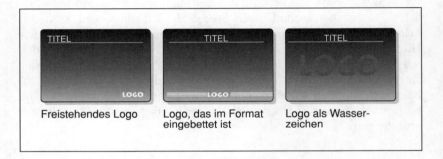

Abb. 6.6: Darstellungsmöglichkeiten von Logos

Andere dekorative Grafiken

Sie können in die Gestaltung Ihres Formates auch jede beliebige andere Form von grafischen Elementen einfließen lassen. Jedoch achten Sie
darauf, daß Ihr Format nicht mit Grafiken überhäuft wird. In dem Fall
würde die Gestaltung mit dem Inhalt konkurrieren. Ihre Aussage würde
unklar werden.

Vermeiden Sie Grafiken in die Mitte Ihres Formates zu plazieren. In der
Mitte sollen Informationen stehen. Halten Sie die Hintergründe un-
kompliziert und klar. Denken Sie daran, daß bei der Erstellung von Präsentationsgrafiken die Aussage das Medium ist.

Die Erstellung von Schablonen oder Master-Dias

Sobald Sie einmal die Positionen und die Gestaltung des Titels, des Logos und der anderen grafischen Elemente festgelegt haben, verbleibt der restliche Bereich des Dias für Ihren Text, Schaubilder, Grafiken und Fotos. Um Kontinuität beizubehalten, erstellen Sie von jedem Diatypen ein Muster, das als Modell für die weiteren Dias dieses Types fungieren soll. Diese Diamodelle werden auch Master-Dias oder Schablonen genannt.

Je nach Größe und Komplexität Ihrer Präsentation, kann es notwendig werden, zwischen zwei bis zehn Master-Dias zu erstellen. Erstellen Sie nur für solche Diatypen Muster, die während der gesamten Präsentation mehrfach wiederholt werden. Wenn Sie nur ein Dia haben, auf dem ein Balkendiagramm dargestellt werden soll, lohnt es sich nicht, dafür ein Master-Dia anzulegen.

Falls es einige Dias gibt, die sich einer Einteilung widersetzen, erstellen Sie ein allgemeines Format, das nur aus dem Titel und dem Hintergrund besteht. Benutzen Sie dieses allgemeine Format, um die Dias zu erstellen, die sich nicht eingruppieren lassen oder die nur einmal innerhalb eines Diatypes vorkommen.

Auf welche Art Sie Ihre Master-Dias erstellen, hängt sehr stark von den Programmen ab, mit denen Sie arbeiten. Viele Präsentationsgrafik-Programme (wie beispielsweise Ashton-Tates Applause II und Aldus Persuasion) unterstützen einige Schablonenarten, mit denen Sie zuerst die Gestaltung bestimmen und dann den Text und die Schaubilder schnell formatieren können. Bei den meisten Mal- und Illustrationsprogrammen ist es erforderlich, daß Sie die unterschiedlichen Musterdateien erstellen und anschließend auf Diskette speichern.

Master-Dias für Text

Richten Sie zwei grundlegende Größen für den Text ein:

– Eine Schablone für Textdias, die ein oder zwei Zeilen großen Text beinhalten.

– Eine Schablone für Textdias, die sieben oder acht Zeilen kleineren Text beinhalten.

Wenn Sie Dias mit besonderen Texten haben, wie beispielsweise Zitaten oder Tabellen, erzeugen Sie für jede Art eine Schablone.

Definieren Sie in Ihren Master-Dias die Farben des Textes sowie der Schmuckpunkte und wählen Sie die Schriftart und -größe aus. Denken Sie daran, daß Sie beim Aufbau der Master-Dias nicht die schwierigsten Fälle zur Grundlage nehmen, sondern repräsentative Dias. Bestimmen Sie beispielsweise die Textgröße nicht nach dem Dia, welches den meisten Text enthält, da Sie ansonsten viele Dias erhalten werden, in denen zweizeilige Texte mit verschwenderisch viel Freiraum zu sehen sein werden. Wenn Sie ein oder zwei Dias mit außergewöhnlich viel Text umsetzen müssen, dann empfiehlt es sich, für diese Dias keine Schablonen zu erstellen, sondern sie später ohne Vorlage umzusetzen.

Master-Dias für Schaubilder und Grafiken

Wie auch Textdias sollten die Dias, in denen Schaubilder oder Grafiken enthalten sind, ein gleichbleibendes Format für die gesamte Präsentation erhalten. Bauen Sie für jede Art von Schaubild und Grafik, die mehrmals während der Präsentation eingesetzt wird, ein Master-Dia auf.

Ihre Schablonen werden die Formatierung der Schaubild- und Grafikelemente festlegen:

–   Entscheiden Sie sich, ob Ihre Schaubilder zwei- oder dreidimensional gestaltet werden.

–   Wählen Sie die Farben für Linien, Säulen, Balken, Spalten und Tortenscheiben aus.

–   Wählen Sie das Gitter, den Maßstab und die Art der Vermerkzeichen aus.

–   Entscheiden Sie sich, wie und wo die Datenbeschriftung eingesetzt wird.

Bevor Sie sich mit der Umsetzung der Diagramme, Organigramme oder Ablaufpläne beschäftigen, sollten Sie sich einige Gedanken darüber machen, wie die Schaubilder und Grafiken in den Bereich des Inhaltes hineinpassen. Wenn Sie beispielsweise einen Ablaufplan in Ihrem Dia darstellen müssen, formatieren Sie den Plan so, daß er in den horizontalen Bereich paßt. Falls Sie einen Ablaufplan in vertikaler Richtung aufbauen, kann es sehr leicht passieren, daß er zu klein gerät und die Schrift nicht mehr zu lesen ist. In Kapitel 10 erfahren Sie mehr über die Gestaltung von Schaubildern und Grafiken.

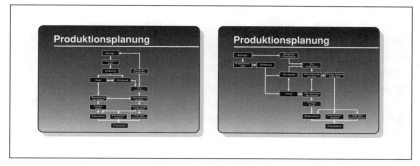

Abb. 6.7: Formatieren Sie einen Ablaufplan horizontal

Master-Dias für Illustrationen und Fotos

Wahrscheinlich werden Sie mit der Vorbereitung der Schablonen für Illustrationen nicht viel Arbeit bekommen, da die meisten Zeichnungen ihren eigenen Maßstab und ihre eigene Form besitzen. In der Regel brauchen Sie diese Illustrationen nur noch in die Mitte Ihres Inhaltbereiches zu setzen.

Wenn Sie beabsichtigen, einige Fotos einzufügen, sollten Sie sich über deren Behandlung einige Gedanken machen. Sie sollten die Entscheidungen über Linien, Grafiken, Schatten oder andere grafische Elemente, die mit den Fotos verbunden werden, im voraus treffen. In Kapitel 11 wird der Umgang mit Illustrationen und Fotos detailliert beschrieben.

Vorformatierte Master-Dias

Bei vielen Präsentationsgrafik-Programmen sind vorformatierte Master-Dias im Lieferumfang enthalten. Dadurch erlangen Sie die Möglichkeit, attraktive Präsentationen zu erstellen, ohne sich mit lästiger Formatierungsarbeit auseinandersetzen zu müssen. Diese Schablonen können Sie so benutzen, wie Sie im Programm enthalten sind, oder Sie können sie Ihren Anforderungen entsprechend modifizieren. Vorformatierte Master-Dias sind eine gute Quelle, wenn Sie sehr in Eile sind, aber auch ein gutes Werkzeug, um die Gestaltung von Dias zu erlernen. Schauen Sie sich die mit dem Programm gelieferten Dias an, um Anregungen für Ihre eigenen Dias zu bekommen.

Das Hauptproblem der mitgelieferten Master-Dias besteht darin, daß jeder, der das Programm gekauft hat, über die gleichen vorformatierten Schablonen verfügt. Falls ein Paket 100.000mal verkauft wird und 12 vorformatierte Master-Dias enthält, dann benutzen mehr als 8.000 Anwender das gleiche Design. Wenn es in einer Konferenz mehrere Präsentationen gibt, die mit den gleichen Master-Dias erstellt worden sind, wird sich das Publikum dementsprechend langweilen, unabhängig davon, wie gut die Gestaltung des einzelnen Master-Dias ist. Wenn Sie keine andere Wahl haben, als die mitgelieferten Schablonen anzuwenden, dann versuchen Sie zumindest durch den Einsatz des Firmensignets den Dias eine gewisse Individualität hinzuzufügen.

Die Regeln brechen

Aber auch das attraktivste und beständigste Format kann nicht jedes Gestaltungsproblem lösen, das bei der Erstellung der Dias auftritt. Die Formatierung eines "Problemdias" kann es erforderlich machen, die vorher festgelegten Regeln zu durchbrechen.

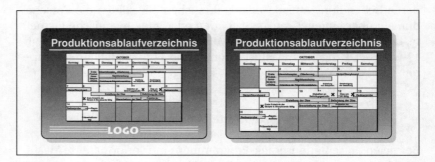

Abb. 6.8: Regeln durchbrechen

Das beste Beispiel, wie man die Regel durchbricht, besteht im einfachen Weglassen eines bestimmten Elementes, wie auch in der Abbildung 6.8

zu sehen ist. Falls es für den unteren Bereich eines Dias bestimmte Formatregeln gibt, die aber einer wichtigen, nicht zu verkleinernden Grafik im Wege stehen, müssen Sie die Regel für den unteren Bereich dieses speziellen Dias aufheben.

Es folgen einige andere Beispiele, in denen Sie vielleicht gezwungen werden, Ihre eigenen Regeln zu durchbrechen:

- Besondere Textfarben in Tabellen
- Fotos mit ungewöhnlichem Format oder Form
- Wissenschaftliche Schaubilder und Grafiken, die einen besonderen Aufbau benötigen
- Grafiken und Spezialeffekte, die besser aussehen, wenn sie am Seitenrand beschnitten werden

Denken Sie daran, daß es sich bei diesen Dias um Ausnahmen handelt. Doch auch bei diesen Ausnahmen sollten Sie den Großteil Ihres Ursprungformates beibehalten. Sie sollten nicht von Ihrer durchgehenden Gestaltung abweichen, nur weil Sie den Versuch starten möchten, eventuell aufkommende Monotonie zu zerstreuen. In einer guten Präsentation wird die Vielfalt des Textes, der Schaubilder und der Grafiken das Interesse des Publikums erhalten. Durchbrechen Sie solange nicht die Regeln, bis Sie einen guten grafischen Grund dafür haben.

Der Praxisfall

Gestaltung per Mausklick oder wie ich lernte, vorformatierte Schablonen zu lieben

Dienstag, den 2. Oktober, 10:00 Uhr: Tim Gonzales sitzt an seinem Computer und beginnt über die Art der Gestaltung nachzudenken, die er für die Präsentationen einsetzen soll.

14:00: Vier Stunden und zwei Packungen Zigaretten später. Tim versucht immer noch herauszufinden, wie die Grundgestaltung der Dias am besten aussehen könnte. Er entschließt sich dann dazu, ein Dia zu modifizieren, das mit der Präsentations-Software geliefert wurde.

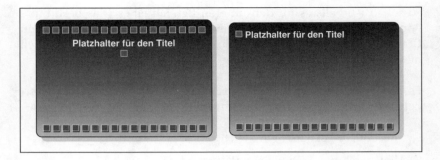

Es ist ein ansprechendes Format, obwohl der purpurrote Hintergrund noch entfernt werden muß. Tim ändert den Hintergrund in ein neutrales Grau und verändert den Verlauf von oben nach unten in von links nach rechts. Danach legt er noch einige Grafiken innerhalb des Formates neu fest. Er löscht die Kästchen in der oberen Reihe, da sie seiner Ansicht nach zu auffällig sind, und setzt einen einfachen Kasten ein, der den Titel linksbündig verankern soll. Er entscheidet sich dazu, die untere Kästchenreihe beizubehalten, und nutzt sie als grafische Schnittstelle, um den Firmennamen darzustellen. (Georg bestand darauf!)

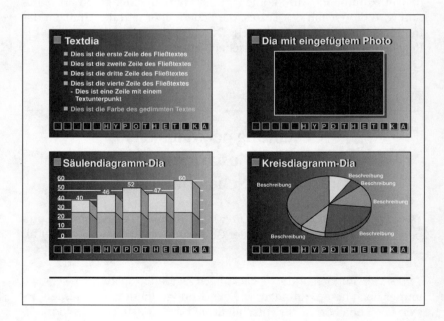

Weiterhin hat er die dekorative Box unter dem Titel gelöscht, da sie zuviel Platz eingenommen hat. (Verena benötigt für ihre Schaubilder eine große Fläche.) Jetzt hat Tim die Grundpfeiler eines unterscheidbaren Präsentationsdesigns zusammengestellt.

Mit dieser Grundgestaltung ist es nun einfach die Formatbeispiele der einzelnen Diatypen zu erstellen. Tim bereitet einige Textformate vor, zwei Schaubilder und die Einfügung von Fotos. Anschließend sendet er die Master-Dias an das Belichtungsstudio.

Zusammenfassung

Der erste Schritt bei der Erstellung einer effektiven Gestaltung liegt im Zusammenfügen der einzelnen Elemente, die in allen Dias vertreten sind. Die Zusammenstellung der sich wiederholenden Elemente, wie beispielsweise Titel, Hintergründe und Linien, bildet das Layout des Dias. Bei der Formatierung des Layouts gilt es noch einige Dinge zu beachten:

– Wählen Sie das richtige Medium für Ihre Präsentation (35-mm-Dia, Overheadfolie oder Screen Show) und vergewissern Sie sich, daß die Seiteneinrichtung im Programm Ihrem Medium entspricht.

– Arbeiten Sie mit den natürlichen Lesegewohnheiten, Farben, Größen und Grafiken, um die Aufmerksamkeit des Publikums auf die wichtigen Bereiche Ihrer Dias zu lenken.

– Gewichten Sie die verschiedenen Elemente Ihres Dias, damit das gesamte Dia optisch ausgewogen erscheint.

– Erstellen Sie eine Reihe von Formatbeispielen, um die grafischen Komponenten für möglichst viele Dias Ihrer Präsentation festzulegen.

– Legen Sie einen Seitenrand von fünf Prozent fest, damit weder Texte noch Grafiken abgeschnitten werden.

– Setzten Sie bei der Gestaltung des Titels Linien, Rahmen oder verankernde Grafiken ein. Bei Bedarf sollten Sie auch zweizeilige Titel in Ihrer Gestaltung berücksichtigen.

– Setzen Sie das Firmenlogo mit Bedacht ein. Falls Sie das Logo in jedem Dia einsetzen müssen, sollten sie es als Teil der Grundgestaltung behandeln. Achten Sie darauf, daß es nicht auf Kosten der eigentlichen Aussagen zu stark betont wird.

– Scheuen Sie sich nicht, Ihre eigenen Regeln zu brechen, wenn es die Gestaltung einzelner Dias erfordert.

– Wenn Sie die vordefinierten Schablonen Ihrer Software benutzen, sollten Sie unbedingt versuchen, ihnen einen individuellen Charakter zu geben.

7

Die Gestaltung des Formates:
Einsatz von Farben

Farbe ist in Präsentationen ein sehr effektives Werkzeug. Im Gegensatz zu gedruckten Farbseiten, die teilweise unglaublich teuer sein können, ist die Herstellung einer Farb-Präsentation relativ günstig. Durch die Art, in der Dias auf einem Filmrecorder belichtet werden, sind die Produktionskosten für ein Dia mit zwei Farben exakt die gleichen wie die Kosten für ein Dia mit zweitausend Farben. Dies ermöglicht unter Kostengesichtspunkten den Einsatz einer breiteren Farbpalette, als es bei gedruckten Grafiken möglich ist.

In diesem Kapitel werden Sie mit den Informationen versorgt, die Sie benötigen, um eine Farb-Präsentation zu gestalten. Sie erfahren einiges über die Wirkungsweise von Farben und wie Sie mit dem richtigen Einsatz die von Ihnen gewünschten Effekte erzielen können.

Die Vorteile der Farbe nutzen

In Präsentationen liegt der wichtigste Zweck von Farben in der Schaffung einer attraktiven Umgebung für Ihre Aussagen und Informationen. Studien haben gezeigt, daß eine Farb-Präsentation besser im Gedächtnis des Publikums haften bleibt und auch effektiver ist.

Der Gebrauch von Farbe kann auf verschiedene Weise zu Ihrer Präsentation beitragen:

– Die Auswahl der Farben kann die Stimmung und Aufnahmebereitschaft der Zuhörer beeinflussen.

– In einem abgedunkelten Raum kann die Aufmerksamkeit des Publikums wandern. Farbe erzeugt die visuelle Vielfalt, die nötig ist, um das Interesse der Zuschauer aufrecht zu halten.

– Farbe kann die Aufmerksamkeit des Publikums auf einen bestimmten Punkt innerhalb eines Dias lenken.

– Farbe kann zur Unterstützung und Verdeutlichung von Informationen eingesetzt werden.

– Eine Farbpalette, die in einer Präsentation eingesetzt wird, erzeugt eine wiederkehrende Umgebung für Ihre Informationen.

In vielen Programmen können Sie Tausende von Farben auswählen. Wenn jedoch Leute danach gefragt werden, so viele Farben wie möglich zu nennen, beschränken sich die Antworten meistens auf nicht mehr als ein Dutzend Farben. Der Unterschied zwischen den Farben, die der durchschnittliche Anwender benennen kann, und den Tausenden oder gar Millionen Farben, die er sehen kann, ist eine Grauzone, in der Geschmack und der persönliche Stil die Art und Weise beeinflussen, in der über Farben und deren Einsatz gesprochen wird.

Berücksichtigen Sie, daß Farbe sehr subjektiv ist. Es wird kaum zwei Personen geben, die eine Farbe auf die gleiche Weise wahrnehmen. Auch die Wörter, die wir zur Beschreibung von Farben benutzen, sind nicht genau festgelegt. Was der eine als lila bezeichnet, ist für einen anderen purpur, wobei Sie die Farbe vielleicht mit türkis oder cyan bezeichnen würden.

Viele Leute haben über bestimmte Farben eine sehr feste Meinung. Wenn Sie eine Präsentation für andere Leute gestalten, versuchen Sie eine Vorstellung über deren farbliche Vorlieben und Aversionen zu erhalten, damit Sie diese Aspekte bei der Gestaltung berücksichtigen können.

Verschiedene Kulturen messen den Farben unterschiedliche Werte bei. Beispielsweise hat die Farbe Grün in islamisch geprägten Ländern eine starke religiöse Bedeutung und sollte deshalb nur sehr vorsichtig eingesetzt werden. Planen Sie eine Präsentation in einem Land, das außerhalb Ihres Kulturkreises liegt, bemühen Sie das jeweilige Konsulat oder die Botschaft, um die Farbgewohnheiten in Erfahrung zu bringen.

Farben definieren

Um ein Gemälde zu würdigen oder die Farbe für Ihre Küchentapete auszusuchen, müssen Sie nicht wissen, wie Farben funktionieren. Haben Sie aber vor, ein farbiges Design zu produzieren, benötigen Sie ein Grundverständnis von der Funktionsweise der Farben, um sie als Werkzeug richtig einsetzen zu können. Die Werkzeuge, die zur Festlegung und Arbeit mit Farben benutzt werden, heißen *Farbmodelle*. Die verschiedenen Farbmodelle, mit denen Sie vielleicht bei der Arbeit mit Ihrer Präsentations-Software konfrontiert werden, sind in den folgenden Abschnitten beschrieben und am Kapitelende illustriert.

RGB-Farbmodell

Das Farbmodell, welches in den Präsentationsgrafik-Programmen am häufigsten benutzt wird, ist RGB (Rot, Grün, Blau). Der Farbmonitor Ihres Computers benutzt rote, grüne und blaue Leuchtmasse, um die Farben auf Ihrem Bildschirm zu erzeugen. Ein Farbfilmrecorder benutzt rote, grüne und blaue Filter, um den 35-mm-Film, der in Ihr Dia gelangt, zu belichten.

Das RGB-Modell basiert auf einer Mischung von farbigem Licht. (Das Modell ist am Ende dieses Kapitels dargestellt). Häufig wird es auch additives Farbsystem genannt, da die Farben durch die Kombination von Licht entstehen. Wenn die drei Primärfarben (Rot, Grün und Blau) zusammen als Lichtstrahlen auf einen weißen Hintergrund projiziert werden, erzeugt die Mischung der Strahlen ein weißes Licht. Dort, wo sich zwei dieser Farben überschneiden, entsteht eine Sekundärfarbe. Dort, wo sich beispielsweise das rote und grüne Licht überschneiden, entsteht Gelb. Indem die Helligkeit von rot, grün oder blau verändert wird, können Sie Millionen verschiedener Farben entstehen lassen.

Jede Sekundärfarbe ist eine *Komplementärfarbe* zu einer der Primärfarben. Die drei komplementären Paare sind rot-cyan, grün-magenta und blau-gelb. Wenn sich die Lichtstrahlen einer Primärfarbe und ihrer Komplementärfarbe auf einem weißen Hintergrund überschneiden, entsteht wieder weiß.

CMY-Farbmodell

Das CMY-Farbmodell (Cyan, Magenta, Yellow) wird meistens im Druckbereich eingesetzt. Die CMY-Farben sind die Sekundärfarben des RGB-Farbmodelles. Cyan, Magenta und Yellow sind die Farben, die im Vierfarbendruck (die vierte Farbe ist schwarz) benutzt werden. (Das Modell wird am Ende des Kapitels dargestellt.)

Das CMY-Modell basiert auf einer Mischung von Pigmenten, die unter weißem Licht betrachtet werden. Häufig wird dieses Modell auch "subtraktives Farbsystem" genannt, da die Pigmente einige Farben des weißen Lichtes aufnehmen und die anderen Farben reflektieren. Die Reflektion der nicht absorbierten Farben ist das, was das menschliche Auge als Farbe wahrnimmt. Der Grund, weshalb ein Farbklecks unter weißem Licht beispielsweise gelb aussieht, liegt darin, daß die Farbe das blaue Spektrum des weißen Lichtes absorbiert und das grüne und rote Spektrum reflektiert, das durch unser Auge als gelb wahrgenommen wird (wie im RGB-Farbmodell).

Wenn Sie zwei Farben des CMY-Modells mischen, erhalten Sie eine Primärfarbe des RGB-Modells. Wenn Sie alle drei CMY-Farben mischen, ist das Ergebnis schwarz.

HSB-Farbmodell

Die Erstellung von Farben mit dem RGB- oder CMY-Farbmodell kann schwierig werden, da Sie das richtige Verhältnis der Primär- oder Sekundärfarben mischen müssen. Ein weiterer Ansatz ist das HSB-Modell (Hue, Saturation, Brightness), in dem eine bestimmte Anzahl von Farben enthalten ist.

In diesem Modell ist jede Farbe durch die Parameter Farbton (Hue), Sättigung (Saturation) und Helligkeit (Brightness) bestimmt. Es wird eine bestimmte Anzahl von Farbtönen in Form eines Spektrums auf einer Scheibe dargestellt. Die Scheibe beginnt mit Rot, geht dann in Orange über, Gelb, Grün, Cyan, Blau, Violett, Magenta und endet wieder mit Rot. Die Anzahl der primären Farbtöne kann von ein paar wenigen bis zu Tausenden variieren. Der Apple Color Picker auf dem MacIntosh unterstützt beispielsweise 65.536 Farbtöne. (Das Modell wird am Ende des Kapitels dargestellt.)

Hellere Versionen des primären Farbtones werden durch eine Verringerung der Sättigung der Farbe erstellt, indem Weiß hinzugefügt wird. Die maximale Sättigung ist der reine Farbton, die minimale Sättigung ist weiß.

Dunklere Versionen des primären Farbtones werden durch eine Verringerung der Helligkeit der Farbe erstellt, indem Schwarz hinzugefügt wird. Die maximale Helligkeit ist der reine Farbton, die minimale Helligkeit ist Schwarz.

Spezielle Farbmodelle

Es gibt noch verschiedene andere Farbmodelle, die dem Anwender zur Verfügung stehen. Die meisten sind entwickelt worden, um die Bildschirmausgabe der Druckausgabe anzupassen. Das am weitesten verbreitete Modell ist das Pantone-Farb-System, welches von vielen Mal- und Illustrationsprogrammen unterstützt wird. (Das Modell wird am Ende des Kapitels dargestellt.)

Das Pantone-Farb-System benutzt eine Palette von mehreren hundert Farben, die für die Videoanzeige und gedruckte Tinte optimiert wurden. Aber jedes System, das versucht, die Farben anzupassen, wird durch die große Anzahl an unterschiedlichen Monitoren und deren individuelle Einstellungen nicht perfekt sein können. Das Pantone-Farb-System enthält ausgedrucktes Referenzmaterial, das Ihnen die verschiedenen Farben in ausgedruckter Form darstellt. Da die Pantone-Farben jedoch ursprünglich für gedruckte Tinte entwickelt wurden, kann es bei anderen Ausgabealternativen manchmal zu Problemen kommen (35-mm-Dias oder andere Farbfilmausgaben).

Farbeffekte einsetzen

Wissenschaftliche Studien haben gezeigt, daß bestimmte Farben vorhersehbare Einflüsse auf unsere Gefühle und Einstellungen haben. Aber eigentlich bedarf es keiner Studien, um den Einfluß von Farbe herauszustellen. Unsere Sprache ist voll mit Phrasen, die unser emotionales Verhältnis zu Farben enthüllen.

– Ärger: "Sie sieht rot."
– Verlangen: "Er ist grün vor Neid."

Sie können die Einflüsse der Farben in Ihrer Präsentation ausnutzen, wenn Sie verstehen, wie Farben auf Ihr Publikum wirken. Die folgenden Abschnitte beschreiben Farbkontraste, Blitzer und die Unterschiede zwischen warmen, kalten und neutralen Farben. Diese Farbeffekte sind auch am Ende des Kapitels illustriert.

Farben für das Format, Hervorhebungen und Text

Die Farbauswahl in einem Dia kann zunächst auf drei Hauptbereiche beschränkt werden: Format, Hervorhebungen und Text.

Formatfarben sind die Farben, die in der grundlegenden Gestaltung Ihrer Präsentation eingesetzt werden. Dazu zählen die Hintergrundfarben und jede Farbe, die bei wiederkehrenden Punkten, wie beispielsweise Grafiken und Logos, eingesetzt wird. Wenn Sie Dias erstellen, werden Ihre Formatfarben normalerweise die dunkelsten Farben Ihrer Palette darstellen. Bei Overheadfolien kann es eine Kombination aus hellen und dunklen Farben sein, je nachdem, wie Sie die Gestaltung des Formates festgelegt haben.

Farben, die etwas hervorheben, sind die Farben, die der Palette für Illustrationen, Schaubilder, Schmuckpunkte und andere grafische Objekte hinzugefügt werden. Diese Farben sollten in den mittleren Helligkeitsbereich fallen - hell genug, um sich vom Hintergrund abzuheben, aber dunkel genug, um weißen oder hellen Text zu unterstützen. Es werden in Dias und Overheadfolien ähnliche Farben eingesetzt.

Textfarben enthalten die Farbe des Fließtextes, der Hauptüberschriften, der Teilüberschriften und des gedimmten Textes bei aufbauenden Reihen (mehr dazu in Kapitel 9). Bei 35-mm-Dias sollten dies die hellsten Farben in Ihrer Kollektion sein, damit gewährleistet ist, daß sie sich von den beiden anderen Farbbereichen (Format und Hervorhebung) abheben. Bei Overheadfolien, die einen transparenten oder hellen Hintergrund haben, sollten dies die dunkelsten Farben sein.

Farbkontraste

Der Farbkontrast ist der relative Unterschied zwischen zwei angrenzenden Farben. Der Unterschied kann im Farbton, wie beispielsweise Rot und Grün liegen; in der Sättigung, wie zum Beispiel helles Pink und Rot; oder in der Helligkeit, wie beispielsweise dunkeles Rot und Rot. Der Kontrast kann aber auch eine Kombination von beidem sein, wie beispielsweise Gelb und Dunkelblau.

Kontrast wird mit den Begriffen Hintergrund- und Vordergrundobjekten definiert. In der Präsentationsgestaltung sind der Text und die Grafiken die Vordergrundobjekte, während der Rest des Dias Hintergrundobjekt ist.

Für eine gute Lesbarkeit beim Dia ist ein starker Kontrast von großer Bedeutung. Deshalb ist es wichtig, für den Text und die Grafiken hervorstechende Farben auszuwählen, die einen starken Kontrast zum Hintergrund bilden. Der beste Weg, einen Kontrast zu erzeugen, liegt in einer Kombination aus Helligkeit und Farbton.

So ist auf einem gleichen dunkelblauen Hintergrund ein gelber Buchstabe einfacher zu lesen als ein roter oder auch hellblauer Buchstabe. Der hellblaue Buchstabe mag vielleicht heller als der Hintergrund sein, aber durch den ähnlichen Farbton wird der Kontrast verringert. Der rote Buchstabe mag zwar im Farbton sehr verschieden zum Hintergrund sein, aber durch die fehlende Helligkeit wird er schwer lesbar. Der gelbe Buchstabe ist sowohl im Farbton als auch in der Helligkeit verschieden, wodurch der Kontrast und die Lesbarkeit gesteigert werden. (Am Kapitelende finden Sie dieses Kontrastbeispiel illustriert.)

Blitzer

Wenn sich zwei Objekte mit stark kontrastierenden Farben (wie zum Beispiel Rot und Cyan) auf einem Dia berühren, kann es passieren, daß Sie eine dünne weiße Linie an der Berührungsstelle sehen. Dieser Effekt wird Blitzer genannt. (Am Kapitelende finden Sie ein Beispiel.)

Es gibt Filmrecorder, in denen der Elektronenstrahl, der zur Belichtung des Filmes eingesetzt wird, ein wenig verschwommen sein kann. Jede Zeile auf dem Filmrecorder überlappt leicht die nächste Zeile, um ein glattes Farbfeld zu erzeugen. Dennoch passiert es, daß wenn sich zwei Komplementärfarben berühren, die leichte Überlappung eine Vermischung der Farben verursacht, die dann als weiße Kante zu sehen ist. Dieser Effekt hängt sehr stark von der Qualität des Filmrecorders ab. Heutzutage sollte dieser Effekt kaum noch vorkommen. Jedoch beim Einsatz von älteren Geräten, die nicht mehr auf einem so hohen Qualitätsniveau stehen, kann es schon einmal vorkommen.

Sie können diesen unerwünschten Effekt vermeiden, indem Sie in die betreffenden Objekte eine dünne schwarze Linie, die die Objekte umrahmt, einfügen. Bei Texten könnten Sie dieses Problem umgehen, indem Sie die Texte mit Schatten versehen (siehe Kapitel 8).

Warme, kalte und neutrale Farben

Farben können in drei grobe Kategorien eingeteilt werden: warm, kalt und neutral. Wie Sie vielleicht richtig vermuten, sind die warmen Farben die Farben des Feuers: rot, orange und gelb. Die kalten Farben die des Wassers und der Luft: grün, blau und violett. Und die einzigen neutralen Farben sind weiß, schwarz und grau. Trotzdem dienen unter gestalterischen Gesichtspunkten die gedämpften Versionen der warmen und kalten Farben, wie beispielsweise Braun, Ocker und Schieferblau, als neutrale Farben, da in ihnen ein hoher Anteil Grau enthalten ist. (Am Kapitelende finden Sie die Farbkategorien.)

Die warmen Farben (Rot, Gelb, Orange) sind die Aufmerksamkeitserreger in einem Präsentations-Design. Dias, in denen warme Farben überwiegen, stimulieren das Publikum und erzeugen ein Gefühl der Energie und Hitze. Dagegen sind warme, helle Hintergründe für Dias zu auffallend. Die starke Intensität der Farben würde das Publikum auf Dauer ermüden. Dunkle Rot- und Orangetöne können als Hintergrund eingesetzt werden. Jedoch muß mit diesen Farbtönen vorsichtig umgegangen werden, da es schwierig ist, kalte, kontrastierende Farben zu finden, die man in den Vordergrundobjekten einsetzen kann.

Kalte Farben (Grün und Blau) wirken auf das Publikum entspannender als warme Farben. Im allgemeinen verstärken Dias mit überwiegend kalten Farben die Aufmerksamkeit und Passivität der Zuhörerschaft. Dunkle, kalte Farben sind für Hintergründe sehr gut geeignet, da Sie mit den warmen Farben, die etwas hervorheben, gut kontrastieren und somit die Aufmerksamkeit des Publikums auf den Inhalt, anstatt auf den Hintergrund, lenken.

Die echten neutralen Farben (Schwarz, Weiß und Grau) dienen als blanker Schiefer für die hervorhebenden Farben. Ohne einen Farbzusatz (zum Beispiel durch ein Logo oder eine Grafik) können neutrale Farben schnell langweilig wirken. Sie können auch "warme neutrale" Farben, wie beispielsweise Braun oder Ocker, oder "kalte neutrale" Farben, wie Blaugrau, einsetzen, um den kühlen Grauton zu vermeiden. Neutrale Farbtöne bieten einen perfekten Hintergrund für alle hervorhebenden Farben, unabhängig davon, ob es kalte oder warme Farben sind.

In Ihrer Präsentation können Sie verschiedene Kombinationen von kalten, warmen und neutralen Farben benutzen, um Ihre Zuschauer zu beeinflussen. Auf Grund seiner Größe wird der Hintergrund einen stärkeren Effekt auf die allgemeine Stimmung eines Publikums haben als hervorhebende Farben:

- Warme Hintergründe sind im allgemeinen bei solchen Präsentationen annehmbar, die das Interesse des Publikums anregen und zu einer bestimmten Handlung stimulieren sollen, wie beispielsweise Verkaufs- oder Marketingveranstaltungen.

- Kalte Hintergründe passen am besten zu Präsentationen, die ein entspanntes und aufnahmebereites Publikum benötigen, wie beispielsweise kaufmännische oder wissenschaftliche Präsentationen.

- Neutrale Hintergründe (insbesondere Grau) dienen als Grundfläche für die von Ihnen gewählten Farben. Somit erzielen die hervorhebenden Farben eine größere Wirkung beim Publikum.

Wie in der Abbildung 7.1 gezeigt wird, können Sie die Reaktion des Publikums durch die verschiedenen Kombinationen von Hintergründen und hervorhebenden Farben kontrollieren.

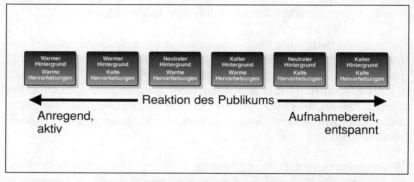

Abb. 7.1: Die Reaktion des Publikums auf warme, kalte und neutrale Farben

Verleihen Sie Ihrer Aussage durch Farbe Geltung

In einer Präsentation ist alles, was dem Publikum hilft, sich auf den Redner und die Dias zu konzentrieren, ein positiver Beitrag. Farbe ist eines der stärksten Werkzeuge, um das Publikum zu leiten. In den folgenden Abschnitten sind einige Techniken beschrieben, wie Sie durch den Einsatz von Farben Ihre Aussagen verstärken können.

Benutzen Sie Farbe, um die Lesbarkeit zu steigern

Während Sie Ihre Präsentation am Computer erstellen, schauen Sie sich die einzelnen Bilder und Texte aus einer Entfernung von ca. einem halben Meter an. Das Publikum wird vielleicht 100 Meter von der Leinwand oder dem Bildschirm entfernt sein. Daher benötigen Ihre Teilnehmer alle Hilfe, die sie bekommen können, um Ihre Informationen deutlich zu erkennen. Starke Kontraste zwischen der Hintergrund- und Textfarbe werden die Lesbarkeit Ihrer Dias steigern.

Solange Sie erwägen, einen Wasserzeicheneffekt zu erstellen (bei dem ein Objekt gedimmt wird, so daß es als Teil des Hintergrundes erscheint), sollten Sie genügend Kontrast einsetzen, um sichtbare Übergänge an den Stellen zu erzeugen, an denen die anderen Objekte mit dem Hintergrund in Berührung kommen. Ohne einen sauberen Farbkontrast werden die Objekte schwach und verschwommen erscheinen.

Benutzen Sie Farbe, um die Aufmerksamkeit des Publikums aufrecht zu halten

Ein abgedunkelter Raum, ein ausgezeichnetes Mittagessen und ein monotoner Redner können zu einem im Koma liegenden Publikum führen. Damit Ihre Zuhörerschaft wach bleibt, setzen Sie durch die gesamte Präsentation hindurch gelegentlich Farbspritzer ein. Die Farbspritzer können das Publikum mit dem visuellen Anreiz versorgen, der benötigt wird, damit es interessiert und munter bleibt.

Nun ein paar Tips, wie Sie Farbe einsetzen können, um Ihrer Präsentation Abwechslung zu verleihen:

–   Wenn Sie mehrere Dias haben, die aus einer Textzeile bestehen, dann plazieren Sie den Text in einen farbigen Kasten.

–   Versuchen Sie wo immer es möglich ist, farbige Schaubilder und Grafiken einzusetzen.

–   Fügen Sie der Information eine farbige Grafik oder ein Foto hinzu, um Ihren Standpunkt zu illustrieren.

In Abbildung 7.2 sind die Techniken illustriert, mit denen man visuelles Interesse hinzufügt.

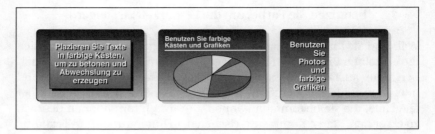

Abb. 7.2: Abwechslung durch den Einsatz von Farbe

Benutzen Sie Farbe, um Aspekte zu betonen oder abzuschwächen

Möchten Sie während einer Präsentation die Aufmerksamkeit auf eine Textzeile oder einen bestimmten Absatz legen. Setzen Sie Farbe als eine Art Zeigestock ein, so wird das Publikum keine Probleme bei der Unterscheidung der speziellen Textzeile vom Rest des Textes bekommen. Sie können Farbe auch einsetzen, um die Aufmerksamkeit einer bestimmten Information zu verringern. Große und kontrastschwache Elemente werden weniger bedeutsam erscheinen als kleine und leuchtende.

Es folgen ein paar Alternativen, wie man mit Farbe bestimmte Elemente hervorheben kann:

–   Setzen Sie wichtige Wörter innerhalb eines Textblockes in eine leuchtende, kontrastierende Farbe, anstatt die Wörter zu unterstreichen.

–   Setzen Sie das wichtigste Element eines Schaubildes oder einer Grafik in eine leuchtende Farbe, um die Aufmerksamkeit des Publikums direkt auf dieses Element zu dirigieren.

–   Benutzen Sie in einem Diagramm dunkle Farben für die Daten, die für Ihre Aussage ungünstig sind, um so deren Wirkung zu verringern.

Die Abbildung 7.3 illustriert Methoden, mit denen man die Aufmerksamkeit durch Farben lenkt.

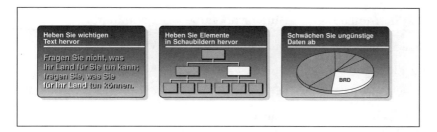

Abb. 7.3: Hervorhebung besonderer Elemente

Benutzen Sie Farbe, um in Zusammenhang stehende Präsentationsteile zu verbinden

Farbe kann Elemente verbinden, die während der gesamten Präsentation immer wieder auftauchen. Wenn in Ihrer Rede beispielsweise Verweise auf verschiedene Abteilungen enthalten sind, wählen Sie eine "Markierungs-Farbe" für jede Abteilung aus und benutzen diese dann in sämtlichen Schaubilder und Grafiken, sobald der Abteilungsname erscheint. Die Teilnehmer werden dann die Farbe mit der Abteilung identifizieren. Dadurch wird es für sie leichter, die Präsentation zu lesen sowie die Grafiken und Schaubilder zu verstehen.

Sie können den verschiedenen Teilbereichen einer langen Präsentation auch individuelle Formatfarben oder Farben, die zur Hervorhebung eingesetzt werden, zuweisen. Dadurch erreichen Sie, daß die einzelnen Teilbereiche unterscheidbar sind, ohne die schlüssige Gestaltung zu opfern. Wenn eine Präsentation aus mehreren Rednern besteht, können Sie das gleiche Layout für alle Dias benutzen, weisen aber jedem Redner eine individuelle Farbpalette zu.

Bei sehr umfangreichen Veranstaltungen können Sie die verschiedenen Techniken der Verbindung mittels Farben kombinieren. Die Farbstrategie für eine Präsentation mit fünf Sprechern aus unterschiedlichen Abteilungen könnte wie folgt aussehen:

Redner/Abteilung	Hintergrundfarbe	Formatfarbe
S. Schmitz/Orga	Dunkelblau	Violett
D. Klotz/Forschung	Dunkelviolett	Meganta
M.Nilsson/Personal	Dunkelrosa	Gold
J. Frick/Marketing	Dunkelrot	Orange
J. Förster/Finanzen	Dunkelpink	Gelb

Das Farbschema könnte noch erweitert werden, um Farben für die acht geographisch verteilten Tochtergesellschaften einzubeziehen.

Tochtergesellschaften	Betonende Farbe
England	Hellblau
Dänemark	Gelb-orange
Schweden	Hellgrün
Niederlande	Ocker
Italien	Orange
Spanien	Rot
Polen	Violett
Ungarn	Magenta

Benutzen Sie Farbbewegungen, um Prozesse zu erklären

Grafiken, die einen komplizierten Prozeß mit mehreren Entwicklungsstufen darstellen, können sehr leicht zur Verwirrung führen. Sie können Ihrem Publikum eine Hilfestellung geben, indem Sie es mit *bewegten Markierungen* durch die Grafik führen.

Bei bewegten Markierungen ist die vollständige Grafik (oder Text) die ganze Zeit zu sehen. Sobald der Redner über ein individuelles Element spricht, wird dieses Element hervorgehoben, bzw. farblich markiert, und der Rest wird abgedimmt (dunkler gemacht als das hervorgehobene Element). Die Abbildung 7.4 zeigt eine bewegte Markierung in einem Organigramm. In Kapitel 9 erfahren Sie mehr über die Erstellung einer Dia-reihe mit bewegten Markierungen.

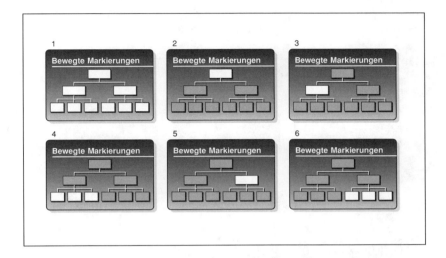

Abb. 7.4: Bewegte Markierungen in einem Organigramm

Dieser Effekt kann bei jedem Diatypen (Text, Schaubilder, Grafiken) ver-wendet werden. Als Einleitung des gesamten Prozesses sollten Sie mit der Markierung aller Elemente beginnen. Danach benutzen Sie die be-wegten Markierungen, um den Ablauf im Detail zu erläutern.

Benutzen Sie Verläufe, um Tiefe und Realismus zu erhalten

Sie können Ihrer Präsentation eine gewisse Dramatik verleihen, indem Sie in Ihren Hintergrund einen Verlauf hinzufügen. Bei einem Verlauf im Hintergrund geht die Farbe von einem hellen Farbton in einen dunk-leren Farbton oder Schwarz über. Die dabei entstehenden Abstufungen erzeugen ein Gefühl der Tiefe. Außerdem wird dadurch der Kontrast zwi-schen Vordergrund- und Hintergrundobjekten verstärkt, da ein Groß-teil des Hintergrundes aus den dunklen Abstufungen eines Farbtones besteht.

Wie in der Abbildung 7.5 dargestellt wird, gibt es eine Vielfalt an unter-schiedlichen Verlaufstypen. Der traditionelle Verlaufstyp verläuft von unten nach oben, wobei sich der hellere Bereich am unteren Seiten- oder Diarand befindet. Andere Typen, wie beispielsweise links-rechts oder diagonal, sind ein wenig modischer. Die elementbezogenen-, titelbezogenen- und kreisartigen-Verläufe sind am auffallensten und sollten deshalb nur sehr vorsichtig eingesetzt werden.

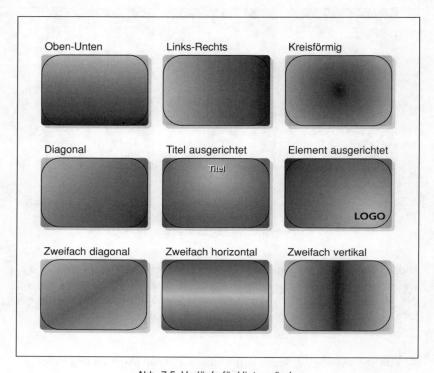

Abb. 7.5: Verläufe für Hintergründe

Wählen Sie einen Verlauf aus, den Sie während der gesamten Präsentation beibehalten. Die Veränderung des Verlauftyps kann bei einer Dia-Präsentation unangenehmer auffallen als die Veränderung der Hintergrundfarbe. Die Änderung des Verlaufes wird als Bewegung im Hintergrund wahrgenommen, was sehr störend wirken kann.

Da Verläufe die Belichtungsdauer erheblich erhöhen, sollten Sie sie mit Vorsicht einsetzen. Im allgemeinen kann man sagen, daß Verläufe von oben nach unten die geringste Belichtungszeit in Anspruch nehmen, gefolgt von Links-rechts- und Diagonal-Verläufen. Kreisverläufe beanspruchen die längste Zeit. Wenn Sie eine der zuletzt genannten Verlaufsarten in Ihrem Hintergrund einsetzen wollen, sollten Sie Ihr Belichtungsstudio darauf aufmerksam machen, daß es bei der Belichtung der Testbeispiele sehr genau auf die Belichtungszeit achtet. Falls die Belichtung Ihrer Dias erheblich länger dauert als die von durchschnittlichen Dias sollten Sie in Ihrem Produktionsablaufverzeichnis die zusätzliche Zeit für die Belichtung einplanen.

Farben auswählen, die zu Ihrem Medium passen

Eine wichtige Überlegung bei der Farbauswahl ist das Medium, das Sie bei der Präsentation einsetzen werden. Im allgemeinen haben Overheadfolien helle Hintergründe und 35-mm-Dias dunkle Hintergründe. Farben, die man bei Dias gut einsetzen kann, können bei Overheadfolien manchmal verwaschen erscheinen. Bei einer Präsentation, die auf ein Videoband überspielt wurde, kann der Einsatz einer falschen Farbe Probleme verursachen.

Die folgenden Abschnitte enthalten einige Tips zu der Farbauswahl für die einzelnen Medien. Am Ende des Kapitels werden Ihnen einige Beispiele von Farbschemata für Dias und Overheadfolien präsentiert.

35-mm-Dias

Da Dias normalerweise in einem abgedunkelten Raum projiziert werden, versorgen Sie die folgenden Farbschemata mit einem Maximum an Lesbarkeit:

– Dunkle Hintergründe. Helle Hintergründe sollten in Dias vermieden werden, da sie gegen Staub und Schmutz sehr anfällig sind. Ein kleines Staubteilchen kann bei der Projektion um bis zu 4000 Prozent vergrößert werden.

– Weißer oder pastellfarbener Text.

– Bei Schaubildern und grafischen Elementen: mittlere Farbtöne einsetzen, die dunkel genug sind, um mit der Textfarbe zu kontrastieren.

– Leuchtende, intensive Farben, um etwas hervorzuheben oder zu markieren.

Hintergründe mit einem Verlauf sind besonders bei 35-mm-Dias sehr effektiv. Kalte Hintergründe sind am vielseitigsten, da sie die breiteste Palette von Text- und Markierungsfarben zulassen. Diese Farben machen das Publikum entspannter und aufnahmefähiger. Außerdem ist es schwierig, kalte Markierungsfarben gut einzusetzen, es sei denn, daß der Hintergrund recht dunkel ist. Neutrale Hintergründe (insbesondere Grau) können langweilig wirken, setzt man sie nicht mit einer aufregenden Markierungsfarbe zusammen. Verwenden Sie warme oder kalte Grautöne, um das Einheitsgrau zu vermeiden.

Overheadfolien

Das Raumlicht kann bei 35-mm-Dias die Intensität der Farben verwaschen. Dies ist auch der Grund, warum Dias normalerweise in abgedunkelten Räumen projiziert werden. Wenn ein heller Raum benötigt wird, sind Overheadfolien viel besser zu lesen. Ein wirkungsvolles Farbschema enthält bei Overheadfolien die folgenden Punkte:

– Heller oder transparenter Hintergrund.

– Schwarzer oder sehr dunkler Text.

– Primärfarben, Sekundärfarben oder andere intensive, leuchtende Farben bei Schaubildern und grafischen Elementen einsetzen.

Die Rasterung auf vielen Farbdruckern macht es schwierig, sehr feine Nuancierungen in der Sättigung oder Helligkeit auf der Overheadfolie darzustellen. Die in den meisten Farbdruckern verwendete halbtransparente Tinte hat auf Overheadfolien nicht die gleiche Qualität wie auf Papier. Pastelltöne und gemischte Farbtöne unterliegen in den Rastermustern häufig starken Schwankungen.

Rastermuster entstehen durch die einzelnen Punkte, die im Vierfarbdruck eine Farbe herstellen. Wenn ein Bereich grau oder pastellfarben ist, muß der Drucker sehr kleine Punkte von Cyan, Magenta und Gelb benutzen, um die gewünschten Farben darzustellen. Diese kleineren Punkte werden bei der Projektion sichtbar. Primärfarben werden durch größere Punkte erzeugt, die miteinander verschmelzen und dann den Eindruck einer kräftigen Farbe vermitteln.

Wenn Sie Overheadfolien in Fotoqualität haben, die Sie durch fotografische Prozesse, wie beispielsweise Cibachrome, erlangt haben, können Sie die gleichen Farben wie beim Dia benutzen. Denken Sie aber daran, daß der Raum in dem Fall auch wieder abgedunkelt werden muß.

Screen Shows

Im allgemeinen gelten für den Farbeinsatz bei Screen Shows die gleichen Hinweise wie bei 35-mm-Dias:

- Dunkle Hintergründe für einen größtmöglichen Kontrast.

- Weißer, hellgrauer oder pastellfarbener Text.

- Bei Schaubildern und grafischen Elementen: mittlere Farbtöne einsetzen, jedoch Primärfarben vermeiden.

Wenn Ihre Präsentation auf ein Videoband übertragen wird oder auf andere Weise in ein Standard-Fernseh-Video konvertiert wird (wie bei einer Videoprojektionseinheit), sollten Sie den großflächigen Einsatz von reinen Primär- und Sekundärfarben (Rot, Grün, Blau, Gelb, Cyan, Magenta) vermeiden. Diese Primärfarben werden den Videobildschirm überladen und eine Wirkung erzielen, in der die Farbbereiche verschwommen und zu grell erscheinen. Falls Ihr Videoband auch vertont ist, sollten Sie beachten, daß diese Farben ein sehr starkes Videosignal erzeugen können. Das kann zu einem Aufeinandertreffen mit dem Ton führen, was einen hörbaren Brummton verursacht.

Bildschirmfarben im Verhältnis zur Ausgabe

Da die Farbdaten vom Programm des Computers an das Ausgabegerät weitergegeben werden müssen, sind Übersetzungen und Konvertierungen notwendig. Dies führt dazu, daß das, was Sie auf dem Bildschirm sehen, nicht unbedingt dem Ergebnis der späteren Ausgabe gleicht. Farbfilme besitzen eine viel breitere Farbpalette und eine stärkere Kontrastfähigkeit, die auch mit den teuersten Bildschirmen nicht zur Verfügung steht.

Ein guter 256-Farben-Bildschirm (wie der MacIntosh RGB-Bildschirm oder einen VGA-Bildschirm) gibt einen akzeptablen Eindruck des späteren Ausgabeergebnisses wieder. Wenn Sie mit digitalisierten Fotos arbeiten, die mit Hilfe eines Scanners erstellt werden, benötigen Sie ein System, das vielleicht Millionen von Farben unterstützt, und einen größeren, hochauflösenden Bildschirm. Aber unabhängig von der eingesetzten Hardware wird das, was Sie auf dem Bildschirm sehen, nur eine ungefähre Annäherung des Ausgabeergebnisses sein. Ihre Farbauswahl sollte deshalb nicht darauf basieren, wie die Farben auf dem Bildschirm wirken.

Der einzige Weg, um sicher zu gehen, wie die Farben nach der Ausgabe aussehen werden, liegt in der Belichtung von Mustern. Erstellen Sie einige Muster-Dias, die denen am Ende dieses Kapitels ähnlich sind.

Diese Problemstellung haben Sie auch bei Screen Shows, da die Farben auf Ihrem Bildschirm vielleicht anders aussehen werden als auf dem Bildschirm, den Sie während der Präsentation benutzen werden. Die Qualität und der mechanische Zustand des Bildschirmes und der Projektionsausrüstung beeinflussen die Darstellung der Farben. Wenn Sie die Möglichkeit haben, sollten Sie Ihre Farbauswahl auf dem "Präsentations-Equipment" testen.

Der Praxisfall

Veränderungen des Farbschemas

Donnerstag, den 4. Oktober, 13:00 Uhr: Tim Gonzales präsentiert im Besprechungszimmer von Hypothetika die ersten Master-Dias.

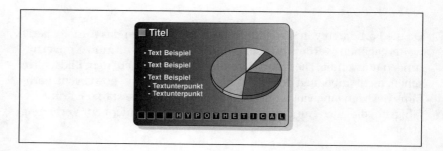

Das Format hat er zum größten Teil von einem vordefinierten Master-Dia aus seinem Programm übernommen. Er hat die Vorlage ein wenig verändert, um einige Farben der Firma zu integrieren: rote Kästen mit goldenem Rand auf einem blau-schwarzen Hintergrund mit Verlauf, weiße Titel und Texte und eine Reihe von leuchtenden Farben für die Grafiken.

Der erste Kommentar kommt von Georg: "Gute Arbeit, Tim. Das sieht schon viel besser aus als die letzte Präsentation, die wir bei Schmitt Dia in Frankfurt haben machen lassen."

Verena stimmt auch zu: "Eine sehr hübsche Gestaltung."

"Es ist zu schade, daß Albert in Japan ist. Ich hätte gerne seine Meinung gehört. Was hältst Du vom Hintergrund?" sagte Georg.

"Er sieht ein wenig hell aus." antwortet Ellen. "Du weißt, daß die Techno AG die gleichen Farben in Ihrem Logo benutzt."

"Dies sind die Farben von unserem Logo", entgegnet Tim. "Aber Du hast recht, wenn ich mir die Farben auf der Leinwand angucke, erinnern sie mich mehr an Zirkusfarben. Ich habe aber noch andere Vorschläge vorbereitet. Ich zeige euch mal das nächste."

Tim wechselt das Dia. Das zweite Format hat das gleiche Layout, aber mit einem rot-schwarzen Verlauf als Hintergrund und einem goldenen Titel.

"Aua! Wenn der Vorstand beschließt, ins Showgeschäft zu expandieren, komme ich darauf zurück. Was hast Du sonst noch?"

"Noch eins." Tim wird langsam besorgt, weil er befürchtet, alles nochmal überarbeiten zu müssen. Er wechselt nochmals das Dia. Das letzte Format benutzt einen grauen Hintergrund anstatt des rot-schwarzen Hintergrundes sowie weiße Titel.

"Das ist wunderbar, Tim", sagt Verena.

"Das geht schon eher in die richtige Richtung. Nur die Titel sind noch zu flach", kommentiert Georg.

"Warum habe ich nicht die goldenen Titel auf diesem Hintergrund eingesetzt? Dadurch würde ein wenig mehr Farbe ins Dia gebracht werden.
Es tut mir leid, aber der graue Hintergrund alleine ist tatsächlich zu langweilig", resümiert Tim.

"Schön. Nehmen wir dieses Design, unter der Voraussetzung, daß der
Titel auch gold sein soll. Wirst Du das nochmal testen müssen, Tim?"

"Ich denke nicht, falls dies die einzige Veränderung ist. In den Kästen
kann man erkennen, wie Gold auf Grau aussieht. Ich werde meine bisherigen Master-Dias verändern und noch einige neue erarbeiten."

Ellen bittet Tim darum, Kopien der Master-Dias anzufertigen und neben die einzelnen Elemente die Farben zu schreiben. Die Kopien möchte
sie dann zu Albert nach Japan faxen, damit auch er sehen kann, was passiert.

Die Besprechung wird von Georg beendet, wobei Ellen darauf hinweist,
daß das Team bis jetzt noch im Zeitplan liegt.

Zusammenfassung

Farbe ist ein gutes Werkzeug, um Ihre Aussagen in klarer und eindring-
licher Form zu präsentieren. Nun folgen ein paar Hinweise zum Gebrauch von Farbe:

–   Berücksichtigen Sie bei der Farbauswahl persönliche und kulturell
    bedingte Vorlieben.

–   Durch Farbmodelle, wie das RGB- oder HSB-Modell, haben Sie die
    Möglichkeit, die Farben durch Ihren Computer festzulegen und zu
    kontrollieren.

–   Warme, kalte und neutrale Farben haben auf das Publikum eine un-
    terschiedliche psychologische Wirkung. Nutzen Sie diese Unter-
    schiede, um Ihre Aussage zu verdeutlichen und zu verstärken.

–   Farbkontraste sind für die Lesbarkeit von enormer Bedeutung. Wäh-
    len Sie kontrastierende Hintergrund- und Markierungsfarben.

– Benutzen Sie Farbe, um die Aufmerksamkeit der Teilnehmer zu erhalten und führen Sie das Publikum mit den Farben durch die Präsentation.

– Steuern Sie den Informationsfluß zum Publikum, indem Sie Farbe einsetzen, um bestimmte Elemente der Präsentation zu betonen oder abzuschwächen.

– Verbinden Sie in Zusammenhang stehende Elemente einer Präsentation, indem Sie Signalfarben bei Abteilungen, Tochtergesellschaften oder bestimmten Themen einsetzen.

– Benutzen Sie bewegte Markierungen als Hilfestellung, um komplexe Prozesse oder zeitbezogene Ereignisse zu erklären.

– Übergeben Sie niemals eine neue Präsentationsgestaltung, ohne vorher die Farbbeispiele als Dia, Overheadfolie oder Videoprojektion gesehen und bewilligt zu haben.

– Wenn Sie für eine andere Person die Gestaltung übernehmen, sollten Sie mehrere Variationen zur Unterstützung erstellen, falls Ihr erstes Angebot den Wünschen noch nicht entspricht.

8

Die Gestaltung des Formates: Typographie und Schriftmerkmale

Die in Ihrer Präsentation verwendeten Schriftarten sind wichtige Elemente der Formatgestaltung. Bei der zur Verfügung stehenden Auswahl von Schriftbildern kann die Wahl der Schriftart, die in Ihrer Präsentation eingesetzt werden soll, zu einer Herausforderung werden.

Eine gute Typographie ist für die Präsentation von großer Bedeutung, da das Publikum in der Regel nur wenige Sekunden Zeit hat, um zu lesen, was auf Bildschirm oder Leinwand steht. Deshalb muß das Schriftbild das Publikum mit einem klaren, leicht zu lesenden Text versorgen.

Ein Grundverständnis von Typographie wird Ihnen helfen, die richtige Schriftart für Ihre Präsentation auszuwählen. Dieses Kapitel beginnt mit der Beschreibung von Schriftbildern und Schriften und versorgt Sie bei der Auswahl der Schriftart und Formatierung mit praktischen Vorschlägen.

Schriftbilder verstehen

Eine Schriftart ist ein Alphabet, das für den Einsatz im mechanischen (oder elektronischen) Druckprozeß entwickelt wurde. Es gibt mehrere Hundert verschiedene Schriftarten, aus denen Sie auswählen können.

Anatomie eines Schriftbildes

Kleinbuchstaben bestehen aus drei wichtigen Bereichen:

–   Der *Mittellänge*, die den größten Anteil des Buchstabens umfaßt. Die untere Begrenzung der Mittellänge liegt auf der Grundlinie.

–   Der *Oberlänge*, die den Teil des Buchstabens darstellt, der über die Mittellänge hinaus geht.

–   Der *Unterlänge*, die den Teil des Buchstabens darstellt, der unter der Grundlinie steht.

Striche sind die Linien, die die Buchstaben formen. Abhängig von der Schriftstärke können die Striche in der Breite und Dicke sehr stark variieren. Die Abbildung 8.1 illustriert die drei Bereiche eines Schriftbildes.

Abb. 8.1: Die Bereiche eines Schriftbildes

Einteilung der Schriftarten

Schriftbilder haben einige unterschiedliche Merkmale. Die drei Hauptunterschiede bestehen darin, ob es eine Roman-Schrift (geradestehende Schrift) oder eine Kursiv-Schrift ist, ob sie serifenbetont oder serifenlos ist und welche Schriftstärke (Dicke und Breite der Striche) sie besitzt.

Roman-Schrift gegenüber Kursiv-Schrift

Buchstaben, die im alten Rom in Stein gehauen wurden, haben die frühe Gestaltung von Schriftbildern inspiriert. Die römische Großbuchstabenschrift war durch kräftige, gleichmäßige, vertikale und horizontale Striche gekennzeichnet. Später entwickelten sich auch Kleinbuchstaben aus dieser Schrift. Diese Schrift dient als Grundlage für die meisten Schriftbilder, die heute verwendet werden.

Ein venezianischer Drucker mit dem Namen Aldus Manutius entwickelte eine sehr kompakte und schräge Schrift, die auf der Grundlage der damaligen Handschrift basierte. Diese Innovation ermöglichte ihm, schmaler zu drucken und somit mehr auf einer Seite unterzubringen. Dieser in Italien erfundene Stil wurde in ganz Europa als *Italic* (kursiv) bekannt. Heute schmückt das Portrait und der Name des Erfinders das Warenzeichen einer bekannten Softwarefirma.

Serifenbetont gegenüber serifenlos

Serifen sind kleine abschließende Querstriche am oberen oder unteren Ende von Buchstaben.

Die Abbildung 8.2 zeigt serifenbetonte und serifenlose Schriften in normaler und kursiver Schriftlage.

SERIFENBETONT
Times Roman   *Times Italic*

OHNE SERIFEN
Helvetica Roman   *Helvetica Oblique*

Abb. 8.2: Beispiele von serifenbetonten und serifenlosen Schriften

Strichstärke

Durch die Schwierigkeiten bei der Entwicklung von Gußformen für den Schriftsatz beschränkten sich damalige Schriftentwickler, wenn sie neue Schriftarten entwickelten, darauf, nur gleichmäßige Strichbreiten zu benutzen, wenn Sie eine neue Schriftart erfanden. Als sich die Technik weiterentwickelte, wurde es auch leichter, Schriftbilder zu produzieren, die starke Breitenunterschiede in den verschiedenen Strichen aufwiesen.

gleiche Strichstärke

Futura 20 Punkt

unterschiedliche Strichstärke

Bodoni 20 Punkt

Schriftenfamilien

Schriftarten werden nach ihren Merkmalen in Schriftenfamilien gruppiert. Die wichtigsten Kategorien sind klassische Antiqua Schriften, neuere Antiqua-Schriften, Grotesk-Schriften, Mischformen und dekorative Schriften. Die Trennungslinien zwischen den Kategorien sind verschwommen. Deshalb lassen sich einige Schriftarten nicht exakt abgrenzen.

Klassische Antiqua-Schriftarten

Das ursprüngliche römische Alphabet lieferte das Muster für die Gestaltung dieses Schrifttypes. Die eingemeißelte Inschrift auf der Trajansäule in Rom bietet die Vorlage für diese Buchstaben. Die Schönheit der Buchstaben wird durch die unregelmäßige Strichstärke und Serifen erzeugt. Ein Merkmal dieser Schriftart besteht darin, daß die Großbuchstaben (insbesondere das J) unter die Grundlinie, in die Unterlänge, hineinreichen. Die Abbildung 8.3 zeigt Ihnen einige klassische Antiqua-Schriftarten.

Janson Roman

Caslon Roman

Bernhard Modern Roman

Abb. 8.3: Klassische Antiqua-Schriftarten

Diese Schriftarten eignen sich bei projizierten Präsentationen nicht als Fließtext, da sie auf Grund ihrer niedrigen Mittellänge nicht einfach zu lesen sind. Jedoch können Sie Ihrer Präsentation eine traditionelle und elegante Note hinzufügen, wenn Sie diese Schriftarten in den Titeln einsetzen.

Neuere Antiqua-Schriftarten

Die ersten neueren Antiqua-Schriften wurden zum Ende des 17. Jahrhunderts entwickelt. Diese Schriftart ist stärker konstruiert als die klassische Antiqua und besitzt auch stärkere Unterschiede in der Schriftstärke. Die Schriften sind für den Einsatz in Massenpublikationen entwickelt worden. Sie stellen den Hauptanteil der in englischer Sprache verlegten Publikationen dar. Zeitungsverleger haben Schriftarten, wie beispielsweise Times Roman entwickelt, um das Bedürfnis nach einer leicht zu lesenden Schrift zu befriedigen. Die Abbildung 8.4 zeigt Ihnen noch weitere neuere Antiqua-Schriftbilder.

Durch die regelmäßige und symmetrische Eigenschaft der Buchstaben ist diese Schriftart eine passende Auswahl für Präsentationen. Die Schriften sind sowohl im Fließtext als auch in den Titeln einfach zu lesen und verschaffen Ihrer Präsentation einen soliden und konservativen Eindruck.

New Baskerville Roman

Goudy Roman

Palationo Bold

Abb. 8.4: Neuere Antiqua-Schriftarten

Grotesk-Schriftarten

Diese Schriftenfamilie ist durch eine fast einheitliche Schriftstärke und nicht vorhandene Serifen gekennzeichnet. Sie erschienen in der Mitte des 19. Jahrhunderts vorwiegend in großen Überschriften und Display-Texten.

Die frühen serifenlosen Schriften waren eine große Abkehr von den Schriftarten, die zur damaligen Zeit in Publikationen verwendet wurden. Die Gestaltung verbesserte sich, und die Leute gewöhnten sich immer stärker an diese Schriftarten. Heute ist der Einsatz von serifenlosen Schriften weit verbreitet. Die Helvetica-Schrift, die in den frühen fünfziger Jahren vom schweizer Designer Adrian Frutiger gestaltet wurde, ist die bekannteste Grotesk-Schrift. Die Abbildung 8.5 stellt drei serifenlose Schriftarten dar.

Avant Garde Roman

Futura Book Roman

Eurostile Roman

Abb. 8.5: Grotesk-Schriftarten

Durch die klaren Linien und die gute Lesbarkeit dieser Schriften bieten sie sich zu Präsentationszwecken an. Sie geben einer Präsentation einen modernen und progressiven Ausdruck. Als Daumenregel sollten Sie sich merken: Im Zweifelsfall Helvetica-Schrift benutzen.

Mischformen Schriftarten

Diese Schriftenfamilie enthält sowohl die Merkmale der serifenlosen Schriften als auch die Kennzeichen der serifenbetonten Schriften. Die Optima-Schrift ist serifenlos, jedoch erhält sie durch die Kombination von dicken und dünnen Strichen den Anschein einer serifenbetonten Schrift. Die Calvert Light-Schrift hat zwar Serifen, wirkt jedoch durch die einheitliche Schriftstärke wie eine serifenlose Schrift. Die Abbildung 8.6 zeigt einige Mischformen-Schriftarten.

Optima Roman

Calvert Light

Serif Gothic

Abb. 8.6: Mischformen-Schriftarten

Inwieweit diese Schriftarten für Präsentationen geeignet sind, hängt sehr stark von ihrer Lesbarkeit ab. Weiterhin gilt es zu berücksichtigen, ob diese Schriften das beim Publikum gewünschte Image widerspiegeln.

Dekorative Schriftarten

Dekorative Schriftarten enthalten ein besonderes Design, sei es, um hübsche Hochzeitseinladungen zu schreiben, sei es, um Buchstaben für bewußtseinserweiternde Poster zur Verfügung zu stellen. Einige der Schriftarten können nützlich sein, um etwas zu betonen oder einen Spezialeffekt zu erzeugen. In der Abbildung 8.7 sind einige dekorative Schriftarten dargestellt.

LITHOS

Fette Fraktur

University Roman

Abb. 8.7: Dekorative Schriftarten

Die Akzeptanz dieser Schriften ist sehr stark von Modetrends abhängig. Vermeiden Sie diese Schriftarten in einem Präsentationsdesign, das über mehrere Jahre modisch bleiben muß. Ansonsten sollten Sie dekorative Schriftarten bedacht einsetzen.

Schriften verstehen

Im traditionellen Schriftsatz ist eine *Schrift* ein Satz von gegossenen Metallbuchstaben, die zu einer bestimmten Schriftart in einer speziellen Größe gehören. Jede Variation des Schrifttypes - kleiner oder größer, normal oder kursiv - ist eine separate Schrift. Einige Schriftarten haben noch weitere Varianten des Grundschrifttypes, wie beispielsweise narrow (enger), wider (weiter) oder condensed (verdichtet). Dennoch sind alle Varianten durch die gestalterischen Kennzeichen des Originalschrifttypes beeinflußt.

Schriftarten gegenüber Schriften

Im Bereich des Desktop Publishing haben sich die Definitionen von Schrift und Schriftart vermischt. Die neuen Satzanlagen können Buchstaben in jeder Punktgröße elektronisch erzeugen, wodurch folglich auch die ursprüngliche Größendefinition der Schrift ausgeschaltet wird. Heutzutage beziehen sich Schriftart und Schrift auf den tatsächlichen Schriftschnitt oder die Druckerschriften, die die codierten elektronischen Informationen enthalten, um die Zeichen für Ihren Drucker zu erzeugen. Ein weiterer Beitrag zur Verschmelzung der beiden Begriffe geht vom Einfluß des MacIntosh-Schrift-Menüs aus. In diesem Menü bezieht sich der Unterpunkt *Schriftschnitte* darauf, ob die Schriftart fett, kursiv oder unterstrichen dargestellt wird. Dieses System ist auch von Präsentationsprogrammen auf Windows-Basis übernommen worden.

Schriftmerkmale

Schriften werden hauptsächlich durch ihre Größe und ihre Stärke unterschieden. Die meisten Begriffe, die man benutzt, um Schriften zu beschreiben, sind auf frühere Druckverfahren zurückzuführen.

Schriftgröße

Die Schriftgröße wird in Punkten gemessen (ein Punkt ist ca. 0,04 Zentimeter groß). In den meisten Schriften, die am Computer eingesetzt werden, gibt die Punktgröße die summierte Höhe aus Oberlänge, Mittellänge und Unterlänge an.

Die Schriftgröße einer Computerschrift und die tatsächliche Darstellung der Schrift unterscheiden sich zwischen den Schriftenherstellern. Beispielsweise unterscheidet sich die Garamond-26-Punkt-Schrift von Adobe sehr stark in der Buchstabenhöhe und Gestaltung von der formal gleichen Schrift des Herstellers Bitstream. Obwohl beide Firmen die gleiche Originalschrift zur Vorlage hatten, spiegeln die Ergebnisse die unterschiedlichen Stile der Künstler wider, die die Schriften für die Computernutzung erstellt haben. Die Abbildung 8.8 zeigt von unterschiedlichen Herstellern vier Beispiele der Garamond-26-Punkt Fett-Schrift.

Adobe Garamond Bold
ITC Garamond Bold
Garamond Three Bold
Stempel Garamond Bold

Abb. 8.8: Vergleich der Garamond-26-Punkt-Fett-Schrift

Schriftstärke

Eine andere Eigenschaft, die Schriften voneinander unterscheidet, ist ihre Schriftstärke, die auf der Strichbreite der Zeichen und deren Dichte basiert. Die Beschreibung der Schriftstärke hängt vom jeweiligen Schriftschnitt ab. Einige Schriftarten haben nur eine oder zwei Schriftstärken (normal und fett); andere hingegen sechs oder noch mehr. In der Abbildung 8.9 sind die unterschiedlichen Schriftstärken der ITC-Eras-Schriftfamilie illustriert.

ITC Eras Light   **ITC Eras Demi**
ITC Eras Book   **ITC Eras Bold**
ITC Eras Medium   **ITC Eras Ultra**

Abb. 8.9: Schriftstärken der ITC-Eras-Schriftfamilie

Schriftbreite

Eine normale Schrift kann auch ein anderes Aussehen erlangen, indem sie breiter oder enger wird. Verdichtete (condensed) oder komprimierte (compressed) Schriften haben eine engere Erscheinung, während ausgedehnte (extended) oder ausgebreitete (expanded) Schriften breiter erscheinen.

Schriftfamilien

Alle verschiedenen Variationen der Originalschrift ergeben die Schriftfamilie. Einige Schriftfamilien haben nur wenige Variationen, andere, wie zum Beispiel Helvetica oder Univers, haben Dutzende. In der Abbildung 8.10 werden die Schriften der Futura-Familie dargestellt.

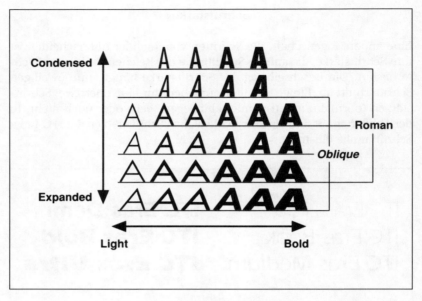

Abb. 8.10: Die Futura-Familie

Einsatz der Computerschriften

Grundsätzlich wird zwischen zwei Schrifttypen unterschieden: Bild-
schirm- und Outline-Schriften (konturierte Schriften). Die Darstellung
Ihrer Eingabe auf dem Bildschirm erfolgt durch Bildschirm-Schriften.
Outline- oder Drucker-Schriften werden in Laserdruckern, Satzanlagen
und Filmrecordern eingesetzt, um die Ausgabe zu produzieren. Beide
Schrifttypen unterstützen die WYSIWYG-Anzeige (What You See Is What
You Get = Was Sie sehen, ist, was Sie als Ausgabe erhalten) auf Ihrem
Computer.

Bildschirm-Schriften

Bildschirm-Schriften übernehmen den What-You-See (Was Sie sehen)-
Teil von WYSIWYG. Sie mögen vielleicht denken, daß Bitmap-Schriften
nur dann von Bedeutung sind, wenn Sie eine Screen Show produzieren.
Es sieht aber so aus, daß die Darstellung von Schriften auf Ihrem Com-

puter alle Arten der Präsentation betrifft. Genau dargestellte Bildschirm-Schriften sind sehr wichtig, um einen Eindruck davon zu erhalten, wie die spätere Ausgabe aussehen wird. Wenn Ihre Bildschirm-Schriften der Ausgabe nicht entsprechen, kann es vorkommen, daß das, was auf dem Bildschirm sehr gut aussieht, auf einem Dia oder einer Overheadfolie zu großer Enttäuschung führt.

Die Bildschirm-Schriften sind in Ihrem Computer als *Bitmaps* gespeichert. Ein Bitmap beschreibt ein Zeichen als ein Muster (mit einem Schachbrett vergleichbar), bei dem jedes Bit ein schwarzes oder weißes Quadrat (Punkt) ist. Diese Anordnung von Punkten (*Pixel*) wird auf Ihrem Computerbildschirm angezeigt. Jede Schriftgröße einer Bildschirm-Schrift wird gespeichert, indem jedes Punktbild (Anordnung von Pixeln) der zugehörigen Zeichen berücksichtigt wird. Deshalb können Bildschirm-Schriften, sowohl auf der Festplatte als auch im Hauptspeicher, sehr viel Platz in Anspruch nehmen.

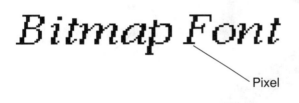

Pixel

Bitmaps zeigen eine Annäherung an die Ausgabe auf Papier oder Film. Wenn Sie eine Schriftgröße (Punktgröße) ausgewählt haben, die auch von einer Bildschirm-Schrift auf Ihrem Computer unterstützt wird, ist der Unterschied zwischen dieser Darstellung und der Ausgabe normalerweise gering. Falls Sie aber eine Schriftgröße gewählt haben, die nicht unterstützt wird, werden Sie einige erhebliche Unterschiede zwischen der WYSIWYG Bildschirmdarstellung und der tatsächlichen Ausgabe feststellen können.

Der Besitz der genauen Bildschirm-Schriften für alle Punktgrößen, die Sie in der Präsentation einsetzen wollen, steigert Ihre Produktivität, da Sie sich manchen Gang zum Laserdrucker oder zum Belichtungsstudio sparen können. Einige Präsentations-Programme können mit Bildschirmschriften gut umgehen, bei anderen hat die Bildschirmanzeige nur wenig mit dem zu tun, was man auf dem Ausdruck (oder dem belichteten Film) zu sehen bekommt. Im allgemeinen sind Windows-3.0- (und höhere Versionen) und MacIntosh-Programme, was die Fähigkeit, mit Schriften umzugehen, betrifft, DOS-orientierten Programmen weit überlegen.

Outline-Schriften

Outline-Schriften stellen den What-You-Get (Was Sie als Ausgabe erhalten)-Teil dar. Sie sind kleine Programme, die eine geometrische Beschreibung von der Form jedes Buchstabens einer Schrift enthalten. Die Beschreibung enthält Kontrollpunkte und Anfasser, mit denen die Winkel und Kurven jedes Zeichens bestimmt werden. Die Abbildung 8.11 illustriert die Beschreibung.

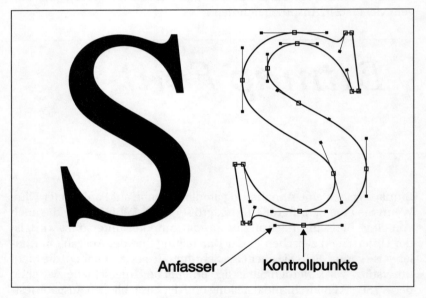

Abb. 8.11: Outline-Schrift

Da die Form jedes Zeichens durch Geometrie, und nicht durch die Anordnung von Pixeln, bestimmt wird, sind Outline-Schriften abhängig von der Auflösung. Outline-Schriften nutzen die größtmögliche Auflösung Ihrer Ausgabe-Schnittstelle. Ein Laserdrucker wird Outline-Schriften mit 300 dpi (dots per inch = Punkte pro Inch, 1 Inch = 2,54 Zentimeter) ausdrucken. Eine Satzanlage wird sie mit einer Auflösung von 2540 dpi ausdrucken. Ein hochauflösender Filmrecorder wird die gleichen Schriften mit einer Auflösung bis zu 8000 dpi reproduzieren. Die meist-verbreitete Kombination von Bildschirm- und Drucker-Schriften sind PostScript-Schriften. Jede PostScript-Schrift (IBM oder MacIntosh) enthält eine Datei für die Outline-Schrift und eine Datei für die Bildschirm-Schrift. Die Bildschirm-Schriften enthalten wiederum einige Standardgrößen als Bitmaps (normalerweise 10,12,14,18 und 24 Punkt) zur Bildschirmanzeige, während die Outline-Schriften die Programme enthalten, um dieses Zeichen dem Drucker zu beschreiben.

Adobe Type Manager und andere Bildschirm-Schriften-Manager

Spezialisierte Programme, wie der Adobe Type Manager (ATM) können Bitmap-Bildschirmschriften direkt aus den Outline-Schriften des Druckers produzieren, wie in Abbildung 8.12 dargestellt wird. Durch diese Methode erhalten Sie auf Ihrem Bildschirm eine genauere Darstellung jeder Punktgröße. Einige Programme (wie beispielsweise CorelDRAW!) haben diese Fähigkeit eingebaut und benutzen ihr eigenes Schriftsystem.

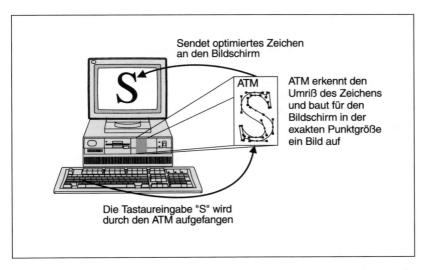

Abb. 8.12: Die Arbeitsweise des ATM

Schriften und Belichtungsstudios

Da viele Präsentations-Programme Schriften unterschiedlich handhaben, ist es wichtig herauszufinden, inwieweit sie kompatibel sind. Diesen Aspekt müssen Sie entweder mit Ihrem Druckerhersteller, dem Hersteller Ihres Filmrecorders oder mit Ihrem Belichtungsstudio besprechen bzw. abklären. CorelDRAW!, die früheren Versionen von Harvard Graphics und einige andere Programme besitzen eigene Schriftsysteme, die von Ihrem Belichtungsstudio vielleicht nicht unterstützt werden.

Viele Belichtungsunternehmen verlangen von Kunden, die mit Post-Script-Schriften arbeiten, neben der Zusendung der Präsentations-Datei auch die Drucker- und Bildschirm-Schriften. Unabhängig von der ausgewählten Schriftart sollten Sie bei der Erstellung der Präsentationsgestaltung immer eine Testdatei vorbereiten, um zu überprüfen, ob die ausgewählte Schriftart auch problemlos reproduziert werden kann.

Schriftarten auswählen

Die Wahl der Schriftart wird das Äußere und die Lesbarkeit Ihrer Präsentation direkt beeinflussen. Die meisten Präsentationsprogramme werden mit einem kleinen Schriftsortiment ausgeliefert, das für die Gestaltung von Dias geeignet ist. Beispielsweise sind Microsoft Power Point oder Aldus Persuasion mit Helvetica und Times Roman bestückt, beides Schriften, mit denen man in Präsentationen gut arbeiten kann. Auf der anderen Seite wird CorelDRAW! mit mehr als 150 Schriften ausgeliefert, von denen einige auf gar keinen Fall für die Gestaltung eines Dias geeignet sind.

Wählen Sie eine Schriftart aus, die auch bei der Projektion auf eine drei Meter große Leinwand noch attraktiv und lesbar ist. Vermeiden Sie Schriften, die zuviel Spielerei enthalten oder durch starke Verschnörkelungen zuviel Aufmerksamkeit auf sich selbst lenken. Denken Sie daran, daß das Ziel des Textes darin besteht, Informationen an das Publikum zu vermitteln und nicht durch eine unglaubliche Schriftart zu beeindrucken. Nehmen Sie keine Schriftart, die aus der Entfernung schwer zu lesen ist. Hohe, enge Schriftarten und solche mit sehr ausgeprägten Serifen sind von den letzten Reihen des Vortragssaales besonders schwer zu lesen.

Es ist üblich, in einer Präsentation eine unterschiedliche Schriftart für den Fließtext und für die Titel einzusetzen. Wenn Sie aber zuviele Schriftarten benutzen, kann es unorganisiert und schludrig erscheinen. Da es wichtig ist, während der gesamten Präsentation ein gleichbleibendes Erscheinungsbild zu übermitteln, sollten Sie nicht mehr als zwei unterschiedliche Schriftarten einsetzen. Setzen Sie beispielsweise eine attraktive, serifenbetonende Schrift für Ihre Titel und eine gut zu lesende, serifenlose Schrift für den Fließtext ein.

Die Abbildung 8.13 zeigt Ihnen einige Schriftarten-Kombinationen, die sowohl bei Diapräsentationen als auch bei Overheadpräsentationen gut einzusetzen sind.

Title: **Friz Quadrata Bold** Text: Janson Text Roman	Title: **Bodoni Black** Text: Times Roman	Title: **News Gothic Bold** Text: Times Roman
Title: **Futura Heavy** Text: Helvetica	Title: **Eurostile Demi** Text: Optima Roman	Title: **Serif Gothic Bold** Text: Futura Book
Title: **Optima Bold** Text: Helvetica	Title: **Avant Garde Bold** Text: Helvetica	Title: **Futura Con. X-Bold** Text: Bernhard Modern Bold

Abb. 8.13: Präsentations-Schriftarten

Die folgenden Abschnitte beschreiben einige der Überlegungen, die bei der Auswahl der Schriftart eine Rolle spielen.

Schriftarten und das Image

Die von Ihnen ausgewählten Schriftarten haben einen unterschiedlichen Einfluß darauf, wie Ihr Publikum Sie und das Unternehmen wahrnimmt. Die verschiedenen Schriftstile können aggressiv oder entspannt, ungezwungen oder formal sein.

Klassische Antiqua-Schriften, wie beispielsweise Caslon, übertragen ein Gefühl von Tradition und Geschichte.

The quick brown fox jumped over the lazy dog.

Neuere Antiqua-Schriften, wie die Times Roman, sind klarer und auf Overheadfolien auch einfacher zu lesen als die klassische Antiqua. Bisher bewahren sie das gleiche Gefühl von Tradition und Stabilität.

The quick brown fox jumped over the lazy dog.

Serifenlose Schriften, wie die AvantGarde, können eine dynamische, zukunftsorientierte Einstellung vermitteln.

The quick brown fox jumped over the lazy dog.

Der Einsatz einer unangemessen Schrift kann sogar die beste Präsentation ruinieren. Beispielsweise läßt eine dekorative Schrift, wie die Fraktur, die ernsthaftesten Themen trivial erscheinen.

The quick brown fox jumped over the lazy dog.

Wenn Sie nun eine Schriftart für Ihre Präsentation auswählen, denken Sie zuerst über den beim Publikum beabsichtigten Eindruck nach.

Schriftarten zur Betonung

Unterschätzen Sie die Wirkung einer Schriftart nicht, wenn es darum geht, Ihr Publikum zu überraschen und zu vergnügen. Eine hübsche, ungewöhnliche Schriftart, die nur vereinzelt eingesetzt wird, kann einen besonderen Effekt in Ihrer Präsentation erzeugen.

Ein einzelnes Wort oder ein Ausdruck in einer außergewöhnlichen Schriftart kann einen Aspekt viel besser betonen als der gleiche Begriff in einer normalen Schriftart. Die Abbildung 8.14 zeigt einige Beispiele.

Abb. 8.14: Betonung durch den Einsatz von ungewöhnlichen Schriftarten

Lesbarkeit als Grundvoraussetzung

Die wichtigste Überlegung bei der Auswahl der Schriftarten sollte die einfache Lesbarkeit sein. Um einen realitätsnahen Eindruck von der Lesbarkeit zu erlangen, setzen Sie sich in die letzte Reihe des Vortragssaales und schauen sich Ihre Muster-Dias an. Wenn Sie aus dieser Entfernung, bei verschiedenen Blickwinkeln, alles klar und deutlich lesen können, sind Sie auf dem richtigen Weg.

Die Lesbarkeit kann auch durch unterschiedliche Projektionsausrüstung beeinflußt werden. Wenn Sie Dias für eine Projektion in einem sehr großen Vortragssaal entwickeln, müssen sie einfacher und leichter zu lesen sein als jene, die für eine Besprechung in einem Konferenzraum bestimmt sind.

Die in einem Dia untergebrachte Textmenge ist ein weiterer Aspekt, der die Lesbarkeit von Dias beeinflußt. In Kapitel 9 lernen Sie einige Tips kennen, die Ihnen helfen werden, die richtige Textmenge auszuwählen.

Die Schriftgröße wählen

Die unterschiedlichen Präsentations-Programme (insbesondere die DOS-orientierten Programme) haben auch unterschiedliche Wege, wie man die Schriftgröße zuordnen muß. In Abhängigkeit von der Seitengröße, mit der ein Programm arbeitet, kann eine Schriftgröße in einem Programm für den Fließtext groß genug sein, während die gleiche Schriftgröße in einem anderen Programm für den Titel zu groß ist. Auf Grund dieser Unterschiede sind die folgenden Vorschläge keine exakten Schriftgrößenangaben, sondern eher unter dem Gesichtspunkt relativer Schriftgrößen zu sehen.

Textgröße des Titels

Im allgemeinen sollten Sie eine große Schriftgröße für Ihre Titel auswählen. Stellen Sie sich den längsten Titel vor und schreiben Sie ihn dann in einer Größe nieder, die den für den Titel vorgesehenen Bereich ausfüllt. Falls die Schriftart des Titels zu klein oder hineingepreßt wirkt, sollten Sie einige Ihrer Titel nochmals bearbeiten und verkürzen. Wenn der Text auf dem Dia zu dominant wirkt, sollten Sie die Schriftgröße verkleinern. Der Titel sollte klar und einfach zu lesen sein, ohne jedoch die anderen Elemente des Dias optisch zu verdrängen.

Textgröße des Fließtextes

In der Regel sollte Ihr Fließtext, Ihre Untertitel und Ihre Unterpunkte mindestens eine Standard-Schriftgröße kleiner sein als der Titel. Wenn Ihre Titel beispielsweise 36 Punkt groß sind, sollten Sie den Fließtext in eine 30- oder 24-Punkt-Schrift setzen.

Es gibt natürlich auch besondere Fälle, die ein Befolgen dieser Richtlinien nicht erlauben. Wenn Ihr Titel aus mehr Worten besteht als Ihr Fließtext, möchten Sie vielleicht den Fließtext größer als den Titel machen. Es kann auch vorkommen, daß Sie einen sehr umfangreichen Fließtext haben, der nicht auf zwei Dias verteilt werden darf. In solchen Fällen können kleinere Schriftgrößen helfen.

Denken Sie bei der Ausgabe auf Video oder Screen Show daran, daß Sie größere Schriftgrößen einsetzen müssen, da durch die geringe Auflösung der Bildschirme kleiner Text verschmilzt und nicht mehr zu lesen ist.

Die Schriftgröße der anderen Elemente

Die anderen Elemente in Ihren Dias, wie zum Beispiel Fußnoten, sollten ungefähr halb so groß wie der Fließtext sein. Wenn möglich, vermeiden Sie Fußnoten. Sie sind schlecht zu lesen und werden deshalb vom Publikum auch kaum gelesen. Informationen, die so unbedeutend sind, daß sie in die Fußnote gelangen, sind normalerweise auf einem Dia entbehrlich.

Wenn Sie aus rechtlichen Überlegungen eine Fußnote oder eine Ergänzung in Ihr Dia einbringen müssen, wählen Sie eine sehr kleine Schriftgröße aus und sorgen sich nicht darum, ob Ihr Publikum sie lesen kann oder nicht. Ihre rechtliche Verpflichtung ist dann erfüllt, wenn die Information auf dem Dia erscheint.

Gemischte Schriftgrößen innerhalb einer Präsentation

Wenn Sie eine drastische Schriftgrößenveränderung durchführen müssen, sollten Sie schrittweise vorgehen. Stellen Sie sich beispielsweise vor, daß Sie in einem Dia den Fließtext in 36 Punkt darstellen müssen, obwohl die normale Schriftgröße für den Fließtext nur 18 Punkt beträgt. Bauen Sie dann die Schriftgröße wie folgt auf und ab:

– vorhergehende Dias mit 18 Punkt Fließtext
– Dia mit 24 Punkt Fließtext
– Dia mit 36 Punkt Fließtext
– Dia mit 24 Punkt Fließtext
– folgende Dias mit 24 Punkt Fließtext

Durch diese schrittweise Annäherung werden die Teilnehmer langsam an den größeren Text herangeführt und werden nicht durch den drastischen Größenunterschied von 18 auf 36 Punkt geschockt. Häufig nimmt das Publikum die unterschiedlichen Schriftgrößen von einem zum anderen Dia gar nicht wahr.

Wie auch immer: Wenn Sie einen dramatischen Effekt erzielen möchten, können Sie ihn mit einer sehr starken Schriftgrößenveränderung erzielen.

Wörter in Großbuchstaben

Eine weitere typographische Überlegung besteht darin, wann man Wörter in Großbuchstaben setzen soll. Die Großschreibung Ihres Textes beeinflußt auch die Lesbarkeit. Es gibt drei Arten der Großschreibung:

– Alle Buchstaben groß: Als Regel gilt, daß man Text vermeiden soll, bei dem alles in Großschrift steht. In den meisten Schriftarten ist die reine Großschrift viel schwieriger zu lesen als die normale Groß- und Kleinschrift. Man liest Wörter, indem man sich die einzelnen Buchstaben bewußt anschaut, aber auch indem man die Form der Wörter erkennt. Wörter, die nur aus Großbuchstaben bestehen, verlieren natürlich ihre gewohnte Form.

– Anfangsbuchstaben groß: Traditionell wird diese Art der Großschreibung bei Diatiteln und aufgelisteten Punkten innerhalb des Fließtextes eingesetzt. Setzen Sie keine Absätze, wenn sie den Fließtext mit dieser Großschreibung belegen. Außerdem sollten Sie vermeiden, komplette Sätze auf diese Weise zu gestalten.

– Geregelte Groß-/Kleinschreibung: Wenn der Fließtext aus normalen Sätzen mit Subjekt, Prädikat und Objekt besteht, setzten Sie die normale Groß-/Kleinschreibung ein. Es steht Ihnen frei, auch einen Absatz in einer Auflistung in dieser Weise zu schreiben.

Die Abbildung 8.15 stellt die verschiedenen Arten der Großschreibung dar.

ALLE BUCHSTABEN WERDEN GROSS GESCHRIEBEN

Alle Anfangsbuchstaben Werden Gross Geschrieben

Die geregelte Groß/Kleinschreibung

Abb. 8.15: Verschiedene Arten der Großschreibung

Auch bei diesem Stilmittel ist die wichtigste Überlegung, daß der Einsatz schlüssig ist. Sie sollten die erarbeiteten Regeln für die Großschreibung die gesamte Präsentation hindurch beibehalten.

Schrift betonen

Sie möchten vielleicht bestimmte Textstellen oder Wörter in Ihren Dias besonders betonen. Es gibt mehrere Methoden, um einzelne Wörter oder Aussagen aus der Masse des Textes hervorzuheben:

– Fettschrift: Am häufigsten wird die Betonung durch eine Veränderung der Schriftstärke erreicht, indem man den Text in fette Schrift setzt. Setzen Sie in einem Dia aber sehr häufig Fettschrift ein, kann dies sehr langweilig wirken. Der Text wird außerdem stärker betont, als es ursprünglich geplant war, weil er leuchtend und breiter erscheint und dadurch dem Publikum einen falschen Eindruck vermittelt.

– Kursivschrift: Die Kursivschrift ist auch ein typischer Weg, um Betonung zu erzeugen. Normalerweise ist die kursive Betonung besser als die Fettschrift, da sie den Text hervorhebt ohne heller zu erscheinen.

– Unterstreichung: Vermeiden Sie in Dias diese Art der Textbetonung. Unterstrichener Text kann aus der Entfernung ziemlich schwierig zu lesen sein. Außerdem ist es in einigen Programmen nicht einfach, die Unterstreichung genau unter dem Text auszurichten.

– Farbe: Es wird häufig übersehen, daß Farbe der beste Weg ist, eine bestimmte Textstelle in einem Dia hervorzuheben. Die Farbe einer Textstelle zu verändern ist genau so einfach wie eine andere Schriftart auszuwählen. Gelb und Blau sind die besten Farben, um Text zu betonen. Beide Farben heben sich sogar von weißem Text ab. Setzen Sie weiß ein, wenn Sie in einem farbigen Text (wie zum Beispiel in einem Titel) ein Wort hervorheben möchten. Der dabei entstehende Kontrast ist mehr als ausreichend, um Ihr Ziel zu erfüllen.

Ihre Zuhörerschaft wird auf die hervorgehobenen Wörter größere Aufmerksamkeit legen, wodurch auch deren Merkfähigkeit gesteigert wird. Aber auch hier gilt, daß der exzessive Einsatz der verschiedenen Betonungsmethoden kontraproduktiv ist, da der Eindruck entsteht, daß Ihr Text zu voll und auseinandergerissen ist.

Buchstabenabstand und Kerning

Einige Illustrations- und Seitenlayout-Programme verfügen über die Möglichkeit, den Buchstabenabstand von Zeichen in einem Textblock zu beeinflussen. Dabei bezieht sich der Buchstabenabstand auf den durchschnittlichen Abstand zwischen den Zeichen innerhalb einer Zeile. Bei einem dichten Buchstabenabstand werden mehr Zeichen auf eine vorgegebene Zeilenlänge passen als bei einem weiten Buchstabenabstand.

Kerning bezieht sich auf die Ausrichtung des Abstandes von einem Zeichenpaar. Wenn zwei Buchstaben, wie zum Beispiel *A* und *V*, nebeneinander stehen, wird der normale Buchstabenabstand eine kleine Lücke zwischen ihnen verursachen. In einigen Fällen kann dies ziemlich unattraktiv aussehen. Sie zwingen die Buchstaben, näher aneinander zu rücken und somit die Lücke zu schließen, wenn Sie das Kerning dichter einstellen.

Die meisten Präsentationsgrafik-Programme geben dem Anwender jedoch nicht soviel Möglichkeiten, den Buchstabenabstand zu steuern. In der Regel reicht der Standard-Buchstabenabstand aber aus, um mit Dias gut arbeiten zu können.

Wenn Sie mit Programmen arbeiten (zum Beispiel CorelDRAW! oder PageMaker), die Ihnen die Möglichkeit zur Kontrolle des Buchstabenabstandes geben, sollten Sie immer bedenken, daß aus der Entfernung gelesener Text einen größeren Buchstabenabstand benötigt als normaler Text. Zu dicht gesetzte Buchstaben neigen dazu, ineinander zu verschmelzen, und sind dann aus der letzten Reihe des Vortragssaales kaum noch zu lesen. Titel sind die einzige Stelle, an der Sie sich überlegen können, ob Sie die Kerning-Funktion einsetzen. Denn durch die verwendeten Schriftgrößen können manchmal häßliche Lücken zwischen den Buchstaben des Titels entstehen.

Textausrichtung

Die Textausrichtung gibt die Plazierung des Textes innerhalb des vorgesehenen Textrahmens an. Es gibt vier unterschiedliche Arten der Textausrichtung:

- Linksbündig: Text, der am linken Rand des Textblockes ausgerichtet wird. Das ist der meistbenutzte Weg, um Titel, Fließtext und aufgelistete Punkte auszurichten. Text, der in einer Auflistung steht, sollte immer linksbündig neben dem Schmuckpunkt ausgerichtet sein.

- Rechtsbündig: Text, der am rechten Rand des Textblockes ausgerichtet wird. Diese Ausrichtung kann bei Zahlen benutzt werden, die spaltenweise aufgelistet sind, damit die Dezimalpunkte immer untereinander stehen.

- Zentriert: Text, der zwischen dem rechten und linken Rand des Textblockes zentriert wird. Diese Ausrichtung können Sie bei Titeln und Untertiteln einsetzen. Darüber hinaus können Sie die zentrierte Ausrichtung gelegentlich im Fließtext benutzen, wenn ein Textblock als Zitat fungieren soll. In einer Auflistung sollten Sie den Text nicht in dieser Weise ausrichten, da dann die Schmuckpunkte nicht mehr untereinander stehen und der Text durcheinander erscheint.

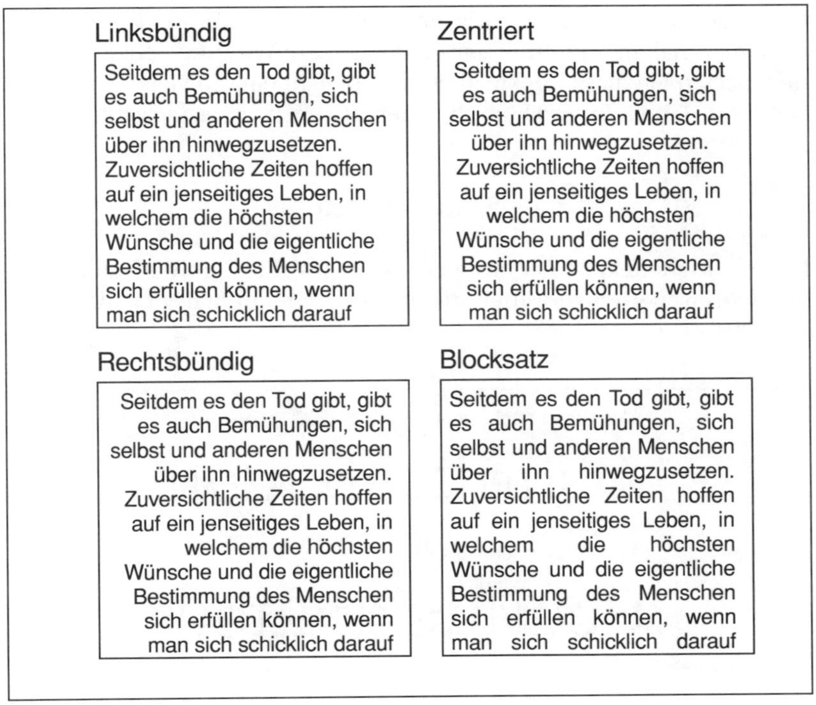

Abb. 8.16: Textausrichtung

– Blocksatz: Text, der zwischen dem rechten und linken Rand des Textblockes gleichmäßig ausgerichtet wird. Durch den Blocksatz erhalten die einzelnen Absätze oder Abschnitte einen gut zu unterscheidenden Blockcharakter. Dennoch sollten Sie diese Ausrichtungsart in Dias vermeiden, da die großen Schriftgrößen gekoppelt mit den relativ kurzen Zeilen zu unerwünscht großen Wortabständen führen. Einige dieser unansehnlichen Wortzwischenräume lassen sich durch Silbentrennung beheben, jedoch verschlechtern zu viele getrennte Wörter auch den Lesefluß und die Lesbarkeit eines Textblockes.

Die vier verschiedenen Arten der Textausrichtung sind in der Abbildung 8.16 dargestellt.

Einsatz von besonderen Schrifteffekten

In einigen Präsentationsgrafik-Programmen sind besondere Schrifteffekte enthalten, die Ihren Dias eine stärkere Wirkung verleihen können. Setzen Sie diese Effekte aber mit Vorsicht ein. Zu viele dieser Spezialeffekte lassen Ihr Dia komplizierter aussehen, als es tatsächlich ist.

Schriftschatten

Der Schatteneffekt ist der am meisten eingesetzte Schrifteffekt in Dias. Ein Schriftschatten vermittelt die Illusion, daß ein helles Licht auf das Dia scheint.

Von unten nach rechts

Schriftschatten

Von unten nach links

Schriftschatten

Wenn Sie Schriftschatten einsetzen, sollten Sie darauf achten, daß der Schatteneffekt immer in die gleiche Richtung gesetzt wird. Wenn einige der Schatten von unten nach rechts und andere von unten nach links verlaufen, wird das Publikum wahrnehmen, daß irgendetwas auf dem Dia nicht stimmt, auch wenn es vielleicht nicht genau sagen kann, was falsch ist.

Zoomeffekt

Wenn Zoomeffekte vereinzelt eingesetzt werden, können sie eine sehr dramatische Wirkung haben. Durch diesen Effekt entsteht der Eindruck, als ob die Schrift aus dem Bildschirm (oder Leinwand) heraustreten würde. Sie sollten diesen Effekt nur bei außergewöhnlichen Anlässen einsetzen. Es kann irritierend und langweilig wirken, wenn Sie ihn zu oft einsetzen.

Der Praxisfall

Die Geschichte von der fehlenden Schrift

Mittwoch, den 3. Oktober, 16:00 Uhr. Tim erhält einen Anruf vom Belichtungsstudio. Da Tim die Dias für den heutigen Abend zurück erwartet, kann ein Anruf zu diesem Zeitpunkt nichts gutes bedeuten.

"Hallo Frank, warum habe ich das Gefühl, daß Du mir schlechte Nachrichten mitteilen möchtest?" sagt Tim.

"Du lernst schnell, Tim. Welche Schriften hast Du bei der Präsentation benutzt?"

"Alles ist in Helvetica."

"Das stimmt nicht ganz. Der Hypothetika-Text am unteren Diarand muß in einer anderen Schrift sein. Der Text ist bei uns als Courier ausgegeben worden, wobei der Buchstabenabstand total durcheinandergewürfelt wurde."

"Hm...Du hast recht, Frank. Das Logo ist eine Univers condensed."

Frank lacht und sagt: "Kein Problem. Wie schnell benötigst Du die Dias wirklich?"

"Ich habe morgen nach dem Mittagessen eine Besprechung mit den Rednern", antwortet Tim.

"Ich schlage Dir jetzt vor, was wir machen können. Ich überprüfe die Liste der Schriften, die wir zur Verfügung haben. Aber ich weiß hundertprozentig, daß wir diese Schrift haben. Ich werde die Dias heute abend nochmals durchlaufen lassen und morgen früh mit dem ersten Belichtungsgang belichten lassen. Ich kann Dir die Dias dann gegen zehn Uhr zuschicken."

"Wenn Ihr die Schrift habt, warum ist sie dann beim ersten Mal nicht korrekt herausgekommen?" fragt Tim.

"Du hast sie nicht aufgelistet als Du den Auftrag verschickt hast. Wir haben mehr als sechshundert Schriften für unsere Kunden zur Verfügung. Wir können unmöglich alle Schriften gleichzeitig laden. Deshalb laden wir immer nur die Schriften, die für den einzelnen Job nötig sind. Wenn Du beim nächsten Mal darauf achtest, alle Schriftarten anzugeben, wird so etwas nicht nochmals vorkommen."

"Danke, Frank. Wie sehen die Sachen, abgesehen von dem Schriftproblem, aus?"

"Du hast gute Arbeit geleistet, Tim. Ich mag den roten Hintergrund besonders. Aber ich könnte wetten, daß sich Deine Redner für den blauen entscheiden werden. Möchtest Du, daß ich Dir auch die fehlerhaften Exemplare rüber schicke?"

"Nein. Sie sind die Kuriergebühren nicht wert. Schicke mir bitte nur die neu belichteten Dias zu. Ich danke Dir jetzt schon für Deine Hilfe. Tschüs, bis demnächst."

Zusammenfassung

Je nachdem, mit welcher Software Sie arbeiten, stehen Ihnen für die Präsentation mehrere Hundert verschiedene Schriftarten zur Verfügung. Bei der Auswahl der richtigen Schriftart für Ihre Präsentation sollten Sie die folgenden Tips im Hinterkopf haben:

– Das wichtigste Auswahlkriterium ist die Lesbarkeit.

– Arbeiten Sie mit aufeinander abgestimmten Bildschirm- und Outline-Schriften, damit Sie schon auf dem Bildschirm einen möglichst realitätsnahen Eindruck von der Anmutung der jeweiligen Schriftarten bekommen.

– Überprüfen Sie, welche Schriftarten vom Belichtungsstudio oder der Ausgabeschnittstelle unterstützt werden.

– Wählen Sie die Schriftart aus, die zu Ihrer Aussage paßt: Serifenbetonte Schriften für Tradition und Stabilität, serifenlose Schriften für eine moderne und progressive Erscheinung sowie dekorative Schriften für Spezialeffekte.

– Vermeiden Sie modisch, trendhafte Schriften in einem Präsentationsdesign, das über eine längere Zeit bestehen soll. Wenn Sie Zweifel haben, können Sie mit einer Helvetica- oder Times-Schrift nichts verkehrt machen.

– Benutzen Sie in einem Dia nicht mehr als zwei Schriftarten.

– Vermeiden Sie eine Großschrift, bei der alle Buchstaben groß geschrieben werden. Halten Sie sich an die geregelte Groß-/ Kleinschreibung oder an die Version, bei der nur die Anfangsbuchstaben jedes Wortes groß geschrieben werden.

– Richten Sie Auflistungen mit Schmuckpunkt immer linksbündig aus.

– Setzen Sie in den Dias keinen Blocksatz ein. Die großen Schriftgrößen gekoppelt mit den relativ kurzen Zeilen führen im Blocksatz zu unerwünscht großen Wortabständen.

9

Textdias erstellen

Eine durchschnittliche Präsentation besteht zu mehr als 75 Prozent aus Textdias. Widerstehen Sie der Versuchung, sich zu stark von Textdias abhängig zu machen. Eine Präsentation, die fast ausschließlich aus ihnen besteht, ist langweilig. Versuchen Sie immer, eine Mischung aus Texten, Illustrationen, Grafiken und Schaubildern zu erstellen, um die visuelle Monotonie zu beheben.

Es gibt mehrere Arten von Textdias, die man bei einer Präsentation gut einsetzen kann. Keiner der textbezogenen Diatypen sollte ausschließlich eingesetzt werden. Sie erzeugen ein größeres Interesse an Ihrer Präsentation, wenn Sie die Vielfalt der verschiedenen Textdias einbeziehen. In diesem Kapitel werden Sie einige Richtlinien zur Erstellung von Textdias kennenlernen. Darüber hinaus erhalten Sie einige spezielle Layout-Vorschläge für die verschiedenen Diatypen.

Die einzelnen Bereiche des Textdias verstehen

Obwohl es mehrere unterschiedliche Varianten von Textdias gibt, haben sie einige gemeinsame Merkmale. Textdias können einen Titel, einen Untertitel, einen Zwischentitel, aufgelisteten Text, Unterpunkte zum aufgelisteten Text und Fließtext enthalten. Die Abbildung 9.1 verdeutlicht nochmals die einzelnen Elemente eines Textdias.

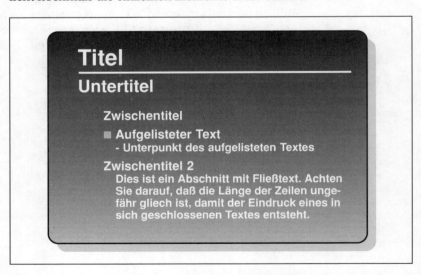

Abb. 9.1: Die Komponenten eines Textdias

Der Titel

Im Titel wird die Hauptaussage des Dias festgelegt. Es sollte der größte Text des Dias sein, um die Aufmerksamkeit des Betrachters aus der Bildmitte direkt auf die Aussage zu lenken. Sie können die Aufmerksamkeit auf den Titel auch durch einen unterschiedlichen Schriftschnitt oder eine andere Farbe erzeugen. Weiterhin können Sie den Titel mit einem Kasten umrahmen oder eine Linie unter ihm ziehen (wie in Abbildung 9.1). In Kapitel 8 erfahren Sie mehr über die Schriftarten, die für den Titel in Frage kommen, und Kapitel 7 erläutert die Details im Umgang mit Farbe.

Die Positionierung des Titels, die während der Präsentation unverändert bleiben sollte, wird durch das bereits gestaltete Format bestimmt. Wie schon in Kapitel 6 beschrieben wurde, wird der Titel meistens oben links oder zentriert im oberen Bereich eingesetzt.

Die Länge Ihrer Titel wird die Erscheinung Ihrer Dias beeinflussen. Wenn ein Titel zu lang ist, wird die Hauptaussage durch zuviele Informationen undeutlich gemacht.

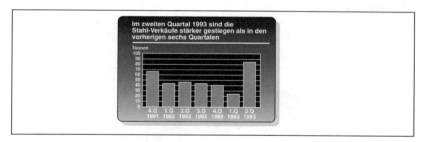

Jedoch sollten Sie den Titel auch nicht zu stark verkürzen, da dem Publikum im Titel ansonsten nichts mitgeteilt wird und Ihre Informationen für Fehlinterpretationen anfällig werden.

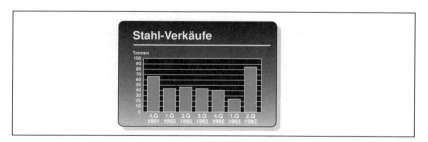

Einige der Anwesenden werden, ähnlich der Zeitungslektüre, nur die Überschriften lesen. Deshalb sollten Sie darauf achten, daß die Titel die wichtigste Information transportieren. Setzen Sie einfache, beschreibende Aussagen in Ihren Titeln ein.

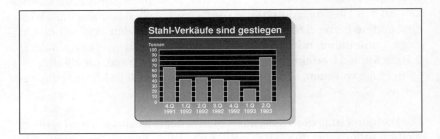

Der Untertitel

Benutzen Sie einen Untertitel, wenn Sie die Information des Titels ausweiten müssen. Der Untertitel modifiziert oder erweitert die Informationen des Titels. Er sollte in einer kleineren Schriftgröße dargestellt werden, damit das Verhältnis zwischen Titel und Untertitel deutlich wird. Der Untertitel ordnet sich dem Titel unter. Die Plazierung des Untertitels sollte durch die gesamte Präsentation, einheitlich in Relation zum Titel, beibehalten werden.

Setzen Sie Untertitel ein, damit die Informationen in besser verdaubare Stücke aufgeteilt werden.

Der Zwischentitel

Einige Textdias benötigen Zwischentitel zum besseren Verständnis des Fließtextes. Der Einsatz von Zwischentiteln erlaubt es Ihnen, die verschiedenen Bereiche des Fließtextes zu unterteilen und zu kategorisieren. Während der Untertitel den Titel modifiziert, steht der Zwischentitel in einem Verhältnis zum Fließtext.

Sobald die Zwischentitel mit dem Fließtext verbunden werden, ist auch deren Plazierung von der Positionierung des Fließtextes innerhalb des vorher festgelegten Formates abhängig. Es folgen nun einige Wege, um den Zwischentitel vom Fließtext abzuheben. Sie können die Alternativen einzeln anwenden oder auch kombinieren:

– Setzen Sie verschiedene Schriften ein

– Verändern Sie die Schriftstärke des Zwischentitels (in der Regel wird er dicker dargestellt)

– Verändern Sie die Farbe des Textes

– Rücken Sie den Fließtext ein

Sie sollten den Zwischentitel nicht in eine größere Schriftgröße setzen als den Fließtext, da er ansonsten überbetont wird. Außerdem sollten Sie auch von Unterstreichungen des Zwischentitels sowie Teilen des Fließtextes Abstand nehmen. Wie bereits in Kapital 8 erläutert wurde, ist unterstrichener Text schwierig zu lesen. Des weiteren unterstützen einige Filmrecorder Unterstreichungen nicht.

Der Fließtext

Der Fließtext ist der Kern eines Textdias. Nachdem der Betrachter die Aussage im Titel gelesen hat, schaut er in den Fließtext hinein, um mit Details versorgt zu werden. Die Schriftgröße des Fließtextes sollte etwas kleiner sein, als die des Titels und Untertitels, jedoch immer noch groß genug, um gut lesbar zu sein. Denken Sie daran, wenn etwas wichtig genug ist, um auf einem Dia zu stehen, sollte es auch lesbar sein.

Normalerweise wird der Fließtext unter dem Titel zentriert ausgerichtet. In der Abbildung 9.2 ist diese Aufteilung dargestellt.

Abb. 9.2: Zentrierter Fließtext

Die visuelle Mittelpunkt des Dias ist ein wenig höher als der physische Mittelpunkt. Das bedeutet, daß Sie Ihren Fließtext nicht in die exakte Seitenmitte plazieren sollten, da das Dia ansonsten zu bodenlastig wird. Falls dies einmal passieren sollte, verschieben Sie den Fließtext nur ein wenig nach oben, um so das gesamte Dia auszubalancieren. Es ist viel besser, den Fließtext innerhalb des Dias ein wenig höher zu positionieren als zu tief. In der Abbildung 9.2 ist der zentrierte Fließtext näher am Titel als am unteren Rand des Dias. Dies ist die richtige Plazierung für die korrekte Positionierung des Fließtextes.

Vermeiden Sie zuviel Text

Bei der Erstellung der Textdias ist es wichtig, sich immer wieder ins Gedächtnis zu rufen, daß man nur eine begrenzte Fläche für den Text zur Verfügung hat. Versuchen Sie zuviel Text in ein Dia zu legen, wird das Publikum die gesamte Zeit lesen. Es sind nur wenige Leute in der Lage, gleichzeitig lesen und zuhören zu können. Das heißt, während das Publikum liest, kann es Ihnen nicht gleichzeitig zuhören. Halten Sie den

Text in Ihren Dias einfach, damit sich die Teilnehmer auf den Inhalt Ihrer Rede konzentrieren können.

Bezüglich der Textmenge gibt es keine feststehenden Regeln. Sie können aber überprüfen, ob die von Ihnen gewählte Textmenge noch lesbar ist oder nicht. Schauen Sie sich die Dias auf Ihrem Bildschirm im Vollbildmodus aus einer Entfernung von ungefähr zwei Metern an.

Wenn in Ihrem Präsentations-Programm ein Hilfsprogramm integriert ist, mit dem Sie eine Screen Show laufen lassen können, sollten Sie es einsetzen, um Ihre Präsentation auf die Lesbarkeit zu kontrollieren. Wenn Sie den Text auf dem Bildschirm klar lesen können, wird auch die Projektion in einem durchschnittlichen Vortragssaal oder Konferenzraum keine Probleme bereiten. Falls Sie blinzeln müssen, um etwas erkennen zu können, versuchen Sie die Schriftgröße anzuheben. Sollte der für den Text vorgesehene Platz dann nicht mehr ausreichen, müssen Sie versuchen, die Informationen zu reduzieren. Sie können die Informationen auch über mehrere Dias verteilen oder sich einen anderen Weg überlegen, wie die Informationen dargestellt werden.

Titeldias gestalten

Jede Präsentation sollte ein Titeldia haben, das den Redner vorstellt und das Thema der Präsentation umreißt. Indem Sie ein Titeldia einsetzen, geben Sie den Teilnehmern die Gelegenheit, Platz zu nehmen und sich auf den Redner vorzubereiten. Während der Redner vorgestellt wird, kann das Titeldia aufgelegt werden. Wenn Sie eine Solo-Präsentation von einem Podium abhalten, zeigen Sie zuerst das Titeldia und ordnen dann einige Sekunden Ihre Unterlagen, um dem Publikum die Zeit zu geben, es sich bequem zu machen, ehe Sie sich vorstellen.

Das Layout des Titeldias

Die Gestaltung des Titeldias sollte sehr einfach gehalten sein. Der Präsentationstitel sollte ein Drittel bis die Hälfte des Dias in Anspruch nehmen können. Plazieren Sie ihn im oberen Bereich des Rahmens. Auf der restlichen Fläche können dann der Name des Redners, dessen Position und andere notwendige Informationen untergebracht werden. Die Abbildung 9.3 stellt ein Layout für ein Titeldia dar.

Abb. 9.3: Layout eines Titeldias

In Ihrem Titeldia sollte sich die Gesamterscheinung Ihrer Präsentation widerspiegeln, wobei die Gestaltung des Titeldias nicht identisch mit der Gestaltung der normalen Textdias sein muß. Die Schriftgröße des Titels kann (und sollte wahrscheinlich auch) größer sein. Dennoch sollten Sie die Farben und Schriftarten einsetzen, die auch in der Präsentation verwendet werden, damit kein abrupter Übergang zwischen dem Titeldia und den restlichen Dias entsteht.

Das Titeldia kann vielleicht auch das Firmenlogo, das Symbol der Konferenz (bei großen Konferenzen), den Veranstaltungsnamen, das Datum oder ähnliche Informationen enthalten. Aber jede dieser Informationen sollte so eingesetzt werden, daß sie sich dem Titel unterordnen. Das Wesentliche des Titeldias ist die Vorstellung des Themas und des Redners; alles andere hat sekundäre Bedeutung. Eine Ausnahme liegt dann vor, wenn die Präsentation Ihre Firma oder Organisation einem vollkommen neuen Publikum vorstellt. In diesem Fall können Sie das Logo über den Titel plazieren, damit es eine starke Position erhält und sofort ins Auge fällt. In der Abbildung 9.4 ist dieser Fall illustriert.

Abb. 9.4: Das Logo wird über den Titel plaziert

Abb. 9.5: Muster-Titeldia

Die Abbildung 9.5 stellt ein typisches Titeldia dar. Beachten Sie, daß der Titel durch den Kasten, der ihn umgibt, betont wird. Eine kleinere Version dieses Kastens kann in den normalen Textdias wiederholt werden. Das Titeldia hebt den speziellen Bereich hervor, mit dem sich der Redner auseinandersetzen wird: Umsatz Nordeuropa. Direkt unter dem Titel wird den Teilnehmern mitgeteilt, wer der Redner ist und in welcher Beziehung er zum Unternehmen steht: Der Verkaufsdirektor Nordeuropa.

Schließlich wird noch angegeben, um welche Veranstaltung es sich handelt: 1993 Verkaufs- und Planungskonferenz. In der Regel wissen natürlich alle teilnehmenden Personen, um welche Konferenz es sich handelt. Aber es ist zur Tradition geworden, diese Informationen nochmals im Titeldia darzulegen, insbesondere, wenn es sich um Konferenzen handelt, an denen mehrere unterschiedliche Redner teilnehmen.

Titeldias für Präsentationsabschnitte

Wenn Sie eine sehr umfangreiche Präsentation erstellen, sollten Sie in Erwägung ziehen, den Fluß der informativen Dias durch Titeldias für die einzelnen Abschnitte der Präsentation zu unterbrechen. Dadurch versorgen Sie das Publikum mit Hinweistafeln, die zur Orientierung dienen, wo man sich innerhalb der Präsentation befindet. Stellen Sie sich beispielsweise vor, daß Sie eine Präsentation erstellen, die ungefähr 60 bis 70 Dias und die folgenden Themenbereiche enthält:

– Marketing-Philosophie
– Umsatz 1992
– Marketing-Plan 1993
– Umsatzprognose 1993

In einer solch umfassenden Präsentation kann es leicht passieren, daß die Teilnehmer in einer Flut von Zahlen und Statistiken den Bezug verlieren. Wenn Sie für jeden Themenbereich ein Titeldia hinzufügen, ist es unwahrscheinlicher, daß das Publikum die Umsatzzahlen aus 1992 mit der Umsatzprognose für 1993 verwechselt.

Sie können die Titeldias für die einzelnen Abschnitte erstellen, indem Sie alle Themenbereiche in einem Dia auflisten und den jeweiligen Abschnitt hervorheben oder markieren. Die Abbildung 9.6 zeigt Ihnen eine Serie dieser Art von Titeldias. Plazieren Sie jedes Titeldia mit dem markierten Themenbereich vor das Dias des entsprechenden Abschnittes. Wie man bewegte Markierungen erstellt, wird im weiteren Verlauf dieses Kapitels noch eingehend erläutert.

Abb. 9.6: Eine Diareihe mit bewegten Markierungen als Titeldias für Abschnitte

Ähnlich wie beim Titeldia der Präsentation sollte der Titel des Abschnittes größer als der Fließtext sein, wobei das Layout mit den restlichen Dias schlüssig sein muß. Die Abbildung 9.7 stellt ein Muster-Titeldia für einen Abschnitt der in Abbildung 9.5 vorgestellten Präsentation vor. Um die Beständigkeit beizubehalten, ist der Titel des Themenbereiches von einem ähnlichen Kasten umgeben wie der Titel in der Abbildung 9.5. Es sind auf beiden Dias auch die gleichen Schriftarten und Farben eingesetzt.

In einer sehr umfangreichen Präsentation können Sie ein wenig Abwechslung erzeugen, wenn Sie jeden Themenbereich mit einem eigenen Farbschema belegen. Sobald Sie Farben für die einzelnen Abschnitte einsetzen, sind die Titeldias vor den jeweiligen Abschnitten unerläßlich. Wenn Sie kein Dia einsetzen, das den Themenwechsel ankündigt, kann es vorkommen, daß die Teilnehmer den Themenwechsel nicht direkt erkennen und sich über den grundlosen Farbwechsel wundern. In Kapitel 7 erhalten Sie mehr Informationen über die Auswahl von Farben.

Abb. 9.7: Beispiel-Titeldia für einen Themenbereich

Der Umgang mit Textblöcken

Einige Ihrer Textdias enthalten vielleicht einen einzelnen Textblock mit einer direkten Aussage oder einem Zitat. Üblicherweise sollte dieser Textblock unter dem Titel zentriert ausgerichtet werden.

Bei dieser Art von Dias sollten Sie versuchen, die Textmenge auf einen Absatz zu begrenzen, in dem nicht mehr als zwei oder drei Sätze enthalten sind. Wenn es nötig sein sollte, müssen Sie den Text bearbeiten. Ein Weg, um ein langes Zitat zu kürzen, liegt in der Betonung des Wesentlichen. Setzen Sie Auslassungen ein (...), die die ausgelassenen Worte oder Sätze darstellen. Stellen Sie nur den Bereich dar, der die Hauptaussage enthält, wie im folgenden Beispiel auch dargestellt wird:

"Wenn...die gesamtwirtschaftliche Produktion auf dem derzeitigen Niveau bleibt und...sowie kein weiterer Anstieg der Inflationsrate hinzukommt,...Daraus kann man jetzt denn Schluß ziehen, daß die Renten auch in Zukunft sicher sind."

Norbert B.

Wenn Sie ein Zitat seinem Autor zuweisen wollen, ist die Standardposition für den Autornamen rechts unter dem Zitat. Benutzen Sie kursive Schrift, eine andere Farbe, eine kleinere Schriftgröße oder eine Kombination aus allem, um den Namen vom restlichen Text abzusetzen.

Dias mit aufgelistetem Text erstellen

Das wirkungsvollste Werkzeug, um bestimmte Aspekte in einer Rede zu betonen, sind aufgelistete Textpunkte. Bei dieser Art der Dias wird jeder wichtige Aspekt (oder Satz) der Rede durch einen vorangestellten Schmuckpunkt hervorgehoben. Durch diesen Aufbau werden die Hauptelemente einer Rede bekräftigt, wodurch dem Publikum geholfen wird, die unterstützenden Fakten leichter zu behalten.

Sie sollten die Auflistung jedoch auf maximal sieben Textzeilen begrenzen, wobei nicht mehr als zehn bis zwölf Wörter in einer Zeile stehen sollten. Wenn Sie mehr als sieben Zeilen benötigen, teilen Sie die Punkte auf zwei oder mehrere Dias auf. Ein wirkungsvolles Textdia liefert klare und prägnante Informationen. Bringen Sie Ihren Text nicht durch bedeutungslose Phrasen und Füllwörter durcheinander.

Obwohl in Präsentationen diese Art des Textdias sehr gut einzusetzen ist, sollten Sie keine endlose Aneinanderreihung von aufgelisteten Textpunkten, ohne jede Abwechslung, zeigen.

Schmuckpunkte

Eine große Versuchung könnte darin liegen, möglichst hübsche und ausgefallene Schmuckpunkte einsetzen zu wollen. Erinnern Sie sich daran, das die einzige Absicht der Schmuckpunkte darin besteht, dem Publikum eine Hilfestellung zu geben, um die einzelnen Textpunkte innerhalb des Dias besser unterscheiden zu können. Diesen Zweck erfüllt auch ein einfacher Punkt oder Bindestrich.

Wenn Sie etwas einsetzen möchten, das sich vom traditionellen runden Punkt ein wenig unterscheidet, benutzen Sie andere geometrische Grundformen: Quadrat, Dreieck oder einen einfachen Pfeil. Kontrollhäkchen können auch noch passen. Sie sollten hingegen die Schmuckpunkte vermeiden, die aussehen wie altertümliche Runen der Wikinger, geschmiedete Zaunpfähle oder Hinweisfinger. Diese Art der Schmuckpunkte wird Ihrem Publikum auf den ersten Dias sicherlich gefallen, aber im weiteren Verlauf der Präsentation auch sehr schnell langweilen. In der Abbildung 9.8 sind einige Symbole dargestellt, die sich als Schmuckpunkte bewährt haben.

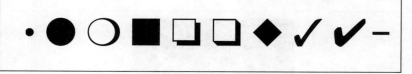

Abb. 9.8: Empfohlene Schmuckpunkte

Benutzen Sie verschiedene Schmuckpunkte für die unterschiedlichen Ebenen der Auflistung. Dadurch werden die Teilnehmer einfacher verstehen, daß ein Unterpunkt zu einem übergeordneten Textpunkt gehört und nicht einen neuen Textpunkt darstellt. Wenn Sie beispielsweise ein großes Quadrat als Schmuckpunkt für die Haupttextpunkte einsetzen, benutzen Sie einen Bindestrich als Schmuckpunkt für die untergeordneten Textpunkte.

Zeilenabstand in Dias mit aufgelistetem Text

Beim Aufbau der Dias sollten Sie nach jedem Textpunkt einen etwas größeren Zeilenabstand einfügen, damit das Publikum die einzelnen Aspekte besser voneinander unterscheiden kann. Bei Unterpunkten sollte der Zeilenabstand zum übergeordneten Hauptaspekt geringer sein als der Zeilenabstand zwischen zwei Haupttextpunkten. Dadurch werden der Haupttextpunkt und der untergeordnete Aspekt auch optisch näher aneinandergerückt. Die Abbildung 9.9 stellt den empfohlenen Zeilenabstand für Dias mit aufgelistetem Text dar.

Abb. 9.9: Empfohlener Zeilenabstand

Verändern Sie den Zeilenabstand ein wenig, wenn sich herausstellen sollte, daß der Zeilenabstand für den eingegebenen Text zu groß ist und die letzte Zeile des Fließtextes zu nah am unteren Bereich des Dias steht. Die Verringerung des Zeilenabstandes ist eine viel bessere Möglichkeit, als die Schriftgröße des Textes zu verändern. Die Teilnehmer werden vielleicht wahrnehmen, daß der Text ein wenig komprimiert erscheint, jedoch werden sie sich nicht weiter darum kümmern, solange sie noch alles lesen können.

Einige Präsentations-Programme unterstützen keinen halbzeiligen Zeilenabstand zwischen den aufgelisteten Textpunkten. Falls Sie mit einem dieser Programme arbeiten sollten, müssen Sie einen zweizeiligen Abstand zwischen den verschiedenen Haupttextpunkten einrichten und einen einzeiligen Zeilenabstand zwischen den Haupttextpunkten und deren Unterpunkten.

Textblöcke ausbalancieren

Der Fließtext eines Textdias sollte einen klaren und optisch ausgewogenen Block formen. Erstellen Sie beispielsweise ein Dia mit aufgelisteten Textpunkten, indem Sie mehrere kurze und einen sehr langen Textpunkt haben, sollten Sie den langen Textpunkt auf zwei Zeilen aufteilen. Dadurch wird der rechte Rand dieses Textpunktes nicht zu weit herausragen. Die Abbildung 9.10 zeigt Ihnen, wie ein langer Textpunkt auf zwei Zeilen gesplittet werden kann.

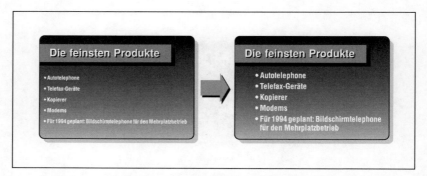

Abb. 9.10: Ausbalancieren eines langen Textpunktes

Sie sollten auch auf solche Wörter achten, die alleine in einer Zeile, am Ende eines Abschnittes oder Textpunktes stehen. Richten Sie in diesen Fällen den Rand des Textblockes so ein, daß das Wort nach dem Zeilenumbruch nicht mehr alleine in der Zeile steht. Die Abbildung 9.11 stellt diesen Aspekt an einem Beispiel dar.

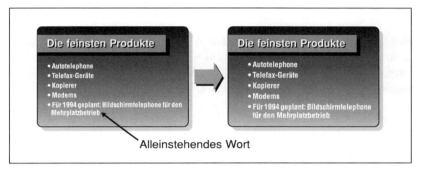

Abb. 9.11: Bearbeitung eines Wortes, das alleine in einer Zeile steht

Durch die verschiedenen Variablen, die in Ihr Dia-Format einbezogen werden müssen, können Sie sich nicht hundert- prozentig auf das Präsentations-Programm verlassen, um automatisch perfekte Textdias zu erzeugen. Sie sollten bei jedem Textdia die optische Ausgewogenheit des Textblockes überprüfen sowie nach einzelnen Wörtern in Zeilen suchen.

Aufbauende und aufdeckende Textdias erzeugen

Wenn Sie Poker spielen, besagt eine Grundregel, daß Sie niemals Ihre Hände neigen sollen, damit Ihr Gegenspieler nicht in Ihre Karten sehen kann. Die gleiche Regel trifft auch zu, wenn Sie eine Rede halten: Vermeiden Sie, daß Ihr Publikum schon vorher weiß, was in der Rede als nächstes kommen wird. Es ist das normale Verhalten des Publikums, alles zu lesen, was auf einem Dia zu sehen ist. Sie können jedoch verhindern, daß Ihr Publikum Ihrer Rede schon geistig voraus ist und sicher sein, daß die Teilnehmer sich dem zuwenden, was gerade gesagt wird, indem Sie besondere Diasequenzen einsetzen. Darunter versteht man aufbauende und aufdeckende Diareihen sowie Diaserien mit bewegten Markierungen.

Aufbauende Diasequenzen

Eine aufbauende Diaserie besteht aus Dias mit aufgelistetem Text, wobei jedes einzelne Dia einen weiteren Textpunkt enthüllt. Indem Sie die Menge der Informationen steuern, die Ihr Publikum zur Verfügung gestellt bekommt, können Sie dessen Aufmerksamkeit auch leichter auf die gerade besprochenen Inhalte legen. Dadurch kann auch verhindert werden, daß die Teilnehmer Informationen zur Kenntnis nehmen, die in der Dramaturgie Ihrer Rede erst später folgen würden. Außerdem kann beim Publikum ein höheres visuelles Interesse aufgebaut werden, als es vergleichsweise bei "normalen" Dias besteht. Es folgen nun einige Situationen, in denen Sie aufbauende Diasequenzen einsetzen sollten:

– wenn Sie einem Dia sehr viel Zeit widmen müssen (90 Sekunden oder mehr)

– wenn Sie eine Spannung beim Publikum aufbauen (oder erhalten) möchten

– wenn es notwendig ist, die Informationen eines Prozesses (oder einer Serie von Ereignissen) schrittweise zu vermitteln

Erstellen Sie die Dias genau so, als ob es sich um übliche Textdias handeln würde. Sie positionieren den Fließtext und achten auf die optische Ausgewogenheit des Textblockes. Danach erstellen Sie Kopien dieser Dias und löschen von unten nach oben jeweils einen Textpunkt. In der Abbildung 9.12 ist eine aufbauende Diasequenz dargestellt.

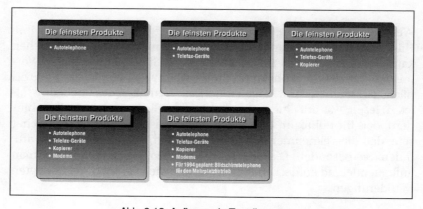

Abb. 9.12: Aufbauende Textdiasequenz

Verändern Sie in den Kopien weder die horizontale noch die vertikale Position des Textes. Lassen Sie die oberste Zeile immer an der gleichen Position stehen. Wenn Sie die Dias projizieren, sollten die neuen Zeilen unter dem bereits bestehenden Text erscheinen. Wenn Sie die Textpunkte verschieben, wird beim Diawechsel der Eindruck entstehen, als ob der Text innerhalb des Diarahmens hin- und herspringen würde. Der leere Bereich unter den bereits sichtbaren Textpunkten erzeugt bei den Teilnehmern eine Erwartung auf die Aspekte, die noch kommen werden. Die nachfolgenden Textpunkte sind um so wirkungsvoller, da sie dann die Neugierde der Teilnehmer befriedigen.

Einige Präsentationsprogramme, wie beispielsweise Aldus Persuasion, lassen Sie automatisch diese Dias erzeugen, indem die Textzeilen den verschiedenen Dias zugeordnet werden. Das Programm erzeugt dann die zusätzlichen Bilder, die zu einer aufbauenden Diasequenz notwendig sind.

Aufdeckende Diasequenzen

Eine Abwandlung der üblichen Diasequenzen sind aufdeckende Diareihen. Sie erstellen diese Diafolge in der gleichen Weise, wie Sie eine aufbauende Diasequenz erstellen, mit dem einzigen Unterschied, daß die vorherigen Textpunkte (Text und Schmuckpunkt) gedimmt werden, wenn ein neuer Textpunkt aufgedeckt wird. Diesen Effekt erreichen Sie durch eine Veränderung der Textfarbe. Die Abbildung 9.13 stellt eine aufdeckende Diareihe dar. Diese Technik erlaubt es dem Redner, die Aufmerksamkeit des Publikums direkt stärker auf den neuen Aspekt zu legen.

Um bei Dias mit dunklem Hintergrund die Textpunkte zu dimmen, wählen Sie eine hellere Farbe als die Hintergrundfarbe aus. Bei einem schwarzen oder dunkelgrauen Hintergrund sollten Sie eine mittel- oder hellgraue Farbe zum Abdimmen aussuchen. Bei einem dunkelblauen Hintergrund sollten die gedimmten Textpunkte durch den Einsatz eines helleren Blautones dargestellt werden. Wählen Sie Weiß oder Gelb als Textfarbe für den neu aufgedeckten Textpunkt, damit er sich vom gedimmten Bereich deutlich abheben kann.

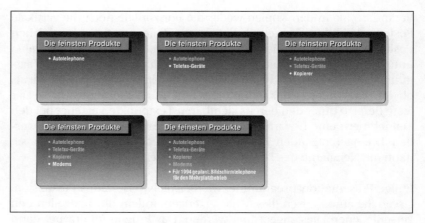

Abb. 9.13: Aufdeckende Diareihe

Dias mit bewegten Markierungen

Eine einfache Variation der aufdeckenden Diareihen sind Dias mit bewegten Markierungen. Es sind dabei alle Textpunkte immer sichtbar, wobei der gerade besprochene Aspekt mit einer leuchtenden Farbe markiert wird, während die anderen Textpunkte gedimmt sind. Die Abbildung 9.14 zeigt Ihnen ein Beispiel für diese Diareihe.

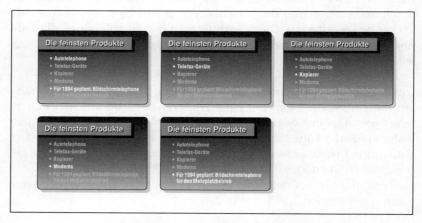

Abb. 9.14: Dias mit bewegten Markierungen

Aufdeckende Diasequenzen bei Texten mit Unterpunkten

Diese Diareihe ist zur Erläuterung von umfangreichen Informationen nützlich, ohne daß dabei das Publikum verwirrt wird. Eine aufgedeckte Diasequenz mit Unterpunkten funktioniert genauso wie die normalen Diasequenzen, bei denen Textpunkte, die nicht aktuell sind, gedimmt werden. Der einzige Unterschied besteht darin, daß einige der Textpunkte nun Unterpunkte besitzen können. Jeder neue Textpunkt wird mit seinen Unterpunkten zusammen aufgedeckt, während die vorherigen Textpunkte ohne die dazugehörigen Unterpunkte gedimmt werden. Die Abbildung 9.15 stellt eine aufgedeckte Diasequenz mit Haupttextpunkten und Unterpunkten dar. Diese Art der Darstellung erlaubt es dem Redner, auf Details einzugehen. Da die vorherigen Haupttextpunkte als Erinnerungsstützen gezeigt werden, kann sich das Publikum an vorher genannte Informationen leichter erinnern und kann dann einen besseren Zusammenhang zu den neuen, detaillierten Aspekten herstellen.

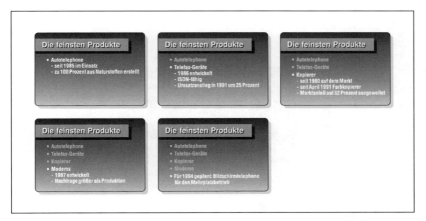

Abb. 9.15: Aufdeckende Diareihe bei Haupttextpunkten mit Unterpunkten

Diese Diasequenzen sind schwer zu planen, da Sie bei der Festlegung der Schriftgröße und des Layouts vom schlimmsten Fall, der eintreten könnte, ausgehen müssen. Es müssen neben allen Haupttextpunkten auch die Unterpunkte zu den noch folgenden Haupttextpunkten auf dem Dia Platz finden.

Im Beispiel aus Abbildung 9.15 besaß der dritte Haupttextpunkt drei Unterpunkte, wodurch insgesamt sechs Textpunkte auf dem Dia erzeugt wurden (zwei gedimmte Haupttextpunkte, der aktuelle Haupttextpunkt und dessen drei Unterpunkte). Der nächste Haupttextpunkt (der vierte) der Diasequenz hatte zwei Unterpunkte, womit insgesamt wieder sechs Textpunkte erreicht waren. Der letzte Haupttextpunkt hatte keine Unterpunkte. Somit war der vierte Haupttextpunkt die Basis für die Überlegungen bezüglich des Layouts und der Schriftgröße, da dieser Textpunkt den schwierigsten Fall repräsentierte. Wenn Sie auf diese Weise verfahren, gehen Sie sicher, daß der Text nicht an unterschiedliche Positionen innerhalb des Diarahmens springt, sobald ein neuer Aspekt aufgedeckt wird.

Setzen Sie diese Art der Diasequenzen ein, wenn es für das Publikum bedeutsam ist, unterschiedliche Informationsebenen zu sehen. Wenn die Menge der Informationen zu groß wird, sollten Sie die Textpunkte besser auf mehrere Dias verteilen, als sich mit einer Diasequenz zu ärgern, die nachher doch keiner lesen kann, weil die benötigte Schriftgröße zu klein ist.

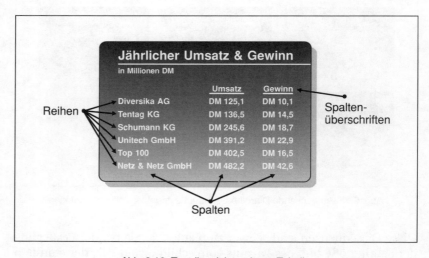

Abb. 9.16: Textdia mit integrierter Tabelle

Textdias mit Tabellen erstellen

Textdias, in denen Tabellen integriert sind, sind eine Möglichkeit, den Text optisch zu ordnen, damit die Beziehungen verdeutlicht werden können. Tabellendias sind hilfreich, wenn Sie komplexe Informationen präsentieren müssen, die eine sichtbare Struktur verlangen. In der Abbildung 9.16 ist ein Muster-Tabellendia dargestellt.

Layout der Tabelle

Sie denken nun vielleicht, daß in einer Tabelle mehr Text untergebracht werden kann als auf einem üblichen Textdia. Diese Annahme ist nicht richtig, da auch die Tabellendias den gleichen Gestaltungsregeln folgen sollten, die bei den anderen Textdias angewandt werden. Begrenzen Sie den Text in einem Dia auf sieben Zeilen, inklusive der Spaltenüberschriften. Versuchen Sie, nicht mehr als sechs Spalten aufzubauen. Falls Sie über eine komprimierte Schriftart verfügen, wie zum Beispiel Helvetica Narrow, können Sie sie einsetzen, um die Spalten enger zu machen. Denken Sie aber auch daran, daß komprimierte Schriften aus der Entfernung schwieriger zu lesen sind.

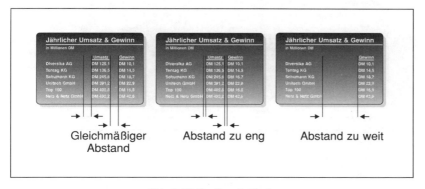

Abb. 9.17: Spaltenabstände

Die Spalten sollten weit genug auseinander stehen, damit man sie einfach unterscheiden kann und vermieden wird, daß der Text von zwei Spalten ineinander verläuft. Wenn der Abstand zwischen den Spalten jedoch zu groß ist, ist es für das Auge schwierig, von Spalte zu Spalte zu springen. Als Daumenregel können Sie sich merken, daß der Abstand zwischen zwei Spalten mindestens die Breite von zwei Ziffern betragen soll, jedoch nicht breiter sein sollte als die halbe Breite der engsten Spalte. Die Abbildung 9.17 illustriert richtige und falsche Spaltenabstände.

Tabellen mit Gitternetzen

Sie können dem Text ein Gitternetz beifügen, um dem Publikum eine Hilfe zu geben, damit es die Tabelle besser lesen kann. Die Gitterlinien machen es den Teilnehmern leichter, sich innerhalb der Spalten und Reihen orientieren zu können. Dieser Vorteil nimmt zu, je größer die Tabelle wird. In der Abbildung 9.18 ist eine Tabelle mit einem Gitternetz dargestellt.

Jährlicher Umsatz & Gewinn
in Millionen DM

	Umsatz	Gewinn
Diversika AG	DM 125,1	DM 10,1
Tentag KG	DM 136,5	DM 14,5
Schumann KG	DM 245,6	DM 18,7
Unitech GmbH	DM 391,2	DM 22,9
Top 100	DM 402,5	DM 16,5
Netz & Netz GmbH	DM 482,2	DM 42,6

Ab. 9.18: Tabelle mit Gitternetz

Die Linien des Gitternetzes sollten unauffällig sein, da sie nur eine Orientierungshilfe sind und nicht mit dem Inhalt in Konkurrenz geraten sollen. Sie könnten das Gitternetz auch dimmen, wodurch eine bessere Lesbarkeit der gesamten Tabelle erzeugt würde.

Setzen Sie Tabellen nur dann ein, wenn sie eine wirkliche Hilfe darstellen, um den Inhalt zu verstehen. Eine einfache zweispaltige Tabelle wirkt verwirrend, wenn Sie sie mit überflüssigen Linien umgeben.

Einsatz von Schaubildern anstatt der Tabellen

Textdias, in denen eine Tabelle die Informationen umhüllt, sind häufig zu komplex, als das man sie mit einem Blick lesen kann. Die meisten Daten einer Tabelle werden besser verstanden, wenn sie in einem Schaubild oder einer Grafik eingebaut werden. Schaubilder und Grafiken sind nicht nur leichter zu lesen und schneller zu erfassen als Tabellen, sie haben auch den Vorteil, daß man sich nach der Präsentation leichter an sie erinnert. Die Abbildung 9.19 zeigt ein Schaubild, das mit den Daten aus der Abbildung 9.18 erstellt wurde.

Immer wenn Sie das Bedürfnis spüren, eine Tabelle in Ihre Präsentation einbauen zu müssen, sollten Sie versuchen, statt dessen ein Schaubild oder eine Grafik zu erstellen. Häufig werden Sie dann feststellen, daß die Darstellung in einem Schaubild (oder Grafik) Ihre Aussage wirkungsvoller kommuniziert.

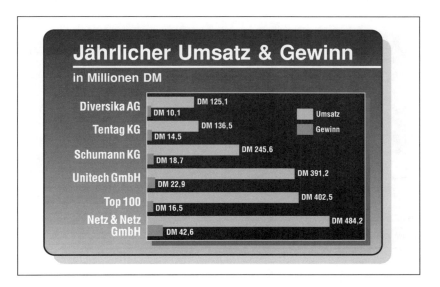

Abb. 9.19: Ein Balkendiagramm, das aus den Daten einer Tabelle erstellt wurde

Der Praxisfall

Die sieben-Punkte-Textlösung

Mittwoch, den 10. Oktober, 10:00 Uhr. Albert Schmitz war während seines Rückfluges von Japan sehr beschäftigt. Er verbrachte fast den gesamten Flug damit, seine Präsentation zu verfeinern und ihr einige Dinge hinzuzufügen. Als er heute morgen im Büro ankam, schickte er seine Veränderungen direkt zu Tim Gonzales, damit er die Dias bearbeiten konnte.

Nachdem Tim die zusätzlichen Dias erhalten hat, macht er sich direkt wieder auf den Weg in Alberts Büro. Albert hat bei der Erstellung der groben Entwürfe für die Dias gute Arbeit geleistet. Jedoch gibt es ein Tabellendia, das zu verwirrend ist.

"Hallo Albert, ich habe mir deine Arbeit angeschaut und muß sagen, daß alles sehr gut aussieht, mit Ausnahme dieser Tabelle", sagte Tim, während er die entsprechende Tabelle auf den Schreibtisch legte.

WETTBEWERBSVERGLEICH			
	Stärken	Schwächen	Jahresumsatz
Diversika AG	-Starker Cash Flow -Beständiges Management	-Veraltete Technologie -Zu kleiner Außendienst	DM 90.000.000 (-5% zu 1988)
Tentag AG	-Neue, innovative Produktlinie -Starker Außendienst	-Unerfahrenes Management -Schwaches Marketing	DM 50.000.000 (+15% zu 1988)
Schumann AG	-Junges, aggressives Management -Gute Werbeagentur	-Große Abhängigkeit von Zulieferfirmen -Zu wenig Eigenkapital	DM 20.000.000 (+6% zu 1988)
Unitech AG	-Gute Basis für Europa 92 -Starke Produkte	-Keine Erfahrungen auf dem US-Markt -Lange Lieferzeiten	DM 10.000.000 (+250% zu 1988)

"Ich weiß, das es zu kompliziert erscheint, aber ich brauche alle Informationen. Ich habe schon, so weit es möglich war, gekürzt."

"Wenn die Tabelle in der Form projiziert wird, werden die meisten Teilnehmer den Text nicht mehr lesen können, da er zu klein sein wird. Wir könnten natürlich in den beigefügten Informations-unterlagen diese Tabelle nochmals abbilden, damit dir jeder folgen kann."

"Hm, ich möchte es eigentlich vermeiden, daß nach der Präsentation unsere Konkurrenzanalyse in den Umlauf gerät", sagte Albert. "Ich möchte nicht, daß die Tentag KG herausfindet, was wir von ihrem Management halten. Vielleicht werden sie dann angeregt, härter zu arbeiten. Und genau das brauchen wir nicht: Einen Konkurrenten, der noch härter arbeitet. Gibt es noch andere Möglichkeiten?"

"Ja, wenn ich mir deine Rede so anschaue, gehe ich davon aus, daß du wahrscheinlich zwei Minuten damit verbringen wirst, diese Informationen zu vermitteln. Wenn du nichts veränderst, werden die Teilnehmer alles gelesen haben, was du ihnen sagen möchtest, ehe du mit den Informationen zur Diversika AG fertig bist. Warum verteilen wir die Informationen nicht auf mehrere Dias?"

"Was hast du für eine Idee?"

Tim holt einen Block hervor und skizziert eine grobe Zeichnung.

Wettbewerbsanalyse
Diversika AG

Stärken
- Starker Cash Flow
- Beständiges Management

Schwächen
- Veraltete Technologie
- Zu kleiner Außendienst

Jahresumsatz
- DM 90.000.000,- (-5% zu 1988)

"Laß uns doch für jeden Konkurrenten ein eigenes Dia erstellen. Wir könnten dann folgendes Layout ..."

Albert unterbricht ihn: "Das ist hervorragend. Aber ich möchte unbedingt die Umsätze der vier Konkurrenten im Verhältnis zu Hypothetika aufzeigen."

"Warum versuchst du nicht, die verstreuten Kommentare zu den Jahresumsätzen in einem oder zwei Absätzen zu bündeln. Ich werde dann so ein Säulendiagramm erstellen, um den Vergleich zu visualisieren."

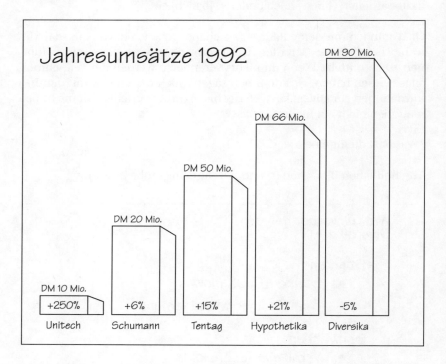

"Das ist gut, Tim. Ich werde zuerst über Stärken und Schwächen sprechen und dann zu den Umsatzzahlen wechseln. Du kannst sogar die aktuellen Jahresumsätze auch aus den Textdias herausnehmen. Ich werde im Balkendiagramm auf sie eingehen."

"OK Albert, ich schicke dir bis heute Abend die Kopien der Dias."

Zusammenfassung

Textdias sind das Rückgrat aller Präsentationen. Da Ihre Textdias auch das Aussehen der Präsentation stark beeinflussen, ist es entscheidend, daß ihre Textdias gut gestaltet sind. Es folgen einige Hinweise zur Gestaltung von attraktiven und lesbaren Textdias:

– Betrachten Sie sich Ihren Bildschirm aus einer Entfernung von ca. zwei Metern und beurteilen Sie dann die Lesbarkeit der Dias.

– Benutzen Sie einen Präsentationstitel und Titel für einzelne Abschnitte der Präsentation, um die gesamte Präsentation aufzuteilen und neue Themenbereiche vorzustellen.

– Das Titeldia sollte Ihre Aussage widerspiegeln. Der Titel sollte kurz und auf den Punkt gebracht sein.

– Setzen Sie einen Untertitel ein, wenn mehr Informationen notwendig sind, um die Aussage deutlich zu machen.

– Im Fließtext sind die Informationen enthalten, die Ihre Aussage unterstützen. Benutzen Sie Zwischentitel, wenn es notwendig ist, den Fließtext zu organisieren.

– Überladen Sie Ihre Dias nicht mit zu viel Text. Sie sollten nicht mehr als sieben Zeilen Fließtext auf einem Dia unterbringen, wobei jede Zeile aus nicht mehr als zehn bis zwölf Wörtern bestehen sollte. Es empfiehlt sich, große Textmengen auf mehrere Dias zu verteilen.

– Setzen Sie in Textauflistungen Schmuckpunkte ein.

– Erstellen Sie einen optisch ausgewogenen Textblock, dessen Zeilen ungefähr gleich lang sind. Vermeiden Sie lange Zeilen und Wörter, die alleine in einer Zeile stehen.

– Benutzen Sie aufbauende oder aufdeckende Diareihen und Dias mit bewegten Markierungen, um den Informationsfluß zu steuern, das Interesse des Publikums zu steigern sowie Spannung zu erzeugen.

– Begrenzen Sie Ihre Tabellen auf sieben Reihen Text (inklusive der Spaltenüberschriften) und sechs Spalten mit Daten. Wann immer es möglich ist, sollten Sie anstatt einer Tabelle Schaubilder und Grafiken verwenden.

10

Schaubilder und Grafiken:
Daten visualisieren

Es ist einmal gesagt worden, daß eine durchschnittliche Person keine Zahl richtig erfassen kann, die größer als zwanzig ist: also der höchsten Zahl, die man mit Fingern und Zehen abzählen kann. Obwohl man über die Grenze bezüglich der Verarbeitung von Zahlen debattieren kann, ist es eine Tatsache, daß die umfangreichen Zahlen, die in Präsentationen benutzt werden, häufig über das normale Verständnis eines Durchschnittsmenschen hinausgehen. Informationen aus dem Statistik- und Finanzbereich können schwer zu verstehen sein, wenn sie als Text vermittelt werden sollen. Lange Zahlenreihen stiften häufig mehr Verwirrung, als daß sie zur Aufklärung dienen.

Durch Schaubilder (Charts) und Grafiken werden abstrakte Zahlen verständlicher gemacht, indem optische Hinweise auf die Werte und deren Beziehungen zueinander gegeben werden. Wann immer Sie eine Form von numerischen Daten Ihrem Publikum näher bringen möchten, sollten Sie den Einsatz eines Schaubildes in Erwägung ziehen. Die in einem Schaubild dargestellten Informationen lassen sich klarer und besser merken als einfacher Text.

Es gibt verschiedene Schaubildarten, mit denen Sie in Präsentationen gut arbeiten können. Die von Ihnen ausgewählte Art sollte für Ihre Aussage und die Struktur der Daten angemessen sein. Bestimmte Aussagen und Daten passen besser zu bestimmten Typen von Schaubildern oder Grafiken. Damit Sie die richtige Auswahl treffen werden, enthält dieses Kapitel einen Führer der wichtigsten Schaubilder, die in Präsentationen eingesetzt werden. Bevor mit der Beschreibung der einzelnen Schaubildarten begonnen wird, werden zunächst die Elemente betrachtet, die in den Layouts der meisten Schaubilder enthalten sind.

Schaubilder und Grafiken erstellen, die durch die Aussage getragen werden

Bei der Erstellung von Schaubildern wird die Richtlinie, daß nur eine Aussage pro Dia transportiert werden soll, dahingehend erweitert, daß nur eine Aussage und nur ein Schaubild pro Dia dargestellt werden sollte. Die Beschränkung auf eine Aussage pro Dia ist besonders dann wichtig, wenn Sie für Ihre Dias Schaubilder und Grafiken erstellen. Ein Schaubild, mit dem versucht wird, zu viel zu sagen oder zu machen, wird unvermeidlich verwirren und zu Mißverständnissen beim Publikum führen. Obwohl Sie vielleicht in Ausnahmen von dieser Regel abweichen müssen, sollten Sie zuerst alle Möglichkeiten ausschöpfen, um pro Dia nur ein Schaubild zu erstellen, bevor Sie sich dazu entscheiden, mehrere Schaubilder in einem Dia unterzubringen.

Die wirkungsvollsten Schaubilder in einem Dia sind die, die durch eine Aussage getragen werden. Jedes Chart-Dia muß eine einzelne, gut definierte Aussage besitzen, um sie dem Publikum zu präsentieren. Ausgehend von dieser Aussage entwickeln Sie ein Schaubild, das nur die notwendigen Daten enthält, um die Aussage zu unterstützen.

Sie könnten beispielsweise ein Dia mit der Aussage, daß das Umsatzvolumen im Bereich Mitteleuropa gestiegen ist, in einem Liniendiagramm darstellen, auf dem der Anstieg des Umsatzvolumens für diese Region gezeigt wird. Alle anderen Informationen, wie beispielsweise die Umsatzentwicklung in anderen Regionen, sind unnötig und sollten deshalb auch nicht berücksichtigt werden. Wenn die Aussage jedoch lauten sollte, daß das Umsatzvolumen im Bereich Mitteleuropa stärker gewachsen ist als in Osteuropa, ist die Integration des neuen Bereiches angemessen. Die Abbildung 10.1 zeigt, wie Schaubilder ein klares Bild von einer Aussage geben können.

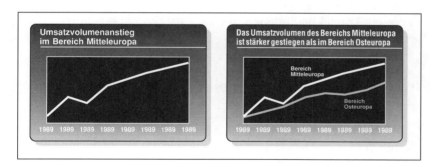

Abb. 10.1: Umsatz-Schaubilder, die durch die Aussage gesteuert werden

Vergewissern Sie sich, daß der Titel jedes Schaubildes die Aussage des Charts deutlich beschreibt. Die Teilnehmer werden vielleicht ihre eigenen Schlußfolgerungen aus dem Diagramm ziehen, solange Sie ihnen nicht erzählen, was sie folgern sollen. Die Aussage bleibt durch die Kombination aus Titel und Grafik besser im Gedächtnis des Publikums, wodurch die Erinnerungsfähigkeit steigt.

Die grafischen Komponenten identifizieren

Jedes Schaubild ist die optische Darstellung von numerischen Daten. Wenn Sie etwas nicht messen können, können Sie es auch nicht in einem Chart darstellen. Die numerischen Daten werden in einem Schaubild durch ein grafisches Element dargestellt, wie beispielsweise ein Rechteck in einem Säulendiagramm oder eine Linie in einem Liniendiagramm. Jedes grafische Element beinhaltet in einem Schaubild zwei Informationsarten:

– Der Name des meßbaren Gegenstandes, der in einem Schaubild durch die Beschriftung oder Bezeichnung angegeben wird.

– Eine Menge, die mit dem Gegenstand verbunden wird. Dies stellt den Wertebereich eines Diagrammes dar.

In einem Schaubild werden die Diagramme innerhalb eines Grundrisses erzeugt, der die Grenzen des Diagrammes festlegt und somit den Rahmen vorgibt, in dem die Diagramme individuell erstellt werden können. Es gibt zwei unterschiedliche Grundrißarten: rechteckig und kreisförmig. Der kreisförmige Grundriß wird hauptsächlich für Kreisdiagramme (Tortendiagramme) benutzt. Alle anderen Diagrammarten, die in diesem Kapitel beschrieben werden, arbeiten mit einem rechteckigen Grundriß.

Layout für einen rechteckigen Grundriß

Gestaltung und Layout eines Schaubildes sind stark von der Art abhängig, mit der Sie die Details darstellen möchten. Die Grafiken, die die Daten repräsentieren, spielen dabei eine untergeordnete Rolle. Entwickeln Sie ein Layout für alle rechteckigen Grundrisse und nutzen Sie dieses Layout als Richtlinie für alle anderen rechteckigen Diagramme. Haben Sie zum Beispiel einmal das Layout für ein Säulendiagramm aufgebaut, können Sie dieses Layout als Modell für alle anderen Diagramme benutzen, die einen rechteckigen Grundriß besitzen: Balkendiagramme, Liniendiagramme, Flächendiagramme, Punktdiagramme und so weiter.

Wie in der Abbildung 10.2 zu sehen ist, enthält ein rechteckiger Grundriß vier Grundelemente:

– Den Diagramm-Rahmen, der die Begrenzung des Grundrisses festlegt.

– Die Werteskala, die für das Publikum als Meßlatte dient, um die relative Größe oder Position der dargestellten Daten zu erkennen.

– Die Grundlinie, die den Wert auf 0 der Werteskala darstellt.

– Die Bezeichnungen oder Beschriftungen der dargestellten Aspekte.

– Die Gitternetzlinien (Raster) und Achsenmarkierungen, mit denen die Zu- oder Abnahmen der Werte verdeutlicht werden.

Diese Elemente können in unterschiedlichen Layouts aufgebaut werden. In den folgenden Abschnitten werden verschiedene Layouts beschrieben.

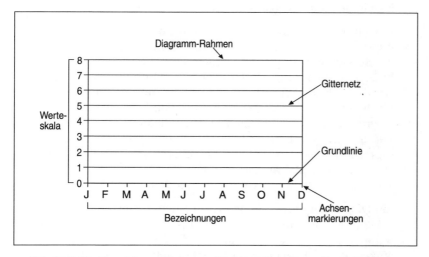

Abb. 10.2: Die Grundelemente eines rechteckigen Grundrisses für ein Diagramm

Rahmen für rechteckige Diagramme

Die Grundform des Rahmens besteht aus einem Kasten, in dem Ihre Daten grafisch dargestellt werden. Sie können den Rahmen jedoch auf verschiedene Weisen gestalten:

- Ein voller Rahmen ist ein leerer oder mit Farbe ausgefüllter Kasten, der den Diagramm-Bereich umgibt. Für Präsentationszwecke kann man mit dieser Auswahl nichts verkehrt machen. Dieser Rahmen ist bei vielen unterschiedlichen Diagrammarten zu gebrauchen und kann problemlos die jeweilige Werteskala oder Gitternetze übernehmen. Wenn der Kasten mit einem dunklen oder schwarzen Hintergrund ausgefüllt wird, entsteht der größtmögliche Kontrast zu den Daten.

- Ein halber Rahmen ist nicht mit Farbe ausgefüllt und legt nur den linken und unteren Bereich des Rahmens fest. Dieser traditionelle Rahmen erzeugt ein altmodisches Aussehen. Ein halber Rahmen ist für die meisten Diagramme nützlich, die zwar eine Werteskala benötigen, nicht aber ein genaues Gitternetz. Diese Rahmenart wird nicht für Punktdiagramme empfohlen, die ein vollständiges Gitternetz benötigen, um gelesen werden zu können.

- Ein Rahmen, der nur aus der Grundlinie besteht. Bei dieser Art wird nur der untere Teil des Rahmens (die Grundlinie) dargestellt. Da nur die Bezeichnungen gezeigt werden, wird dieser Rahmen auch nur in Diagrammen eingesetzt, die von der Grundlinie ausgehen und sichtbare Werte für die Daten enthalten (Säulendiagramme, Flächendiagramme, Balkendiagramme und Piktogramme). Punktdiagramme und Liniendiagramme benötigen eine stärkere optische Verbindung zwischen der Grundlinie und der Grafik, die die Daten repräsentiert. Indem Sie bei einfachen Säulen- oder Balkendiagrammen diese Rahmenart einsetzen, vermeiden Sie, daß Ihre Präsentation durch unnötige Grafiken überhäuft wird.

- Ein Diagramm ohne Rahmen ist in einem nicht sichtbaren Kasten gefaßt. Die Richtlinien, die beim Einsatz eines Diagrammes ohne Rahmen zu beachten sind, ähneln denen, die bei einem Rahmen einzuhalten sind, der nur aus einer Grundlinie besteht. Es ist besonders wichtig, daß Sie den Rahmen nur dann weglassen, wenn Ihr Diagramm seinen Ursprung auf der Grundlinie hat. In diesem Fall muß die Grundlinie durch die Grafiken, die Ihre Daten darstellen, angedeutet werden.

Die vier Rahmenarten für rechteckige Diagramme sind in der Abbildung 10.3 dargestellt.

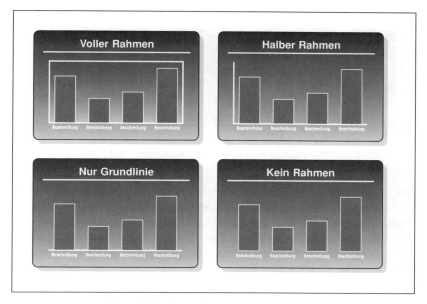

Abb. 10.3: Rahmen für rechteckige Diagramme

Werteskala bei rechteckigen Diagrammen

Die Werte in einem Diagramm werden mit Hilfe einer Werteskala und/
oder von Gitternetzlinien (Raster) dargestellt, wodurch dem Betrachter
die Möglichkeit gegeben wird, die relative Größe und Position der Daten abzuschätzen. Das normale Gitternetz für die meisten Diagramme
besteht aus einer X-Achse und einer Y-Achse. Die X-Achse erstreckt sich
von links nach rechts, die Y-Achse verläuft von unten nach oben.

Die Werteskala Ihres Diagrammes sollte sich bei Säulen-, Linien-, und
Flächendiagrammen entlang der Y-Achse ausrichten. Bei Balkendia-
grammen wird die Werteskala entlang der X-Achse eingesetzt. Pikto-
gramme sowie kombinierte Diagramme können, je nach Daten, beide
Achsen benutzen. Punktdiagramme benötigen an beiden Achsen eine
Werteskala. Die Abbildung 10.4 stellt die verschiedenen Plazierungen der
Werteskala dar.

Abb. 10.4: Die Werteskala auf der X-Achse, der Y-Achse und beiden Achsen

Die meisten Präsentations-Programme wählen automatisch die richtige Position der Werteskala für den von Ihnen ausgewählten Diagrammtypen aus. Die Programme erlauben es aber auch, daß Sie die Achsen frei definieren können. Die folgenden Abschnitte enthalten einige Hinweise, wie man Werteskalen aufbaut, die gut lesbar sind und die Aussage Ihres Schaubildes verstärken.

Den Anstieg der Werteskala in gleichen Abständen halten

Der Abstand und die Werte Ihrer Werteskala sollten optisch und numerisch gleichmäßig verteilt sein, damit ein echtes Bild der präsentierten Daten wiedergegeben wird. Die Werte in Ihrer Skala müssen trotzdem nicht in Fünfer- oder Zehner-Schritten ansteigen. Jedes Zahlenset, dessen einzelne Elemente den gleichen Abstand voneinander haben, kann eingesetzt werden, um eine gültige Werteskala aufzubauen. Beispielsweise könnte eine Skala von 0 bis 60 auf sechs verschiedenen Wegen dargestellt werden, wobei zwischen vier und zwölf Schritte eingesetzt werden:

0   20 40 60

0   15 30 45 60

0   12 24 36 48 60

0   10 20 30 40 50 60

0   6 12 18 24 30 36 42 48 50

5   10 15 20 25 30 35 40 45 50 55 60

Vielleicht möchten Sie aber auch einen speziellen Aufbau der Werteskala einsetzen, insbesondere dann, wenn Sie Schaubilder erstellen, die zwei separate Werteskalen benötigen. Nehmen Sie beispielsweise an, daß Sie den Jahresumsatz in DM mit dem Versand in Tonnen vergleichen möchten. In einem solchen Fall benötigen Sie zwei separate Skalen, um Ihre Aussage zu verdeutlichen. Die Abbildung 10.5 zeigt ein dual skaliertes Schaubild, das aus zwei separaten Diagrammen entstanden ist. Achten Sie darauf, daß sich die Tonnen-Skala verändert hat, damit sie aus gleich vielen Werten besteht wie die DM-Skala (jeweils fünf). Dadurch wird das gesamte Schaubild vereinfacht. Sie können auch farbigen Text einsetzen, um herauszuheben, welche Skala zu welcher Datenlinie gehört.

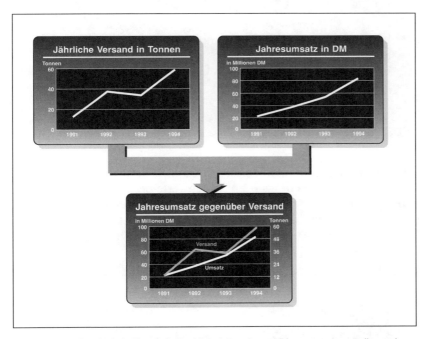

Abb. 10.5: Ein dual skaliertes Schaubild, das aus zwei Diagrammen erstellt wurde

Zahlen und Abstände der Werteskala müssen lesbar bleiben

In der Skala sollte die Schriftgröße der Zahlen mindestens die Hälfte der Größe betragen, die beim Fließtext in Ihren Dias eingesetzt wurde. Wenn Sie beispielsweise in Ihren Dias den Fließtext in einer Bandbreite von

24 bis 30 Punkt dargestellt haben, sollten die Zahlen der Werteskala mindestens 12 bis 16 Punkt groß sein. Falls die Zahlen zu eng stehen, sollten Sie die Anzahl der Zahlen reduzieren, anstatt die Schriftgröße zu verkleinern. In der Abbildung 10.6 sehen Sie ein Beispiel, in dem die Abstände auf der Skala größer gesetzt wurden, anstatt die Schriftgröße zu verändern.

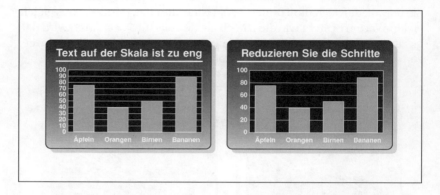

Abb. 10.6: Die Lesbarkeit steigt, indem die Abstände auf der Skala größer werden

Um die Lesbarkeit der Zahlen ausreichend zu berücksichtigen, sollten Sie in keinem Dia mehr als zehn Zahlenwerte benutzen. Auf der anderen Seite stellt eine Skala mit weniger als vier Werten für den Betrachter auch keine richtige Orientierungshilfe mehr dar. In der Abbildung 10.7 sind diese beiden Grenzfälle illustriert.

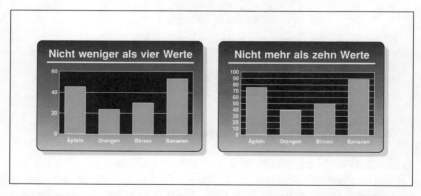

Abb. 10.7: Die Anzahl der Werte in einer Skala sollte zwischen vier und zehn liegen

Gitternetzlinien

Gitternetzlinien (Raster) werden benutzt, um eine bestimmte Einteilung des Diagrammes in Anlehnung an die Werteskala zu erhalten. Man unterscheidet zwischen Linien, die sich über das gesamte Diagramm erstrecken, und Achsenmarkierungen, die auf der X- oder Y-Achse stehen. Gitternetzlinien und Markierungen können auch kombiniert werden.

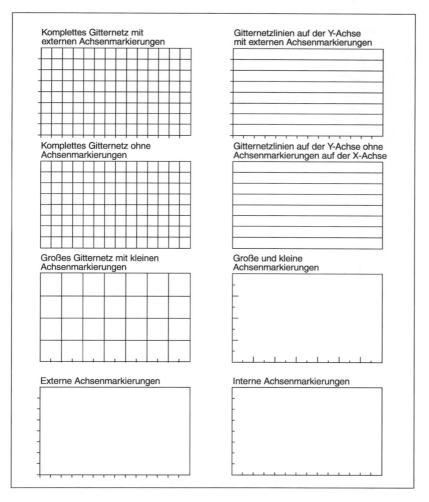

Abb. 10.8: Verschiedene Einsatzmöglichkeiten von Gitternetzlinien und Achsenmarkierungen bei vollen Rahmen

Bei Schaubildern, die einen vollen Rahmen besitzen, gibt es eine große Vielfalt, wie man Gitternetzlinien und Markierungen einsetzen kann. Die Abbildung 10.8 zeigt einige der möglichen Varianten. Schaubilder, die nur einen halben Rahmen haben, einen Rahmen, der nur aus der Grundlinie besteht oder über gar keinen Rahmen verfügen, bieten auch nicht so viele Möglichkeiten bezüglich des Einsatzes von Gitternetzlinien und Achsenmarkierungen. In der Abbildung 10.9 werden die möglichen Varianten zu den gerade aufgezählten Rahmenarten dargestellt.

Das Noten-Gitternetz (weil es wie die Notenlinien aussieht) ist eine nützliche Variante, die in Kombination mit einem Rahmen, der nur aus der Grundlinie besteht, eingesetzt werden kann. Sie können ein Säulendiagramm erstellen, in dem nur eine Grundlinie eingesetzt wird, und anschließend die Daten in ein Linien- oder Flächendiagramm verwandeln, wobei Sie gleichzeitig auch Noten-Gitternetzlinien einsetzen. Sie müssen bei diesem Vorgang nur darauf achten, daß die Werteskala auf der Y-Achse steht. In der Abbildung 10.10 ist dieses Beispiel dargestellt.

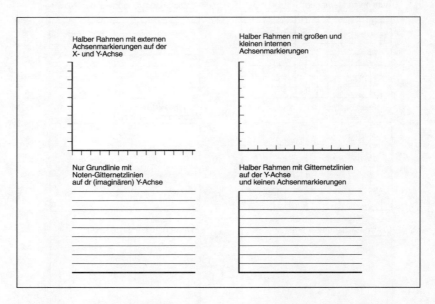

Abb. 10.9: Die Einsatzmöglichkeiten von Gitternetzlinien und Achsenmarkierungen bei den restlichen Rahmenarten

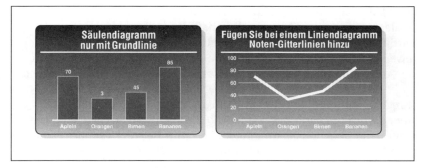

Abb. 10.10: Noten-Gitternetzlinien als eine Variation der Rahmens, die nur aus der Grundlinie bestehen

Text in Diagrammen

Neben den Werten auf der Werteskala gibt es noch verschiedene Punkte, an denen Text in Schaubildern eingesetzt wird. Achsentitel, Achsenbeschriftungen, Datenwerte und Erläuterungen dienen alle dem Ziel, die Verständlichkeit Ihrer Schaubilder und Grafiken zu unterstützen. Die Schriftgröße dieser Elemente sollte mindestens genau so groß sein wie die der Zahlen, die auf der Werteskala stehen.

Achsentitel

Ein Achsentitel gibt die Einheit der Werteskala an oder einen übergeordneten Begriff, der die Skala beschreibt. Achsentitel sind besonders bei Werteskalen nützlich, die einen sehr großen Zahlenabstand darstellen müssen. Stellen Sie sich beispielsweise ein Säulendiagramm vor, des

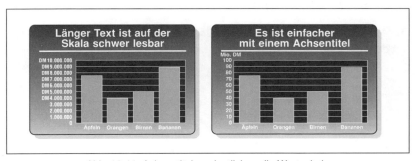

Abb. 10.11: Achsentitel verdeutlichen die Werteskala

sen Skala von 0 bis 10 Millionen DM reichen muß. Bei der Anzahl von Nullen kann man sich vorstellen, daß die Lesbarkeit darunter leiden wird. Wenn man jedoch den Achsentitel mit *Mio. DM* benennt, können jeweils sechs Nullen aus den Zahlen auf der Skala entfernt werden. In der Abbildung 10.11 sehen Sie den Vorteil dieses Beispieles im Vergleich.

Ihre Achsentitel sollten kurz und prägnant sein. Schreiben Sie nicht *Millionen in Deutscher Mark*, wenn *Mio. DM* genauso aussagefähig ist. Sie sollten die üblichen Abkürzungen, wie zum Beispiel Tsd. für Tausend, benutzen, da sie auf Ihren Schaubildern viel Platz sparen werden.

Achsenbeschriftung

In manchen Diagrammen, wie zum Beispiel in Säulendiagrammen, wird die Achsenbeschriftung der X-Achse direkt unter der Grafik plaziert, damit man sofort erkennen kann, was grafisch dargestellt wird. Die Achsenbeschriftung sollte, wie die Zahlen der Werteskala, auch in gleichmäßigen Abständen erfolgen. Es gibt zwei verschiedene Wege, wie man die Achsenbeschriftungen aufbauen kann:

–   Die *Objekt zugeordneten Achsenbeschriftungen* sind in der Regel mit dem grafischen Objekt verbunden, wie beispielsweise einer Säule oder einem Balken. Diese Art der Achsenbeschriftung sollte in Balken-, Säulendiagrammen und piktografischen Diagrammen eingesetzt werden. Eine dem Objekt zugeordnete Beschriftung benötigt keine Gitternetzlinien oder Achsenmarkierungen.

–   Die *Gitternetz zugeordneten Achsenbeschriftungen* sollten in Linien- und Flächendiagrammen verwendet werden, in denen es notwendig ist, die Achsenbeschriftungen an einen bestimmten Datenpunkt zu setzen, der von der Achse etwas entfernt ist.

Die Abbildung 10.12 stellt je zwei Beispiele zu den unterschiedlichen Arten der Achsenbeschriftung dar.

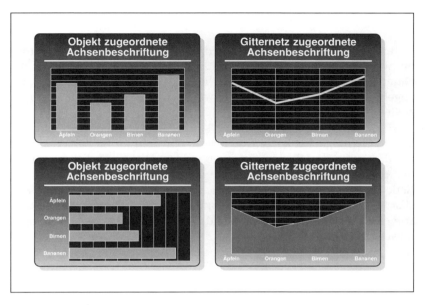

Abb. 10.12: Achsenbeschriftungen

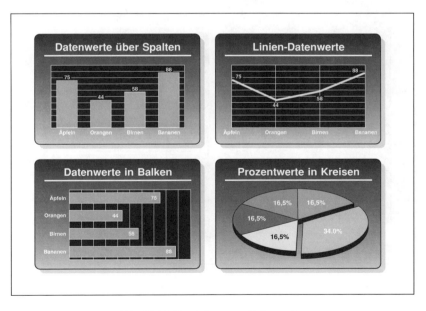

Abb. 10.13: Darstellung von Datenwerten

Datenwerte

Datenwerte zeigen einen bestimmten Wert innerhalb eines Diagrammes an, wie zum Beispiel die Prozentsätze in einem Tortendiagramm. Die Datenwerte sollten entweder innerhalb der oder direkt neben die dazugehörige Grafik plaziert werden, wie auch in Abbildung 10.13 dargestellt wird.

Setzen Sie möglichst kurze Datenwerte ein. Sehr große Zahlen sollten auf die ersten drei Stellen gerundet werden. Wenn möglich benutzen Sie Abkürzungen. Stimmen Sie die dargestellten Datenwerte mit der Rede ab. Falls ein Redner darüber berichtet, daß der Umsatz der Diversika AG auf fast 31 Millionen DM angestiegen ist, dann sollte der entsprechende Datenwert im Schaubild DM 30,6 Mio. betragen und nicht etwa DM 30.609.784,23.

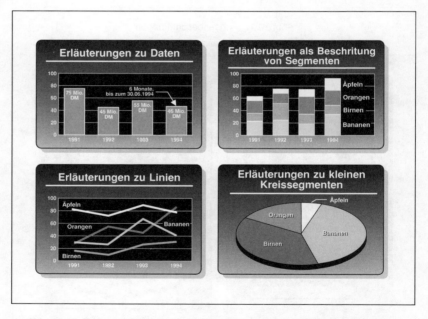

Abb. 10.14: Erläuterungen können in Schaubildern verschiedene Zwecke erfüllen

Erläuterungen

Eine Erläuterung ist ein beschreibender Text, der weder ein Datenwert noch ein Teil der Achsen ist. Meistens werden Erläuterungen in Liniendiagrammen eingesetzt, damit die einzelnen Linien vom Publikum zugeordnet werden können. Andere Erläuterungen identifizieren die verschiedenen Bereiche eines geschichteten Säulendiagrammes. Eine Erläuterung kann auch als Bezeichnung für einen bestimmten Wert dienen. Die Abbildung 10.14 stellt die verschiedenen Einsatzmöglichkeiten von Erläuterungen in Schaubildern dar.

Halten Sie Ihre Erläuterungen so simpel wie möglich. Denken Sie daran, daß Sie deshalb ein Schaubild erstellen, damit es den Text ersetzt. Vermeiden Sie unnötige Wörter, die nur Unruhe in das Schaubild bringen.

Legenden

Sollte der Platz für Erläuterungen in einem Diagramm nicht ausreichen, oder müssen Sie in einem Diagramm mehrere Datenreihen erläutert werden, sollten Sie eine Legende hinzufügen. Eine Legende ist ein optischer Schlüssel, der die verschiedenen Datenreihen erläutert, wenn man mit textlichen Erläuterungen nicht arbeiten kann. Legenden werden hauptsächlich in Diagrammen mit mehreren Datenreihen eingesetzt. Jedoch sind die meisten Diagramme, die so kompliziert sind, daß sie eine Legende benötigen, auch für die Darstellung auf einem Dia zu kompliziert.

Benutzen Sie niemals eine Legende, wenn Sie textliche Erläuterungen oder Beschriftungen einsetzen können. Für das Publikum sind Legenden recht schwierig zu lesen, da es permanent zwischen der Grafik und der Legende wechseln muß, um den Sinn des Schaubildes zu erfassen.

Der wichtigste Teil eines Schaubildes sind die grafisch dargestellten Daten und nicht die Legende. Plazieren Sie die Legende innerhalb des Diagrammes. Legenden, die außerhalb des Diagrammes plaziert werden, führen in der Regel dazu, daß das eigentliche Diagramm kleiner erscheint und zuviel Gewicht auf die Legende gelegt wird. In der Abbildung 10.15 werden einige Legenden in Diagrammen dargestellt.

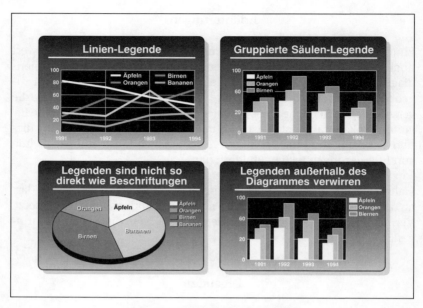

Abb. 10.15: Legenden in Diagrammen

Einige Präsentationsgrafik-Programme erstellen automatisch eine Legende. Selbst dann, wenn das Diagramm nur eine Datenreihe enthält. Löschen Sie in solchen Fällen die Legende und fügen Sie den Namen der Datenreihe in den Diatitel oder den Untertitel ein.

Säulendiagramme erstellen

Das Säulendiagramm ist eines der häufigsten und nützlichsten Diagrammtypen. Säulendiagramme sind am besten geeignet, um die relative Größe oder Volumen von greifbaren, körperlichen Dingen darzustellen. Setzen Sie sie ein, um Gewichte, DM-Werte und andere objektbezogene Quantitäten miteinander zu vergleichen.

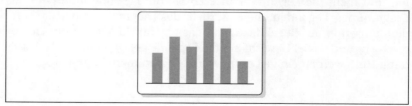

Da es üblich ist, einen Zeitablauf von links nach rechts zu lesen, ist ein Säulendiagramm auch ideal geeignet, eine Veränderung (der Größe oder des Umfanges) in einer Zeitperiode darzustellen. Diese Art der Säulendiagramme hat zwei Werteskalen. Die Skala auf der Y-Achse (vertikal) zeigt die Werte der Daten an, während die Skala auf der X-Achse (horizontal) die Zeit darstellt.

Ein Säulendiagramm kann aber auch die Größe von verschiedenen Dingen im Verhältnis zueinander darstellen. Diese Art des Diagrammes ist zeitpunktbezogen. Die größte Einschränkung beim Einsatz dieser Diagramme liegt in dem begrenzten Platz, der auf der X-Achse für die Achsenbeschriftung zur Verfügung steht. Im allgemeinen sind die Zeitbeschriftungen viel kürzer als die Beschriftungen anderer Dinge (wie beispielsweise die Namen der Bundesländer). Solche Daten lassen sich durch Balkendiagramme besser darstellen. Wenn der Platz auf der X-Achse jedoch für Ihre Achsenbeschriftungen ausreicht, können Sie Säulendiagramme auch für diesen Zweck einsetzen. Die Abbildung 10.16 stellt zwei Beispiel-Diagramme dar, die einen Zeitablauf und verschiedene Kategorien darstellen.

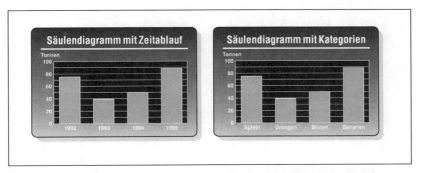

Abb. 10.16: Säulendiagramme können Kategorien oder Zeitabläufe darstellen

Layout von Säulendiagrammen

Ein Säulendiagramm besteht aus Rechtecken, die einen oder mehrere Werte darstellen. Die Achsenbeschriftungen, die unter der X-Achse stehen, erläutern jede einzelne Säule. Die Y-Achse besteht aus einer Skala, die die relative Höhe jeder Säule mißt.

Die Säulen in einem Diagramm sollten gleichmäßig nebeneinander ausgerichtet sein und fast den gesamten horizontalen Bereich des Diagrammes nutzen. Der Abstand zwischen den Säulen sollte nicht weniger als 25 Prozent der Säulenbreite betragen. Jedoch sollten 100 Prozent nicht überschritten werden, wie auch in der Abbildung 10.17 illustriert wird. Müssen Sie viele Säulen in einem Diagramm unterbringen, wird es besser aussehen, wenn sich die Säulen berühren (ähnlich einem Histogramm, welches im weiteren Verlauf des Kapitels noch beschrieben wird).

Die längste Säule sollte nach Möglichkeit fast den gesamten vertikalen Bereich des Diagrammes in Anspruch nehmen. Wenn Ihre längste Säule in Ihrem Diagramm beispielsweise den Wert 72 hätte, sollten Sie Ihre Werteskala von 0 bis 75 oder von 0 bis 80 ausrichten. Die längste Säule sollte mindestens 75 Prozent der Diagrammhöhe einnehmen.

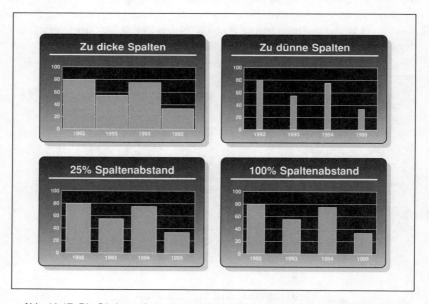

Abb. 10.17: Die Säulen sollten einen gleichmäßigen Abstand voneinander besitzen

Sie können in Säulendiagrammen praktisch jede Form von Gitternetzen/ Achsenmarkierungen einsetzen, wobei die Komplexität der Daten Ihre Entscheidung leiten sollte. Eine einfache Datenreihe benötigt kaum eine Skala oder ein Gitternetz, insbesondere dann nicht, wenn die Datenwerte über der Säule angezeigt werden. Es gibt aber auch Säulendiagramme, die sehr aufwendige und komplizierte Werteskalen und Gitternetze benötigen, damit der Betrachter deren Sinn richtig erfassen kann. Setzen Sie nur die Gitternetzlinien und Achsenmarkierungen ein, die für eine klare und saubere Kommunikation notwendig sind.

Sie können sich ein Gitternetz vollkommen ersparen, wenn Sie die Datenwerte über den Säulen plazieren. Indem Sie die Datenwerte angeben, ist alles, was Sie dann noch benötigen, eine Grundlinie. Denken Sie nochmals daran, Ihre Datenwerte so kurz wie möglich zu halten. Sie sollten nicht über die Breite einer Säule hinausgehen. Scheuen Sie sich nicht, große Werte auf die entscheidenden drei oder vier Ziffern zu runden.

Variationen des Säulendiagrammes

Das Säulendiagramm ist eines der vielseitigsten Diagrammtypen. Es kann eine Vielzahl von Informationen liefern und sogar als ein Ersatz für ein Kreisdiagramm eingesetzt werden. In den folgenden Abschnitten werden einige nützliche Varianten für Präsentationen beschrieben.

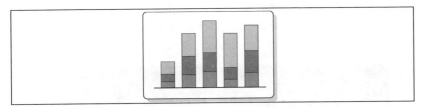

Geschichtetes Säulendiagramm

Ein geschichtetes Säulendiagramm stellt mehrere Komponenten dar, die addiert werden. Jede Säule stellt die Werte von mehreren Elementen dar.

Begrenzen Sie die Anzahl der verschiedenen Elemente pro Säule auf sechs. Wenn Sie mehr als sechs Werte haben, die Sie in einer Säule einbringen möchten, dann erstellen Sie ein Element mit der Bezeichnung "Andere" und verbinden die restlichen Werte mit diesem Element. Die Werte des wichtigsten Elementes sollten direkt über der Grundlinie plaziert werden, da nur dessen Segmente einfach verglichen werden können.

Es gibt zwei Wege, um die Höhe jeder Säule zu definieren:

– Kumulative Segmente werden benutzt, um Teile von einer Gesamtheit zu zeigen. Jeder Wert von einem Segment der Säule wird addiert, bis die gesamte Säulenhöhe erreicht ist. Beispielsweise zeigen die drei kumulativen Segmente (20, 25 und 30) den Beitrag am Gesamtumsatz im ersten, im zweiten und im dritten Quartal. Die Summe der einzelnen Segmente ergibt den bisherigen Gesamtumsatz.

– Zuwachsende Elemente zeigen die einzelnen Werte einer Datenreihe bis zum Gesamtwert an. Wenn man beispielsweise die gleichen Segmente verwendet, so würden am Ende der jeweiligen Quartale die Werte 20, 45 und 75 stehen.

Die Abbildung 10.18 illustriert beide Möglichkeiten, wie man die Säulenhöhe festlegen kann. Obwohl die Grafiken in beiden Diagrammen gleich sind, werden die Datenwerte zur Erklärung der Grafik unterschiedlich eingesetzt und sollten auch unterschiedlich behandelt werden. Die Werte der kumulativen Segmente sollten in der Mitte des entsprechenden Säulensegmentes plaziert werden. Hingegen sollten die Werte der zuwachsenden Segmente über dem entsprechenden Säulensegment stehen. Die Beschriftung der Elemente sollte den Datenwerten entsprechend ausgerichtet werden. In beiden Fällen sollte der Gesamtbetrag über der vollständigen Säule plaziert werden.

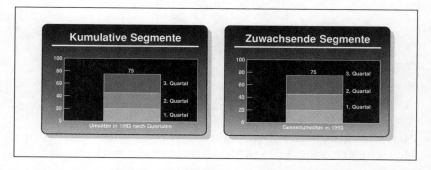

Abb. 10.18: Die Säulenhöhe stellt kumulative oder zuwachsende Segmente dar

Benutzen Sie keine Legende, um die verschiedenen Segmente verständlich zu machen. Plazieren Sie statt dessen Erläuterungen rechts neben der letzten Säule, wobei die Erläuterungen immer neben den entsprechenden Segmenten stehen sollten, wie auch in der Abbildung 10.19 zu sehen ist.

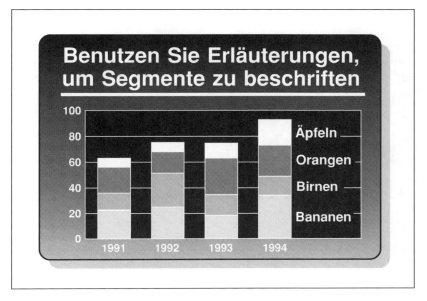

Abb. 10.19: Erläuterungen in einem geschichteten Säulendiagramm

Wenn es notwendig ist, die Veränderung zwischen den Segmenten stärker zu betonen, sollten Sie Verbindungslinien einsetzen, die die Verhält-
nisse deutlicher machen. Sie können auch farblich ausgefüllte Verbin-
dungsfelder einfügen, wobei Sie damit schon ziemlich nah an ein
Flächendiagramm herangekommen sind. Die Farbe der Verbindungsfläche sollte etwas dunkler sein als die Farbe der zu verbindenden Segmente, damit man Verbindungsfläche und Daten unmißverständlich
erkennen kann. Die Abbildung 10.20 stellt dar, in welcher Weise Verbindungen in geschichteten Säulendiagrammen eingesetzt werden können.

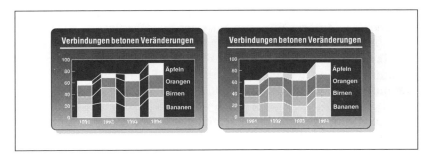

Abb. 10.20: Verbindungen in geschichteten Säulendiagrammen

Gruppierte Säulendiagramme

Ein gruppiertes Säulendiagramm vergleicht die Elemente der verschiedenen Datenreihen in deren Verhältnis zueinander. Jede Gruppe besteht aus mehreren Säulen, von denen jede eine andere Datenreihe repräsentiert.

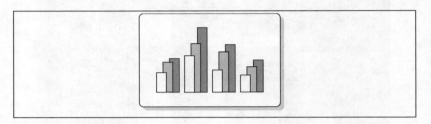

Es empfiehlt sich, auch die gruppierten Säulendiagramme so einfach wie möglich zu halten. Die einzelnen Säulengruppen sollten nicht mehr als drei oder vier Säulen beinhalten. Vermeiden Sie, daß Datenwerte über die Säulen gesetzt werden, da durch die große Anzahl der Säulen die Zahlen schwer zu lesen wären. Benutzen Sie statt dessen eine klar aufgebaute Werteskala sowie Gitternetzlinien.

Die Säulen innerhalb einer Gruppe können sich entweder berühren oder ein wenig überlappen. Gebrauchen Sie überlappende Säulen nur dann, wenn jede Datenreihe größer oder kleiner als die andere ist, wodurch dann ein Stufeneffekt erzeugt wird. Die längste Säule sollte im Hintergrund stehen, damit Sie die kleineren Säulen davor aufbauen können. Die Überlappung der Säulen sollte nicht mehr als ein Drittel der Säulenbreite betragen.

Um die grafisch dargestellten Daten zu identifizieren, werden Sie in der Regel eine Legende oder textliche Erläuterungen benötigen. Setzen Sie textliche Erläuterungen nur dann ein, wenn auch genügend Platz für den Text auf dem Diagramm vorhanden ist und keine Säulen im Weg stehen. Eine Legende kann in einem kleinen Kasten innerhalb des Diagrammes aufgebaut werden. Durch den Kasten wird eine klare Trennung zwischen der Legende und den Daten geschaffen.

Die Abbildung 10.21 stellt verschiedene Beispiele von gruppierten Säulendiagrammen dar, um die Variationsmöglichkeiten zu illustrieren.

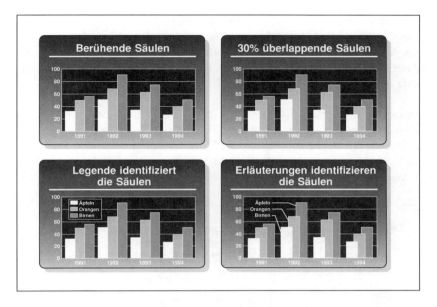

Abb. 10.21: Gruppierte Säulendiagramme

Histogramme

Histogramme sind eine Sonderform der Säulendiagramme, in denen zwei variable Werteskalen eingesetzt werden. An den Beispielen der Säulendiagramme haben Sie in diesem Kapitel gerade erfahren, daß die Säulen gleichmäßig ausgerichtet sind und einen speziellen Gegenstand oder Zeitpunkt darstellen, wobei die Breite der einzelnen Säulen für die dargestellten Daten unbedeutend ist.

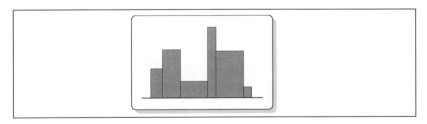

In einem Histogramm enthält auch die Säulenbreite Informationen. Die Y-Achse eines Histogrammes mißt den relativen Wert der Säulen, wie es auch in anderen Säulendiagrammen üblich ist. Die X-Achse hingegen dient als weitere Skala, in der eine Zeitspanne oder eine andere Variable dargestellt wird. In der Abbildung 10.22 gibt die Breite der Säulen die Altersgruppen der Beispieldaten an. Die Säulenhöhe stellt den Prozentsatz der Rock'n-Roll-Fans der jeweiligen Altersgruppen dar.

In einem Histogramm sollten sich die Säulen immer berühren, da sie als kontinuierliche Datenmessung entlang der X-Achse fungieren. Die Achsenbeschriftung sollte unter der Mitte der entsprechenden Säule stehen. Sie können entlang der X-Achse auch eine gestaffelte Werteskala verwenden.

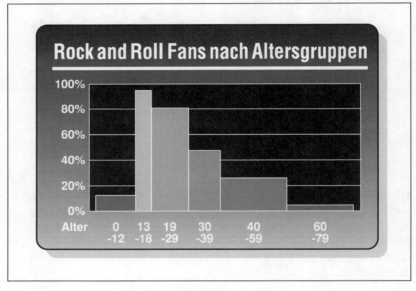

Abb. 10.22: Ein Histogramm

Tiefe in Säulendiagrammen

Ein häufig eingesetztes Werkzeug in Diagrammen besteht darin, ihnen Tiefe zu verleihen, damit ein stärkeres Gefühl von Räumlichkeit entsteht.

Eine Möglichkeit, um einem Säulendiagramm Tiefe hinzuzufügen, wäre der Einsatz der *echten Perspektive*-Methode. Wie in der Abbildung 10.23

illustriert wird, erscheinen bei dieser Methode die Säulen so, als ob sie wirkliche, räumliche Objekte seien, die innerhalb des Dias schweben.

Die Flächen der Säulen verlaufen, mit Ausnahme der Frontfläche, alle nach hinten. Dadurch wird der Eindruck erzeugt, daß die Frontfläche näher am Betrachter steht als die restliche Säule. Die Tiefe der echten Perspektive wird von den meisten Präsentations-Programmen nicht unterstützt. Es ist auch mit Schwierigkeiten verbunden, die richtige Perspektive zu finden, da das Publikum die Grafik in der Regel aus unterschiedlichen Winkeln anschaut und dadurch der Effekt abgeschwächt wird. Diese Art der Perspektive funktioniert auch nur sehr bedingt in Diagrammen, die irgendeine Art von Skalierung auf der Y-Achse benötigen, da durch die Tiefe das Verhältnis der Säulen zur Skala verdreht wird.

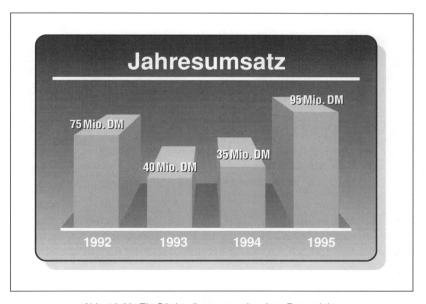

Abb. 10.23: Ein Säulendiagramm mit echter Perspektive

Die am meisten eingesetzte Art der Tiefe ist die *schräge* Tiefe, die eine Simulation von Tiefe und Perspektive vorgibt. Die Oberfläche der Säulen verläuft in der Regel nach rechts, wobei der Verlauf nach hinten nicht maßstabgerecht ist. Die schräge Tiefe ist einfacher zu erstellen als die echte Perspektive, wobei die schräge Tiefe auch mit einer Skala auf der Y-Achse eingesetzt werden kann. Dennoch kann es schnell passieren, daß die Daten beim Einsatz von Tiefe sehr schnell falsch interpretiert werden können.

Die Abbildung 10.25 zeigt zwei Beispiele des gleichen Säulendiagrammes mit schräger Tiefe. Jedoch ist die Werteskala in den Beispielen unterschiedlich aufgebaut. Im linken Schaubild sind die Werte der Skala auf der gleichen Ebene wie die Frontseite der Säulen. Da man dazu neigt, die Frontfläche an der Skala zu messen, sieht es so aus, als ob die Säule 1992 den Wert 69 hat. Man könnte aber auch auf einen Wert von 75 kommen, wenn man sich an der Säulenhöhe orientieren würde. Im rechten Schaubild, in dem die Skala und die Gitternetzlinien auf die hintere Ebene abgestimmt sind, sieht es so aus, als ob der Wert für 1992 ungefähr 75 betragen würde.

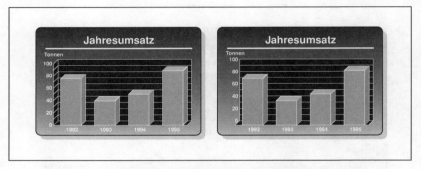

Abb. 10.24: Säulendiagramme mit schräger Tiefe

Sie sehen, daß es immer gewisse Interpretationsmöglichkeiten gibt und die Werte nicht klar zuzuordnen sind. Deshalb empfiehlt es sich, bei allen Varianten dreidimensionaler Schaubilder auch die Datenwerte anzugeben.

Eine Alternative, um Tiefe hinzuzufügen, liegt im Einsatz von Pseudo-3D-Schaubildern, wie in der Abbildung 10.25 dargestellt wird. Diese Schaubildart stellt die Daten viel eindeutiger dar als die vorher genannten Möglichkeiten. In einem Pseudo-3D-Diagramm fungiert der Rahmen des Diagrammes als Fenster, wobei die Säulen nach unten rechts verlaufen. Die Werteskala und die Gitternetzlinien beziehen sich auf die Frontfläche der Säule. Die Säulenhöhe gibt einen Datenwert an, der mit Hilfe der Gitternetzlinien problemlos auf der Werteskala abgelesen werden kann. Dies ist das einzige dreidimensionale Diagramm, das auch ohne direkt angegebene Datenwerte gut einzusetzen ist.

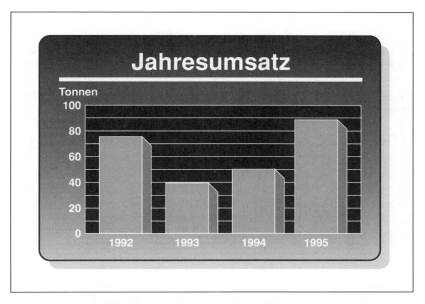

Abb. 10.25: Pseudo-3D-Säulendiagramm

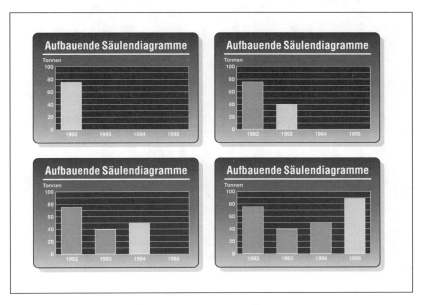

Abb. 10.26: Eine Serie aufbauender Säulendiagramme

Aufbauende Säulendiagramme

Aufbauende Säulendiagramme können entlang der Y- oder X-Achse erstellt werden. Normalerweise werden die einzelnen Säulen in einer Abfolge von links nach rechts auf der X-Achse aufgebaut. Sie können auch die neu vorgestellten Säulen hervorheben und die bereits dargestellten Säulen dimmen, wie in der Abbildung 10.26 zu sehen ist.

In geschichteten Säulendiagrammen können Sie auch jede Kategorie einzeln sichtbar machen, indem Sie eine Reihe von unten nach oben entlang der Y-Achse aufbauen. Diese Variation können Sie dann wirksam einsetzen, wenn es darum geht, komplexe geschichtete Säulendiagramme zu verdeutlichen, wobei sich der Redner jeder einzelnen Kategorie zuwenden kann. In der Abbildung 10.27 ist eine Serie aufgebauter, geschichteter Säulendiagramme dargestellt.

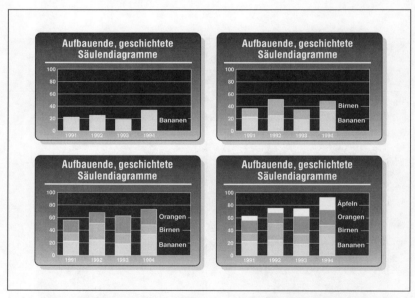

Abb. 10.27: Eine Serie aufbauender, geschichteter Säulendiagramme

Balkendiagramme erstellen

Wie auch die Säulendiagramme dienen Balkendiagramme dazu, die relative Größe von Dingen zu vergleichen. Das Balkendiagramm ist eine umgedrehte Version eines Säulendiagrammes, bei dem die Y-Achse zur Grundlinie wird und die horizontale X-Achse die Werteskala enthält. Diese Anordnung ermöglicht es, für die Balken längere Beschriftungen einzusetzen, als es für die Säulen bei Säulendiagrammen möglich ist.

Mit Balkendiagrammen kann man besonders gut die Rangfolge verschiedener Punkte darstellen. Tatsächlich sollte man in Balkendiagrammen eine andere Zielsetzung als die Darstellung von Rangfolgen vermeiden. In der Abbildung 10.28 werden beispielsweise die monatlichen Umsätze von verschiedenen Außendienstmitarbeitern dargestellt. Beachten Sie, daß die längeren Namen in einem Säulendiagramm keinen Platz finden würden. Das linke Diagramm der Abbildung stellt auch eine Rangfolge entsprechend denr Umsatzerlösen von oben nach unten dar. Wenn man die gleichen Daten alphabetisch aufbaut (wie im rechten Diagramm der Abbildung), dann erscheint das Diagramm schlechter organisiert und verliert an Wirkung.

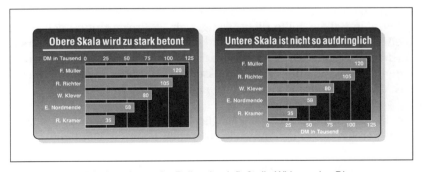

Abb. 10.28: Die Anordnung der Balken beeinflußt die Wirkung des Diagrammes

Layout von Balkendiagrammen

Wie auch die Säulendiagramme bestehen die Balkendiagramme aus Rechtecken, die einen oder mehrere Werte darstellen. Die Achsen eines Balkendiagrammes sind die Umkehrung der Achsen eines Säulendiagrammes. Die Beschriftungen, um die Balken zu identifizieren, werden links neben der Grundlinie entlang der Y-Achse ausgerichtet. Die X-Achse enthält die Werteskala, um die relative Länge der einzelnen Balken zu messen.

Man kann die Werteskala oberhalb der Balken plazieren, jedoch steht die Skala dann direkt unter dem Titel und würde das Dia zu obenlastig machen. Deshalb ist es meistens besser, die Werteskala unter den Diagrammbereich zu plazieren, wie auch in der Abbildung 10.29 zu sehen ist.

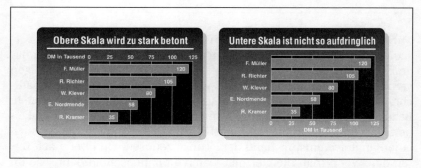

Abb. 10.29: Unterschiedliche Plazierung der Werteskala in Balkendiagrammen

Die Balken sollten gleichmäßig ausgerichtet sein und die Höhe des Diagrammbereiches möglichst optimal ausnutzen. Der Zwischenraum zwischen den Balken sollte nicht weniger als 25 Prozent und auch nicht mehr als 100 Prozent der Balkenstärke betragen. Es gibt natürlich auch Ausnahmen zu dieser Regel. Immer dann, wenn Sie sehr viele Balken in einem Diagramm unterbringen müssen, wird es besser aussehen, wenn sich die Balken berühren (ähnlich einem Histogramm).

Der längste Balken sollte nach Möglichkeit fast den gesamten horizontalen Bereich des Diagrammes in Anspruch nehmen. Der längste Balken sollte mindestens 75 Prozent der Diagrammbreite ausnutzen. Plazieren Sie die Datenwerte entweder innerhalb oder außerhalb des

Balkenendes, wie in der Abbildung 10.30 dargestellt ist. Bei Datenwerten, die innerhalb des Balkens gesetzt werden, wird die Grafik stärker als der Text betont. Liegt der Datenwert außerhalb des Balkens, ist die Betonung des Textes stärker.

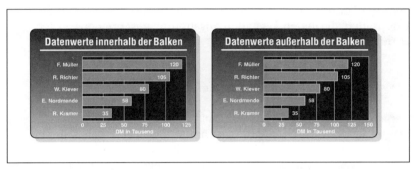

Abb. 10.30: Plazierungsmöglichkeiten der Datenwerte in Balkendiagrammen

Wie bei Säulendiagrammen sollten Sie auch bei Balkendiagrammen nur die Gitternetzlinien und Achsenmarkierungen einsetzen, die notwendig sind, um die Aussage klar zu kommunizieren. Wenn Sie Datenwerte angeben, benötigen Sie vielleicht nur die Grundlinie auf der Y-Achse. Gitternetzlinien auf der X-Achse helfen dem Publikum jedoch bei langen Balken, die Länge zu messen.

Halten Sie die Beschriftungen so knapp wie möglich, damit dem eigentlichen Diagramm noch genügend Platz zur Verfügung steht. Wenn sich sehr lange Beschriftungen nicht vermeiden lassen, sollten Sie den Text auf zwei oder mehr Zeilen aufteilen, wie auch in der Abbildung 10.31 gezeigt wird.

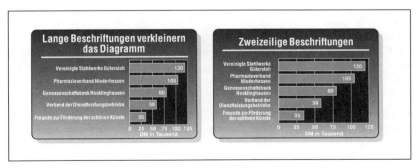

Abb. 10.31: Vermeiden Sie zu breite Beschriftungen

Variationen des Balkendiagrammes

Die Variationen von Balkendiagrammen enthalten geschichtete und gruppierte Diagramme sowie Histogramme. Die Layout-Richtlinien für diese Diagrammarten sind bereits für Säulendiagramme erläutert worden und können auch auf Balkendiagramme angewandt werden. Die Variationen, die in den folgenden Abschnitten beschrieben werden, gibt es nur bei Balkendiagrammen.

Gepaarte Balkendiagramme

Gepaarte Balkendiagramme sind hilfreich, wenn man einen relativen Vergleich durchführen möchte, der auf unterschiedlichen Kriterien basiert. Ein gepaartes Balkendiagramm stellt zwei Balkendiagramme zum gleichen Gegenstand dar, wobei für jedes Balkendiagramm eine unterschiedliche Werteskala oder Gitternetz benutzt werden kann.

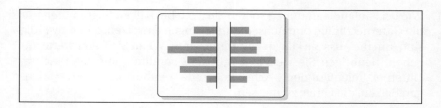

Das Schaubild besteht aus zwei Bereichen, in denen jeweils Daten grafisch dargestellt werden, wobei die gleichen Beschriftungen für beide Diagramme entlang der Y-Achse plaziert werden. Während im linken Diagramm die Skala der X-Achse von rechts nach links gelesen wird, muß im rechten Diagramm die Skala auf der X-Achse von links nach rechts gelesen werden. Es empfiehlt sich, auf beiden Skalen gleich viele Werte aufzuführen, da dadurch das Schaubild insgesamt attraktiver wird. In der Abbildung 10.32 ist die linke Skala in Schritten von drei Jahren aufgebaut, damit dort genauso viele Werte stehen wie auf der Skala des rechten Diagrammes.

Es ist notwendig, daß Sie einen Titel über jedes Diagramm plazieren, damit deutlich wird, welcher Gegenstand grafisch dargestellt wird. Die Werteskalen und die Achsentitel sollten unter dem grafisch dargestellten Bereich plaziert werden.

Abb. 10.32: Anpassen der Werte auf den Skalen entlang der X-Achse

Gantt-Diagramme und Zeitleisten

Eine andere hervorragende Anwendung der Balkendiagramme liegt in der Darstellung von Prozessen, die über eine bestimmte Zeitperiode in Wechselbeziehung zueinander stehen. Die einzelnen Schritte dieser Prozesse werden als Balken dargestellt, deren Zeitaufwand mit Hilfe der Zeitleiste auf der X-Achse abzulesen ist. Wenn ein Herstellungs- oder Produktionsprozeß repräsentiert wird, wird diese Art des Balkendiagrammes auch *Gantt-Diagramm* genannt. Das Produktionsablaufverzeichnis aus Kapitel 1 ist ein modifiziertes Gantt-Diagramm.

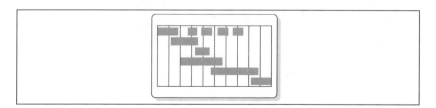

Mit Hilfe von Gantt-Diagrammen können in einem komplizierten Projekt einzelne Schritte aufgestellt und geplant werden. Jeder Schritt ist eine Bezeichnung auf der Y-Achse und erläutert den dazugehörigen Balken. Jeder Balken besitzt einen separaten Anfangs- und Endzeitpunkt, der auf der Skala abgelesen werden kann.

Die Skala eines Gantt-Diagrammes kann von einigen Tagen bis zu mehreren Jahren reichen. Allerdings werden sehr feine Einteilungen auf der Werteskala bei der Projektion nicht mehr lesbar sein. Deshalb sollten Sie Ihre Werteskala so einfach wie möglich gestalten und zusätzliche Details in das Informationsmaterial auslagern.

In der Werbeindustrie werden häufig Zeitleisten verwendet, um darzustellen, welche werblichen Maßnahmen für ein Produkt innerhalb des Jahres geplant und durchgeführt werden müssen. In der Abbildung 10.33 kann man die verschiedenen Aktivitäten und deren Laufzeiten (Anfangs- und Endzeitpunkte) erkennen.

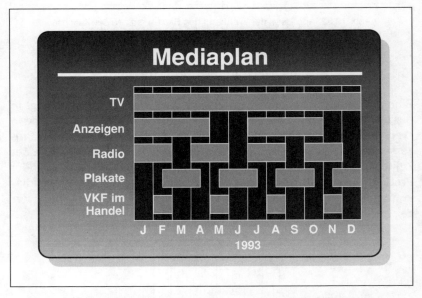

Abb. 10.33: Eine Zeitleiste, die die werblichen Maßnahmen darstellen soll

Die Zeitleiste in der Skala ist immer gleichmäßig aufgebaut. Die Zeichen der Skala sollten zwischen den Gitternetzlinien und nicht unter den Li-

nien plaziert werden. Dadurch wird der Bereich zwischen zwei Gitterlinien als Zeitbereich und nicht als bestimmter Zeitpunkt festgelegt.

Diese Art der Diagramme neigt zur Komplexität, so daß sie als Dia nur
schwer lesbar sind. Benutzen Sie diese Schaubilder nur vereinzelt und
bearbeiten Sie sie sehr genau, damit die darin enthaltenen Informationen klar, lesbar und informativ bleiben. Sie sollten nicht mehr als fünf
oder sechs Balken pro Dia einsetzen. Wenn Sie detailliertere Daten
weitergeben müssen, fügen Sie diese Informationen den Informationsunterlagen bei. Denken Sie auch über die Möglichkeit nach, ein sehr
umfangreiches Gantt-Diagramm in mehrere Abschnitte aufzuteilen (wie
eine aufbauende Serie von Diagrammen), damit der Redner auf die einzelnen Teilbereiche des Gesamtprozesses eingehen kann und dem Publikum zusätzlich die Möglichkeit gegeben wird, das gesamte Diagramm
in den Informationsunterlagen nachzuschlagen.

Tiefe in Balkendiagrammen

Die Hinweise, den Säulendiagrammen Tiefe zu verleihen, treffen auch
auf Balkendiagramme zu. Die Hauptüberlegung besteht darin, daß das
Diagramm den gleichen Genauigkeitsanspruch wiedergeben sollte, auf
den sich der Redner in seiner Rede bezieht. Die Pseudo-3D-Methode
ist die beste Möglichkeit, um in Balkendiagrammen eine gewisse Tiefe
zu zeigen.

Aufbauende Diagramme

Sie können die Lesbarkeit und Verständlichkeit von komplexen Zeit-
leisten-Diagrammen erheblich steigern, wenn Sie das Diagramm als aufbauende Serie von Diagrammen erstellen. Auch hier gelten die gleichen
Hinweise wie bei der Erstellung einer aufbauenden Serie von Säulendiagrammen.

Ein weiterer Weg, um mit komplexen Informationen in einem Gantt-
Diagramm umzugehen, besteht darin, die Informationen aufzuteilen
und dann nacheinander in den einzelnen Dias aufzudecken (so ähnlich
wie bei den aufdeckenden Dias bei Texten mit Unterpunkten). Im Beispiel der Abbildung 10.34 wird zu jedem hervorgehobenen Balken eine
Anmerkung hinzugefügt, die den Schritt näher erklärt. Sobald ein neuer Balken erscheint, tritt auch eine neue Anmerkung anstelle des vor-

herigen Textes auf. Außerdem wird immer nur der neu vorgestellte Balken mit einer optischen Markierung belegt.

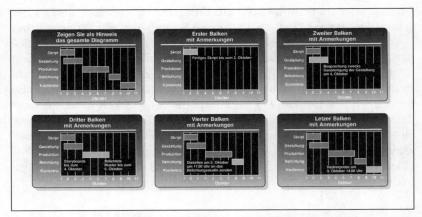

Abb. 10.34: Ein Zeitleisten-Diagramm als Serie aufbauender Diagramme

Liniendiagramme erstellen

Liniendiagramme können auch viele der Daten darstellen, die mittels Säulen- oder Balkendiagramme visualisiert werden. Jedoch sind Liniendiagramme besonders nützlich bei der Darstellung von Trends, bei denen man Zu- oder Abnahmen anzeigen muß. Ein Liniendiagramm hat zwei Werteskalen: die Y-Achse, die die Werte der Daten mißt, und die X-Achse, die die Zeit oder eine andere Variable mißt.

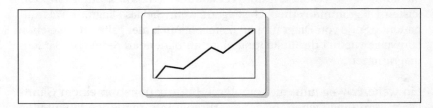

In einem Liniendiagramm erhält man einen überschaubaren und detaillierten Vergleich von zeitorientierten Daten. Mit einem Balkendiagramm ist der Vergleich nicht so gut möglich, da man durch die Breite der Balken beschränkt ist. Die Abbildung 10.35 zeigt ein Liniendiagramm

und ein Säulendiagramm, die beide die monatlichen Umsatzzahlen eines Außendienstmitarbeiters grafisch darstellen. Die Darstellung des Säulendiagrammes ist unruhig und ein wenig verwirrend, während das Liniendiagramm ein klares und verständliches Bild des Wachstums darstellt.

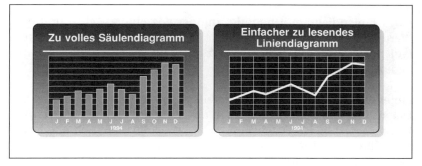

Abb. 10.35: Ein Liniendiagramm kann mehr Zeitabschnitte darstellen als ein Säulendiagramm

Layout von Liniendiagrammen

In einem Liniendiagramm ist für den grafisch dargestellten Bereich ein halber oder voller Rahmen (inklusive eines Gitternetzes, das als voller Rahmen dient) notwendig.

Die Linie, die die Daten darstellt, sollte auch auf dem Gitternetz leicht lesbar und deutlich dicker als die Gitternetzlinien sein. Wählen Sie die Stärke der Linien so aus, daß die Linie mindestens drei- bis viermal so dick wie die Gitternetzlinien ist.

Bei Diagrammen, in denen mehrere Linien dargestellt werden, sollten Sie leuchtende, kontrastreiche Farben auswählen. Auch die Beschriftungen der einzelnen Linien sollte in Zusammenhang mit den verwendeten Farben erfolgen. Vermeiden Sie es, mehr als vier Linien in einem Diagramm darzustellen. Jede weitere Linie stiftet nur Verwirrung, anstatt Informationen zu liefern. Dies gilt auch dann, wenn Sie eine aufbauende Serie von Liniendiagrammen erstellen möchten.

In Liniendiagrammen kann fast jede Art des Gitternetzes und der Achsenmarkierung eingesetzt werden. Wie bei allen anderen Diagrammen steht bei der Auswahl des Gitternetzes die klare Kommunikation im Vordergrund. Wenn Sie Datenwerte gesondert angeben oder keine große Genauigkeit bei der Darstellung der Daten erforderlich ist, reicht ein einfacher Rahmen mit Achsenmarkierungen vollkommen aus. Falls die Werte genau ablesbar sein sollen, setzen Sie ein komplettes Gitternetz ein.

Jedes Liniendiagramm benötigt mindestens eine X-Achse und eine Werteskala entlang der Y-Achse. Die Ziffern der Skala sollten in einem Liniendiagramm mit den Gitternetzlinien ausgerichtet sein (siehe Abbildung 10.36).

Liniendiagramme dienen, wie bereits schon erwähnt, am besten zur Darstellung von Trends, nicht aber, um numerische Daten anzuzeigen. Wenn es wichtig ist, Datenwerte zu zeigen, sollten Sie sich überlegen, eine Tabelle einzusetzen.

Variationen des Liniendiagrammes

Andere Varianten des Liniendiagrammes sind Stufendiagramme, Liniendiagramme mit ausgewiesenen Zwischenräumen und Standardabweichungs-Diagramme. Die verschiedenen Diagramme und deren Einsatzgebiete werden in den folgenden Abschnitten erläutert.

Stufendiagramme

Stufendiagramme stellen die Veränderung der Daten nicht graduell (als Linienverlauf), sondern abrupt (in Stufen) dar. Hier wird beabsichtigt, den Wert über einen bestimmten Zeitraum darzustellen. Solange der Wert konstant ist, wird er als horizontale Linie dargestellt. Bei jeder Veränderung zeigt eine vertikale Linie den Grad der Veränderung an. Durch den Wechsel von horizontalen und vertikalen Linien entsteht der Stufen-

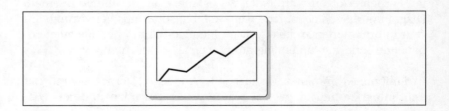

effekt. In der Abbildung 10.36 ist beispielsweise die Entwicklung der Fahrpreise für den öffentlichen Bustransport in Amerika dargestellt. Der Betrachtungszeitraum erstreckt sich über 35 Jahre.

Abb. 10.36: Ein Stufendiagramm

Liniendiagramm mit ausgewiesenen Zwischenräumen

Ein Liniendiagramm mit ausgewiesenen Zwischenräumen zeigt das Verhältnis und den Unterschied zwischen zwei Datenreihen an. Es werden zwei separate Linien erstellt, wobei die Flächen zwischen den Linien schattiert werden, um das besondere Verhältnis der Linien zueinander zu verdeutlichen. Im Liniendiagramm, das in der Abbildung 10.37 dargestellt wird, werden Umsatz und Kosten als Linien dargestellt, wobei die schattierten Flächen zwischen den Linien Gewinn oder Verlust widerspiegeln.

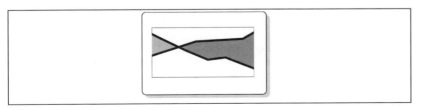

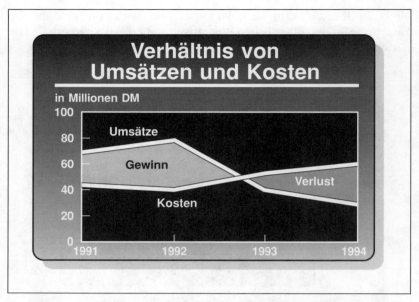

Abb. 10.37: Ein Liniendiagramm mit ausgewiesenen Zwischenräumen zeigt das
Verhältnis zwischen den Linien an

Standardabweichungs-Diagramme

Standardabweichungs-Diagramme werden zur statistischen Analyse
eingesetzt und sind häufig in wissenschaftlichen Präsentationen anzu-
treffen. Wie in der Abbildung 10.38 gezeigt wird, weist dieses Diagramm
auf die einbezogene Fehlerrate bei Berechnungen hin. Jeder Punkt auf
der Linie deutet einen Wert an. Die I-förmige Linie erstreckt sich senk-
recht oberhalb und unterhalb des Punktes, um die minimale und maximale Abweichung auf Grund einbezogener Fehlerquellen anzuzeigen.

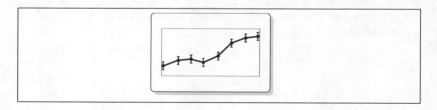

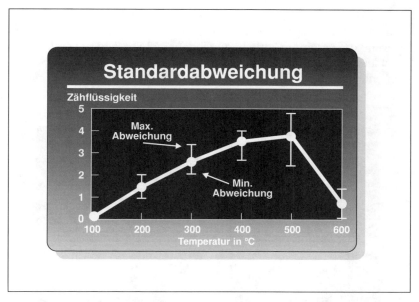

Abb. 10.38: Ein Standardabweichungs-Diagramm bezieht die Fehlerrate bei Berechnungen in die Darstellung ein

Tiefe in Liniendiagrammen

Es empfiehlt sich, bei Liniendiagrammen diesen Punkt nicht zu berücksichtigen. Auch wenn die restlichen Diagramme in Ihrer Präsentation einen Pseudo-3D-Effekt haben, sollten Sie die Liniendiagramme unverändert lassen.

Aufbauende Liniendiagramme

Eine aufbauende Diagramm-Serie ist bei Liniendiagrammen mit nur einer Linie ungewöhnlich. Es sei denn, daß es sich im Rahmen einer Screen-Show um eine Animation handelt. Da der Verlauf einer Linie normalerweise auch nur eine Aussage enthält, besteht keine Notwendigkeit, eine schrittweise Annäherung durchzuführen.

In Diagrammen, in denen mehrere Linien dargestellt sind, können durch eine aufbauende Serie die individuellen Aussagen kommuniziert und verglichen werden. In der Abbildung 10.39 wird eine aufbauende Serie von Liniendiagrammen gezeigt, wobei das Grundelement (Äpfel) während der gesamten Serie hervorgehoben bleibt. Die zu vergleichenden Elemente werden hintereinander, zum Vergleich mit dem Grundelement, aufgedeckt und anschließend wieder gedimmt.

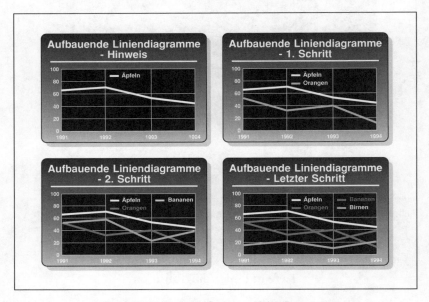

Abb. 10.39: Aufbauende Serie von Liniendiagrammen

Flächendiagramme erstellen

Ein Flächendiagramm wird durch eine Linie dargestellt, wobei der Bereich zwischen der Grundlinie und der dargestellten Linien mit Farbe oder Schatten ausgefüllt wird.

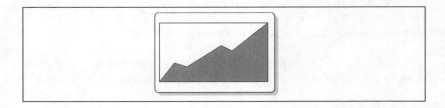

Ein Flächendiagramm, das eine einzige Datenreihe darstellt, ist dekorativer als das entsprechende Liniendiagramm, wobei der Informationsgehalt beider Diagramme gleich ist. Am häufigsten wird dieser Diagrammtyp als geschichtetes Flächendiagramm eingesetzt, in dem mehrere Datenreihen dargestellt werden.

Layout des Flächendiagrammes

Die grundlegenden Gestaltungsrichtlinien, die bei der Erstellung von Flächendiagrammen zu berücksichtigen sind, entsprechen denen, die bei Säulen- und Liniendiagrammen zu beachten sind. Dennoch sollten Sie das Gitternetz nicht über die grafisch dargestellte Fläche legen, da das Schaubild ansonsten wie ein Schachbrett aussehen würde. Benutzen Sie außenstehende Achsenmarkierungen entlang der X-Achse, da das Gitternetz durch die Grafik verdeckt wird.

Variationen des Flächendiagrammes

Die Varianten des Flächendiagrammes enthalten geschichtete Flächendiagramme und Diagramme mit Fotos. Sie können einem Flächendiagramm auch Tiefe verleihen, jedoch führt das bei der Messung der Daten zu den gleichen Problemen, wie sie bereits im Abschnitt über Säulendiagramme erläutert wurden.

Geschichtete Flächendiagramme

Wenn mehrere Datenreihen in einem Diagramm dargestellt werden sollen, kann ein geschichtetes Flächendiagramm den Vergleich der einzelnen Elemente zur Gesamtheit klar veranschaulichen. Die Abbildung 10.40 zeigt die Gesamtheit der Informationen, die in einem geschichteten Flächendiagramm übertragen werden können, im Vergleich zu einem einfachen Flächendigramm.

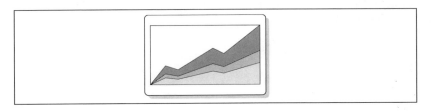

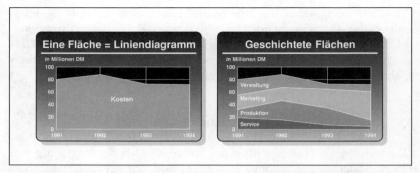

Abb. 10.40: Geschichtete Flächendiagramme vergleichen Teilbereiche der Gesamtheit

Vermeiden Sie, mehr als vier oder fünf Flächen pro Diagramm einzusetzen. Wenn Sie einige kleine Flächen darstellen müssen, kombinieren Sie sie zu einer Kategorie mit dem Namen "Sonstige" und stellen sie als eine Fläche dar.

Die größte oder wichtigste Fläche Ihres Diagrammes sollte auf der Grundlinie beginnen, damit das Publikum in der Lage ist, den Wert der wichtigsten Fläche richtig einzuordnen. Sobald eine Fläche über einer anderen Fläche dargestellt wird, wird es immer schwieriger, einen Wert abzuschätzen, da die Grundlinie als untere Bezugsgröße fehlt.

Plazieren Sie die Beschriftungen direkt in die entsprechenden Flächen. Falls die Flächen für den Text zu klein sein sollten, setzen Sie Erläuterungen ein, um die Flächen zu identifizieren.

Diagramme mit Fotos

Ein dramatischer Effekt kann dadurch erreicht werden, daß Sie ein Foto in die Fläche plazieren. Das Foto sollte in direkter Beziehung zu den dargestellten Daten stehen und nicht nur dekorativen Wert haben. Die Abbildung 10.41 zeigt ein Flächendiagramm, in dem die Umsätze mit Katzenfutter grafisch dargestellt werden und ein entsprechendes Foto integriert wird.

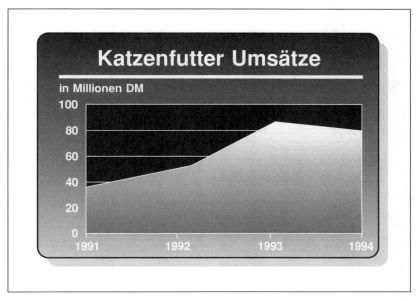

Abb. 10.41: Ein Flächendiagramm mit einem Foto

Aufbauende Flächendiagramme

Es gibt zwei Methoden, um mit Flächendiagrammen eine aufbauende Serie zu erstellen. Beide Methoden sind stark mit der Aussage verbunden. Ihre Auswahl hängt davon ab, auf welche Weise Sie Ihre Rede und Ihre Aussage strukturiert haben.

In der *hinzufügenden Methode* wird das größte Segment zuerst dargestellt und alle weiteren Elemente werden auf dessen oberen Rand aufgebaut. Die Abbildung 10.42 zeigt einen Aufbau nach der hinzufügenden Methode. Dies ist der Typ des geschichteten Flächendiagrammes, der in den meisten Präsentationen sowie in den meisten Präsentations-Programmen erzeugt wird. Außerdem ist dieser Diagrammtyp auch der einfachste. Bei diesem Aufbau muß der Redner zuerst das Segment auf der Grundlinie besprechen. Der Nachteil dieses Diagrammtypen liegt darin, daß nur beim ersten Segment ein echter Eindruck der Größe vermittelt werden kann, da bei den anderen Segmenten die Grundlinie zur Orientierung fehlt. Somit wird es für den Betrachter schwierig, die neuen Datenwerte festzulegen.

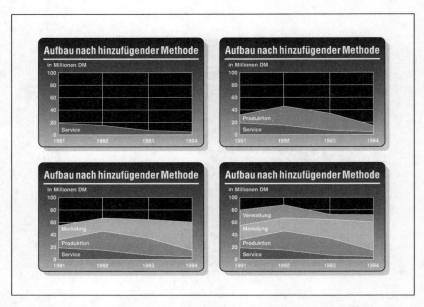

Abb. 10.42: Aufbauende Serie von Flächendiagrammen, die nach der hinzufügenden
Methode aufgebaut sind

Wenn es in den Inhalt Ihrer Rede paßt und Sie über genügend Zeit verfügen, ist die *hinaufschiebende Methode* ein interessanter Weg, um eine
aufbauende Serie von Flächendiagrammen zu erzeugen. Bei dieser Methode wird jedes neue Segment *unter* den bereits dargestellten Segmenten aufgebaut. Die Abbildung 10.43 stellt einen Aufbau nach der
hinaufschiebenden Methode dar. Auf diese Weise kann jedes Segment
auf der Grundlinie dargestellt werden, wodurch ein besseres Bild der tatsächlichen Werte entsteht. Die vorangegangenen Segmente werden hin-
aufgeschoben und durch das nachfolgende Segment verzerrt. Bei diesem
Aufbau erscheint das wichtigste Segment zuletzt. Sie können Ihre Rede
auch dementsprechend aufbauen, um eine gewisse Spannung zu erzeugen.

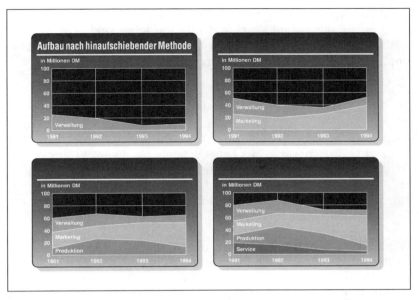

Abb. 10.43: Aufbauende Serie von Flächendiagrammen, die nach der hinaufschiebenden Methode aufgebaut sind

Bei beiden Methoden können Sie die bereits dargestellten Segmente
dimmen, sobald ein neues Segment vorgestellt wird.

Punktdiagramme erstellen

Das Punktdiagramm ist ein Werkzeug, um bestimmte Punkte innerhalb
eines Koordinatensystemes darzustellen, ohne daß ein Trend oder eine
Beziehung zwischen den einzelnen Daten besteht.

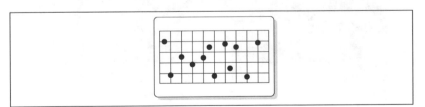

Auf dem Diagramm stellt jeder Punkt oder jede Markierung zwei Werte bezogen auf die X- und Y-Achse dar. In der Regel sind beide Achsen fortlaufende Werteskalen. Häufig werden Punktdiagramme eingesetzt, um Preis-Leistungs-Verhältnisse darzustellen.

Layout von Punktdiagrammen

Die Hinweise, die man beim Layout von Punktdiagrammen beachten sollte, sind ähnlich wie die der Liniendiagramme. Benutzen Sie ein vollständiges Gitternetz (horizontale und vertikale Gitternetzlinien), wobei Sie aber darauf achten sollten, daß die Gitternetzlinien nicht zu eng aneinander stehen, da Sie ansonsten Schwierigkeiten mit der Beschriftung der dargestellten Datenpunkte bekommen.

Wenn für verschiedene Kategorien die Werte grafisch als Punkt dargestellt werden, müssen auch Beschriftungen in das Diagramm einbezogen werden, die die Punkte identifizieren. Versuchen Sie die Anzahl der Punkte in einem Punktdiagramm auf maximal neun zu beschränken, da ansonsten das Diagramm zu verwirrend ist.

Arbeiten Sie mit einer Legende, wenn Sie mehrere Punkte für eine oder mehrere Kategorien darstellen. Auf diese Weise können Sie noch mehr Datenpunkte darstellen, da dann der einzelne Punkt keine individuelle Beschriftung benötigt. Mit vielen Programmen können Sie für die dargestellten Punkte auch verschiedene Formen einsetzen. Jedoch sind die verschiedenen Formen aus der Entfernung schwer auseinanderzuhal-

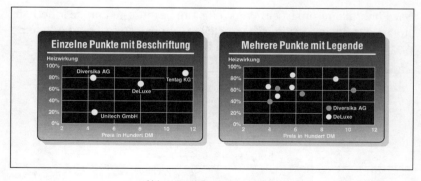

Abb. 10.44: Punktdiagramme

ten. Die Lesbarkeit des Schaubildes steigt, wenn Sie zur Unterscheidung der Kategorien Farbe einsetzen. Wählen Sie Farben aus, die einen starken Kontrast bilden, wie beispielsweise Gelb, Grün und Hellblau. Somit können auch eng nebeneinander stehende Punkte nicht mißverstanden werden.

Die Abbildung 10.44 stellt zwei Punktdiagramme dar. Im linken Schaubild wird nur eine Punktart grafisch dargestellt, wobei alle Datenpunkte beschriftet sind. Das rechte Schaubild enthält mehrere Punktarten, die durch eine Legende identifiziert werden.

Variationen des Punktdiagrammes

Ein Blasendiagramm ist eine Variante des Punktdiagrammes, die dem Diagramm eine dritte Dimension hinzufügt, wie in der Abbildung 10.45 zu sehen ist. Neben der Position des Punktes spielt bei dieser Diagrammart auch die Größe des Punktes eine Rolle. Ein wichtiger Aspekt bei der Erstellung von Blasendiagrammen besteht darin, daß die Daten durch die Fläche der verschiedenen Kreise repräsentiert werden, nicht aber durch den Radius oder den Durchmesser der Kreise.

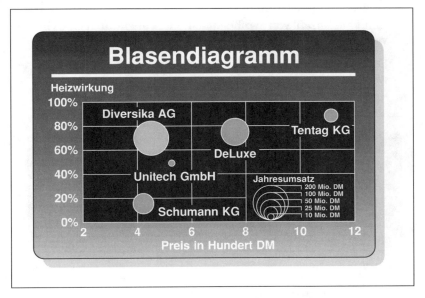

Abb. 10.45: Ein Blasendiagramm

Piktogramme erstellen

Ein Piktogramm ist ein Schaubild, in dem grafische Symbole, die zum entsprechenden Thema passen, die traditionelle Säule oder Balken ersetzen. Alle Layout-Richtlinien, die bei Säulen- und Balkendiagrammen zu beachten sind, finden auch bei Piktogrammen Anwendung.

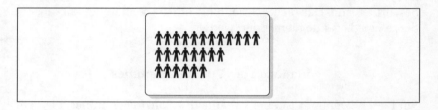

Die folgenden Hinweise beziehen sich speziell auf die Erstellung von Piktogrammen:

–   Verwenden Sie einfache grafische Symbole.

–   Wählen Sie Symbole aus, die zum Thema des Schaubildes passen.

–   Stellen Sie die Veränderung der Werte durch vermehrte oder verminderte Anzahl von Symbolen dar, nicht aber durch eine Größenveränderung der Symbole.

–   Da Piktogramme visuell häufig unpräzise sind, sollten Sie Datenwerte abgeben.

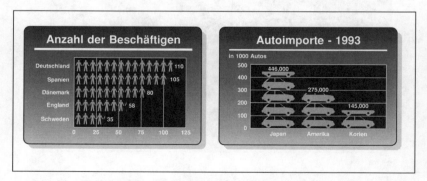

Abb. 10.46: Piktogramme benutzen passende Symbole

In der Abbildung 10.46 werden zwei Beispiel-Piktogramme dargestellt. Im linken Schaubild werden Menschensymbole benutzt, um die Anzahl der Beschäftigten darzustellen. Das rechte Schaubild bedient sich eines Autosymboles, um die Daten der importierten Automobile zu visualisieren.

Kreisdiagramme erstellen

Die Hauptfunktion des Kreisdiagrammes (oder auch Tortendiagramm genannt) besteht in der Darstellung des Verhältnisses zwischen der Gesamtheit und deren Teilbereichen. In Business-Präsentationen wird das Kreisdiagramm häufig eingesetzt, um die Marktanteile eines Gesamtmarktes darzustellen oder die Verteilung des Etats zu visualisieren.

Layout von Kreisdiagrammen

Von allen Diagrammtypen sind Kreisdiagramme am einfachsten zu gestalten. Die Werteskala eines Kreisdiagrammes reicht immer von 0 bis 100 Prozent, wobei die Summe der Daten auch immer 100 Prozent ergeben muß. Alle Daten müssen, unabhängig von deren Originalform, zunächst in Prozent der Gesamtheit umgerechnet werden. Viele Programme, mit denen Sie Diagramme erstellen können, lassen eine beliebige Eingabe der Werte zu und berechnen dann automatisch den entsprechenden Prozentwert. Um die Klarheit des Diagrammes zu erhalten, sollten Sie nicht mehr als sechs Kreissegmente (Tortenstücke) einsetzen.

Vermeiden Sie Legenden in Kreisdiagrammen, da es schwierig ist, die optische Beziehung zwischen den Farben der Legende und den Farben der entsprechenden Kreissegmente herzustellen. Benutzen Sie stattdessen Beschriftungen, die in oder direkt neben die Kreissegmente plaziert werden.

Da die Betrachter im Uhrzeigersinn lesen, muß in einem zweidimensionalen Kreisdiagramm das wichtigste Segment an der 12:00-Uhr-Position stehen. (In einem dreidimensionalen Kreisdiagramm muß das unterste Segment betont werden.)

Sie können ein Segment hervorheben, indem Sie es aus dem gesamten Kreis herausziehen, wie in der Abbildung 10.47 dargestellt wird. Durch eine leuchtende Farbe kann das herausgezogene Kreissegment noch zusätzlich betont werden.

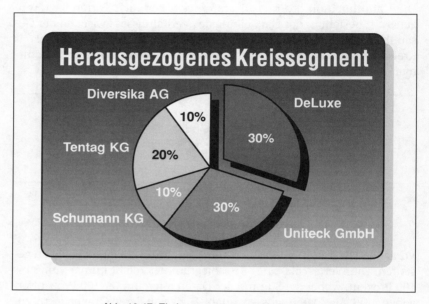

Abb. 10.47: Ein herausgezogenes Kreissegment

Variationen des Kreisdiagrammes

Es gibt einige interessante Varianten des Kreisdiagrammes, inklusive einer Diagrammart, die gar kein Kreisdiagramm ist.

Zu 100 Prozent geschichtete Säulendiagramme

Bei einigen Daten entsteht die Versuchung, mehrere Kreisdiagramme auf einem Dia einzusetzen. Jedoch sind mehrere Kreisdiagramme nebeneinander häufig schwer zu lesen und können auch Verwirrung stiften. Die beste Alternative dazu sind zu 100 Prozent geschichtete Säulendiagramme.

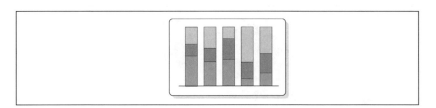

In einem zu 100 Prozent geschichteten Säulendiagramm haben alle Säulen die gleiche Länge, die den Wert von 100 Prozent darstellt (siehe Abbildung 10.48). Die einzelnen Segmente jeder Säule repräsentieren Anteile von 100 Prozent. Die Layout- und Gestaltungsrichtlinien sollten mit den anderen Säulendiagrammen übereinstimmen.

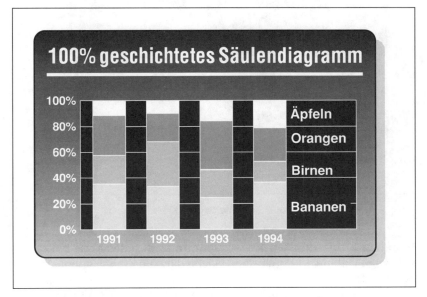

Abb. 10.48: Ein zu 100 Prozent geschichtetes Säulendiagramm

Proportionale Kreisdiagramme

Benutzen Sie proportionale Kreisdiagramme, wenn Sie die relative Größe zweier (niemals mehr als zwei!) Kreisdiagramme miteinander vergleichen müssen, um wichtige Informationen zu vermitteln. Proportionale Kreisdiagramme können neben Größe und Volumen auch Anteile miteinander vergleichen.

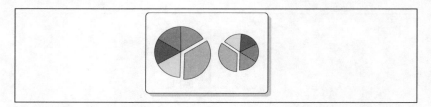

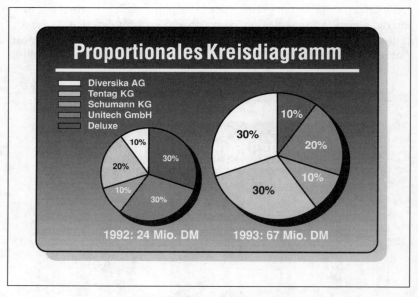

Abb. 10.49: Ein proportionales Kreisdiagramm

In einem proportionalen Kreisdiagramm stellt jeder Kreis einen bestimmten Datenwert durch seine Fläche dar. Die Kreissegmente stellen bestimmte Prozentwerte des angegebenen Gesamtdatenwertes dar, wie auch in der Abbildung 10.49 zu erkennen ist. Wie bereits erwähnt, sollten Sie die Fläche des Kreises benutzen, um die Proportionen der Kreise zu bestimmen, da bei der Berechnung mittels Radius oder Durchmesser die Größenunterschiede stark übertrieben dargestellt werden.

In der Abbildung 10.49 ist eine Legende benutzt worden, um die Segmente zu identifizieren. Da der zur Verfügung stehende Platz in den Segmenten eines proportionalen Kreisdiagrammes sehr klein sein kann, ist es nicht möglich, die Segmente ordentlich zu beschriften. In diesen Fällen ist eine Legende die beste Lösung.

Tiefe in Kreisdiagrammen

Die verbreitetste Form eines dreidimensionalen Kreisdiagrammes ist eine nach hinten geneigte dicke Scheibe, wovon der vordere Teil dargestellt wird.

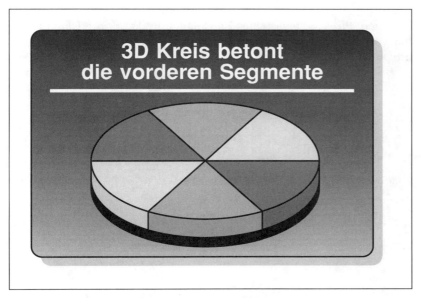

Abb. 10.50: Ein dreidimensionales Kreisdiagramm

Der Hauptnachteil der dreidimensionalen Kreisdiagramme besteht darin, daß sie zur Verzerrung der Daten neigen. Die Kreissegmente, die am oberen Rand des Schaubildes stehen, werden abgeschwächt, da sie für den Betrachter weiter entfernt erscheinen. Die Kreissegmente, die im unteren Bereich des Schaubildes stehen, werden zu stark betont, da sie dem Betrachter sehr nah erscheinen. Die unteren Kreissegmente scheinen auch größer zu sein, da die seitliche Fläche der Scheibe dem eigentlichen Kreissegment noch hinzugefügt wird. Diesen Effekt können Sie aber auch zu Ihrem Vorteil nutzen, indem Sie das Kreissegment, das am stärksten betont werden soll, nach unten setzen. Selbst wenn dieses Kreissegment kleiner als andere sein sollte, wird es an dieser Position die nötige Gewichtung erhalten. In der Abbildung 10.50 ist ein dreidimensionales Kreisdiagramm dargestellt.

Schräg gestellte Kreisdiagramme

Sie können Ihre Präsentation optisch auflockern und ihr eine gewisse Vielfalt verleihen, wenn Sie ein dreidimensionales Kreisdiagramm rotieren lassen, bzw. es schräg stellen. Wenn Ihre Software diesen Diagrammtypen unterstützt, müßte das Ergebnis der Abbildung 10.51 nahe kommen. Ein schräg gestelltes Kreisdiagramm kann Ihre Daten ernsthaft verzerren. Aus diesem Grund sollten Sie unbedingt mit Datenwerten arbeiten, damit die Betrachter das Schaubild nicht mißverstehen.

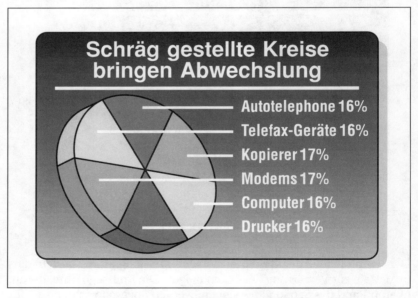

Abb. 10.51: Ein schräg gestelltes Kreisdiagramm

Aufbauende Kreisdiagramme

Es gibt verschiedene Möglichkeiten, um mit Kreisdiagrammen eine aufbauende Serie zu erstellen. Der simpelste Weg besteht darin, die einzelnen Kreissegmente der Reihe nach aufzubauen, bis der Kreis vollständig ist. Einen attraktiveren Effekt erzielen Sie jedoch dadurch, daß Sie herausgezogene Segmente, gedimmte Segmente und die aufbauende Serie miteinander kombinieren, wie es in der Abbildung 10.52 dargestellt ist.

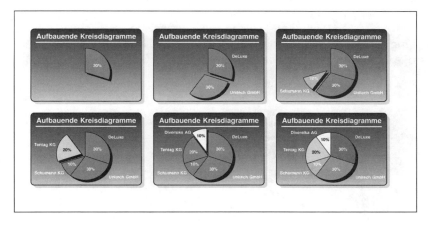

Abb. 10.52: Eine aufbauende Serie mit Kreisdiagrammen

Diagrammkombinationen erstellen

Es gibt Situationen, in denen ein Diagrammtyp die benötigte Aussage nicht übermitteln kann. Eine Diagrammkombination mischt zwei unterschiedliche Diagramme zu einer zusammenhängenden und verständlichen Aussage.

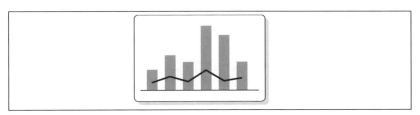

Da die Kombinationsmöglichkeiten aus Säulen-, Balken-, Linien-, Flächen- und Kreisdiagrammen endlos sind, müssen Sie zuerst entscheiden, welche Kombination für Ihre Informationen die beste ist. Das Schaubild sollte ein Vergleich zwischen zwei separaten Aussagen sein, die sich entweder widersprechen oder sich gegenseitig bekräftigen. In der Abbildung 10.53 sind zwei wirkungsvolle Diagrammkombinationen dargestellt.

Ihre Informationen sollten auf zwei unterschiedlichen Maßeinheiten basieren, wie beispielsweise *Prozent* und *Menge in Tonnen* oder *DM* und *Anzahl in Tausend*. Achten Sie beim Einsatz von zwei Werteskalen darauf, daß es deutlich wird, welche Skala zu welcher grafischen Darstellung gehört. Sie können beispielsweise für die Skala und die dazugehörige Grafik die gleichen Farben verwenden.

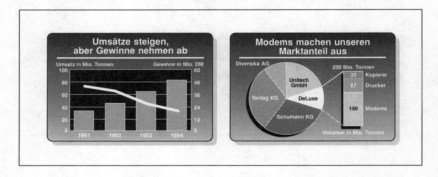

Abb. 10.53: Diagrammkombinationen, die Aussagen vergleichen

Grundsätzlich gilt aber auch hier: Halten Sie das Diagramm so einfach wie möglich. Immer dann, wenn Sie zwei Diagrammtypen miteinander kombinieren, verdoppeln Sie auch die Notwendigkeit, unwesentliche Informationen und verwirrende Grafiken zu eliminieren. Eine Diagrammkombination sollte genau so einfach zu verstehen sein wie jede andere Diagrammart.

Flußdiagramme erstellen

Flußdiagramme stellen das Verhältnis zwischen Personen und Abläufen dar. Die in Präsentationen am häufigsten eingesetzten Flußdiagramme sind das Organigramm, der Entscheidungsbaum, und das Prozeßablaufdiagramm.

Unabhängig davon, welche der genannten Diagrammarten Sie einsetzen wollen, ist es wichtig, daß Sie Ihr Diagramm organisieren, damit es in den Platz hineinpaßt, der bei einem Dia zur Verfügung steht.

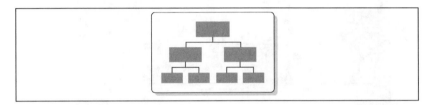

Es folgen nun einige Hinweise, zur Erstellung von Flußdiagrammen:

– Die Schrift sollte so groß wie möglich sein, wobei jedoch die Ecken der Kästen nicht berührt werden sollten.

– Kürzen Sie ab, wenn die Möglichkeit dazu besteht. Benutzen Sie in Organigrammen nur die Initiale für den Vornamen.

– Die Verbindungslinien zwischen den Kästen müssen kurz sein, damit Sie den Platz für die Kästen und den Text zur Verfügung haben.

– Versorgen Sie das Publikum immer mit Informationsmaterial, wenn Sie sehr komplexe Diagramme präsentieren.

Organigramme

Organigramme stellen das Verhältnis zwischen Personen oder Abteilungen in einem Unternehmen oder einer anderen Organisationsform dar. Bei einem normalen Aufbau eines Organigrammes steht die ranghöchste Person an der obersten Stelle. Darunter folgen die Personen oder Abteilungen der nächsten Stufe, wie auch in der Abbildung 10.54 zu sehen ist. Die Personennamen, die manchmal mit einem Titel oder einer Tätigkeitsbeschreibung versehen sind, werden in einem Kasten unterge-

bracht. Die Verbindungslinien zwischen den Kästen stellen die Berichts-
und Hierarchieverhältnisse dar. Die Stufe, auf der sich eine Person befindet, gibt gleichzeitig über deren Rang und deren Befugnisse Auskunft.

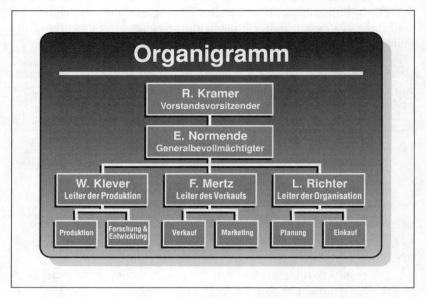

Abb. 10.54: Ein Organigramm

Achten Sie bei der Erstellung eines Organigrammes darauf, daß die Kästen die gleiche Größe besitzen (insbesondere, wenn sich die Kästen auf
einer Ebene befinden) und den gleichen Abstand zueinander haben. Damit der Text lesbar bleibt, sollten Sie die Anzahl der Ebenen auf vier beschränken, wobei pro Ebene nicht mehr als sechs Kästen eingesetzt
werden sollten. Wenn Sie einen detaillierteren Aufbau benötigen, müssen Sie das Organigramm auf mehrere Dias aufteilen. Benutzen Sie keine diagonalen Linien als Verbindungslinien zwischen den Kästen.

Prozeßablaufdiagramme

Ein Prozeßablaufdiagramm faßt einen Produktionsprozeß oder die
Durchführung einer komplexen Aufgabe in Diagrammform zusammen.
Wie in der Abbildung 10.55 zu erkennen ist, wird jeder Schritt innerhalb

des Prozesses durch einen Kasten dargestellt. Die Verbindungspfeile stellen den Ablauf dar.

Sie können Platz sparen, wenn Sie die Richtung der Schritte verändern. In der Abbildung 10.55 sind die geraden Linien des Flußdiagrammes modifiziert worden (Pfeile, die nach links und rechts gehen, wenn Sie eigentlich nach oben oder unten gehen sollten), damit das Diagramm den horizontalen Raum besser ausnutzt.

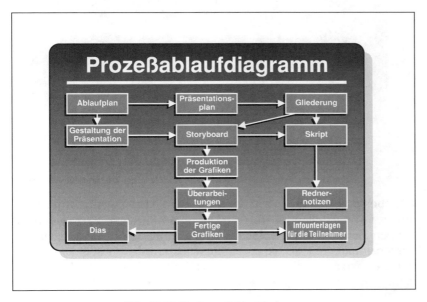

Abb. 10.55: Ein Prozeßablaufdiagramm

Entscheidungsbäume

Ein Entscheidungsbaum, wie er in der Abbildung 10.56 dargestellt ist, ist ein optisches Hilfsmittel, um die Auswahl zwischen mehreren Optionen zu treffen. Es werden Fragen aufgestellt, deren Antworten die Richtung festlegen, in der dem Diagramm gefolgt werden soll.

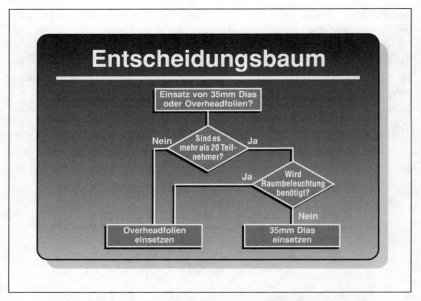

Abb. 10.56: Ein Entscheidungsbaum

Entscheidungsbäume sind in der Regel nicht einfach genug, um Sie auf einem Dia darstellen zu können. Die rautenförmigen Verzweigungen können nicht viel Text beinhalten. Deshalb müssen Sie Ihre Fragen sehr kurz formulieren. Falls Sie einen Entscheidungsbaum in einer Präsentation einsetzen, sollten Sie dieses Schaubild auch als Nachschlagemöglichkeit in das Informationsmaterial integrieren.

Farbeinsatz in Diagrammen und Grafiken

Farben sind ein wichtiger Aspekt um Diagramme und Grafiken zu kommunizieren. Umfassende Daten werden durch den gezielten Einsatz von Farbe leichter verständlich.

Die grundlegenden Richtlinien, die in Kapitel 7 zum Einsatz von Farben beschrieben worden sind, finden auch in Diagrammen und Grafiken Anwendung. Es folgen nun einige zusätzliche Hinweise zum Gebrauch von Farbe in Diagrammen:

- Benutzen Sie warme, kalte und neutrale Farben, um die Reaktionen der Betrachter zu leiten. Setzen Sie warme, leuchtende Farben ein, um bestimmte Elemente zu akzentuieren. Kalte und neutrale Farben schwächen Elemente ab.

- Arbeiten Sie mit gängigen Farbassoziationen, um Ihre Aussage zu verstärken (wie beispielsweise Grün, um Gewinne darzustellen oder Rot, um Verluste anzuzeigen).

- Der Farbkontrast ist bei der Vermittlung der grafisch dargestellten Daten besonders wichtig. Wählen Sie solche Farben aus, die zwischen dem Hintergrund und den einzelnen Elementen einen größtmöglichen Kontrast schaffen.

- Benutzen Sie bewegende Markierungen, um sehr komplizierte Diagramme zu verdeutlichen und um die Aufmerksamkeit des Publikums zu steuern.

- Verbinden Sie Elemente, die zueinander in Beziehung stehen, durch eine Erkennungsfarbe. Dieser Aspekt wird im folgenden Abschnitt näher beschrieben.

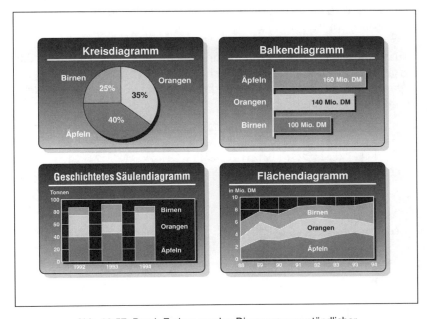

Abb. 10.57: Durch Farben werden Diagramme verständlicher

Erkennungsfarben in Diagrammen

Während einer Präsentation kann es durchaus vorkommen, daß Sie sich mit den selben Kategorien (Äpfel, Birnen und Orangen) oder Themenbereichen in mehreren Diagrammen befassen müssen. Sie sollten dann jeder wiederkehrenden Kategorie eine Erkennungsfarbe zuweisen, die Sie während der gesamten Präsentation für diese bestimmte Kategorie einsetzen. Dadurch geben Sie dem Publikum eine weitere Hilfe zur Hand, die es ihm erleichtert, die Diagramme zu verstehen. In der Abbildung 10.57 sind drei verschiedene Kategorien in vier unterschiedlichen Diagrammen repräsentiert, wobei für jede Kategorie jeweils die gleiche Farbe eingesetzt wurde.

Der Praxisfall

Lügen, verdammte Lügen, und Statistiken

Mittwoch, den 10. Oktober, 11:00 Uhr: Tim Gonzales sucht nochmals die Kollegen auf, zu deren Dias es noch einige Unklarheiten gibt. Er beginnt seine Runde im Büro von Verena.

"Guten Morgen, Verena. Ich habe noch einige Fragen zu dem Dia, das Du gestern Abend noch hinzugefügt hast. Ich denke, daß wir daran noch etwas arbeiten müssen." Tim legt dann die Skizze aus Verenas Storyboard auf den Schreibtisch.

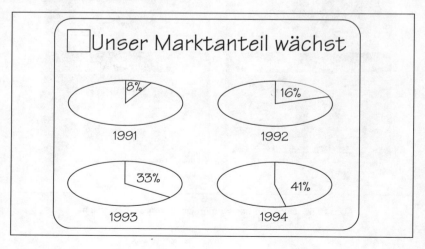

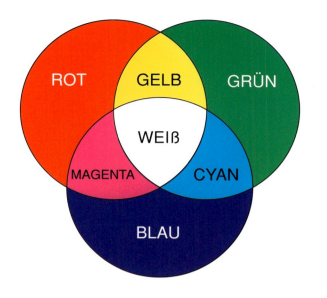

Farbmodelle
RGB-Farbmodell

(Additives Farbsystem):
Durch die Mischung von
rotem, grünem und blauen
Licht (die drei Primärfarben
des RGB-Modells) entsteht
ein weißes Licht.
Dort wo sich die Primär-
farben überschneiden ent-
stehen die sogenannten
Sekundärfarben (Cyan,
Magenta und Gelb).

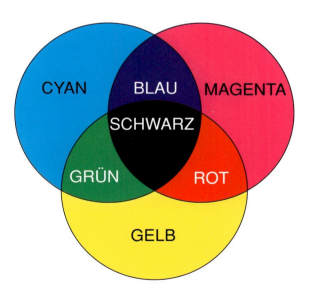

CMY-Farbmodell

(Subtraktives Farbsystem):
Das CMY-Modell basiert auf
der Mischung von Pigmen-
ten, die unter weißem Licht
betrachtet werden, wobei
einige RGB- Farben absor-
biert werden und die restlichen Farben als Reflektion
wahrgenommen werden.
Durch die Mischung von
zwei CMY-Farben entsteht
eine Primärfarbe des RGB-
Modells.

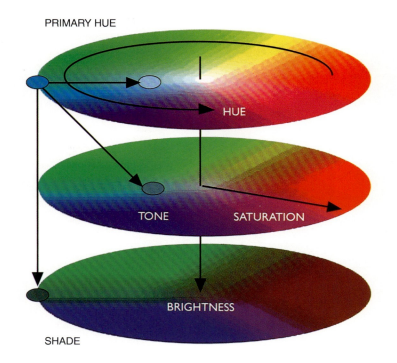

PRIMARY HUE

HUE

TONE   SATURATION

BRIGHTNESS

SHADE

HSB-Farbmodell

Hue, Saturation, Brightness: Dieses Modell basiert auf einem Spektrum mit einer bestimmten Anzahl von Farben, die Farbton genannt werden. Die Farbtöne (Hues) werden durch die Einstellung der Sättigung (Saturation) und der Helligkeit (Brightness) modifiziert.

Farbkontrast

Die Kontrastart erkennen:

Ausgehend vom roten Drei- äeck in der Mitte wird der Kontrast mit Grün (Farb- ton), Pink (Sättigung) und Ziegelsteinrot (Helligkeit) dargestellt.

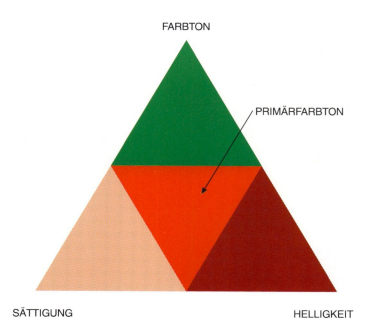

FARBTON

PRIMÄRFARBTON

SÄTTIGUNG

HELLIGKEIT

Den Kontrast vergrößern:

Der gelbe Buchstabe ist besser zu lesen, da der Kontrast zum Hintergrund sowohl in der Helligkeit als auch im Farbton gegeben ist.
Der hellblaue Buchstabe besitzt zum Hintergrund nur einen Kontrast in der Helligkeit, während der rote Buchstabe nur einen Kontrast im Farbton aufweisen kann.

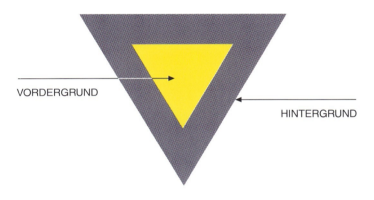

VORDERGRUND

HINTERGRUND

Vordergrund und Hintergrund:

Das gelbe Dreieck ist die Vordergrundfarbe auf einem blauen Hintergrund.
Das blaue Dreieck und die Erläuterungen sind gegenüber dem weißen Hintergrund dieser Seite auch Vordergrundfarben.

WARM   KALT

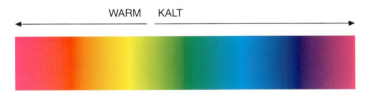

Farbkategorien:

Warm und kalt:

Das Spektrum basiert auf den emotionalen Wirkungen der Farben.

NEUTRALES GRAU

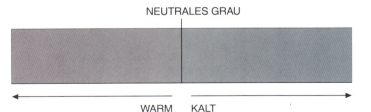

WARM   KALT

Neutral:

Neutrales Grau ist der Ausgangspunkt für die Bandbreite der warmen und kalten neutralen Farben.

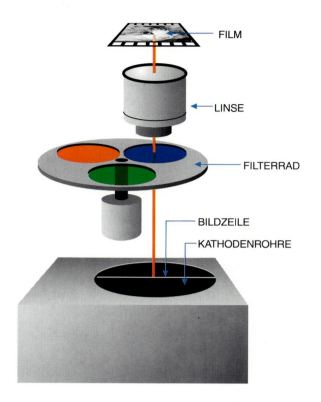

FILM

LINSE

FILTERRAD

BILDZEILE

KATHODENROHRE

Farben und Filmrekorder:

Filmrekorder:

Ein Filmrekorder konvertiert
die Daten des Computers auf
grau skalierte Zeilen, die durch
einen roten, grünen und blauen
Filter fotografiert werden.
Bei der Belichtung des Filmes
werden eine Farbe und eine Zeile
gleichzeitig aufgebaut, wobei
eine Zeile bis zu 8000 Pixeln
enthalten kann. In Kapitel 12
erhalten Sie ausführlichere
Informationen über Filmrekorder.

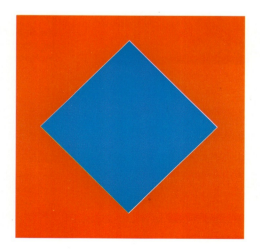

Blitzer:

So nennt man eine dünne weiße
Linie, die dort erscheinen kann,
wo Komplementärfarben (wie
zum Beispiel Rot und Cyan)
aneinandergrenzen.
Durch Veränderung der Farben
oder Hinzufügung eines dünnen
schwarzen Rahmens kann dieser
Effekt verringert werden.

Warmer Hintergrund 1:

Eine traditionelle Gestaltung, in der der oben links positionierte Titel durch das unten rechts dargestellte Logo ausbalanciert wird.
Der dunkelrote Verlauf liefert eine dramatische Umgebung für die hellen Formatlinien und den weißen Text.

Warmer Hintergrund 2:

Der orange-rostfarbene Hintergrund wird durch dunkle Linien aufgebrochen, wodurch dem Formatbeispiel eine Struktur verliehen wird. Der lebhafte Hintergrund benötigt weißen und gelben Text. In einem hellen Orange wird gedimmter Text dargestellt. Die Hervorhebungen sind in den Grundfarben.

Warmer Hintergrund 3:

Der Einsatz dieses dramatischen Verlaufs wird durch die rosenrote Farbe gedämpft, welche warm ist, ohne erdrückend zu wirken. Die rosenrote Farbe unterstützt kalte Farben für die Hervorhebungen besser als die meisten anderen warmen Farben.

Kalter Hintergrund 1:

Eine klassische Kombination eines blau verlaufenden Hintergrundes mit warmen (gelb-orangen) Linien. Die Farben der Hervorhebungen sind quer durch die Farbpalette gut verteilt. Da kalte Hintergründe passiver wirken, wird bei den Hervorhebungen ein breiteres Farbspektrum eingesetzt.

Kalter Hintergrund 2:

Reine grüne Hintergründe neigen dazu, zu lebhaft zu wirken und können die Zuhörerschaft verwirren. Ein Grünton mit einer blauen Note ist akzeptabler. Dunkle Linien würden dem Hintergrund eine Struktur verleihen.

Kalter Hintergrund 3:

Die Kombination aus Dunkelblau, Purpur und Rosenrot verleiht dem Formatbeispiel ein elegantes Aussehen. Setzen Sie Primärfarben bei den Hervorhebungen ein, damit sich Ihre grafischen Elemente abheben.

Neutraler Hintergrund 1:

Durch den neutralen, grauen Hintergrund bekommt dieses Design einen chamälion-artigen Charakter. Die roten Linien fügen Wärme hinzu, wobei der kalte, cyanfarbene Untertitel noch gut zu lesen ist. Eine Farbveränderung der Linien oder des Textes wird sich auf die Gesamt-erscheinung des Formatbei-spieles auswirken.

Neutraler Hintergrund 2:

Durch den leichten Anflug von Magenta auf dem grauen Hintergrund wirkt dieses Beispiel wärmer. Der rosenrote Titelkasten er-gänzt den Hintergrund. Der hellblaue Untertitel fügt dem Formatbeispiel eine gewisse Vielfalt hinzu. Die gelben Schmuckpunkte dienen zur Erzeugung von Aufmerksamkeit.

Neutraler Hintergrund 3:

Ein schieferblauer Hinter-grund erzeugt auf diesem Formatbeispiel einen kalten, neutralen Effekt. Goldene Hervorhebungen erzeugen Wärme. Die quadratischen Schmuckpunkte spiegeln die Grafik in der linken oberen Ecke wieder.

Format-Beispiele

Behandlung von Text und Farbe

- Dies ist die erste Textzeile
- Dies ist die zweite Textzeile
- Dies ist die dritte Textzeile
  — Dies ist ein Unterpunkt
- Dies ist die vierte Textzeile
- Die Farbe für gedimmten Text

LOGO

Aufsicht-Hintergrund 1:

Setzen Sie bei Aufsichtsvorlagen besser keine Verläufe ein. Titel und Untertitel fügen dem Beispielformat dekorative Farben bei. Der Fließtext ist zur besseren Lesbarkeit schwarz gehalten.

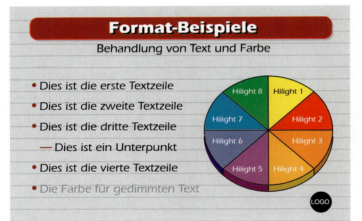

Aufsicht-Hintergrund 2:

Eine Variante des Struktur-Themas, mit den gleichen Elementen aufgebaut wie in der Dia-Version. Die horizontalen Linien sind ein wenig dunkler als der Hintergrund. Die grafischen Elemente fügen die Farbe hinzu. Der Text des Titels ist weiß, wenn er sich auf einem dunklen Hintergrund befindet.

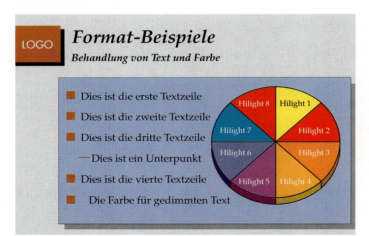

Aufsicht-Hintergrund 3:

Große Farbflächen können sehr wirkungsvoll sein (erstellen Sie jedoch Beispiele, um die Ausgabe zu prüfen). Die Farbe des Schattens ist etwas dunkler als der Hintergrund. Die Farbe des gedimmten Textes ist auch dunkler als die Farbe des Kastens, jedoch heller als der normale schwarze Text.

"Vier Kreisdiagramme sind für ein Dia zu viel. Warum machen wir daraus kein zu 100 Prozent geschichtetes Säulendiagramm?" fragt Tim.

"Hast Du ein Beispiel?"

"Hier, schau dir das mal an", sagt Tim und gibt ihr eine Skizze.

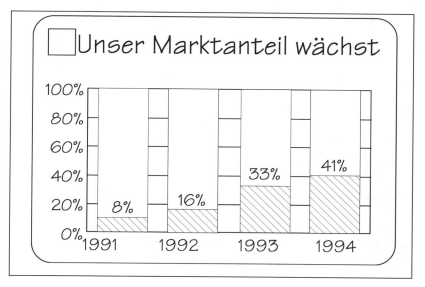

"Hm, ich weiß nicht, Tim. Irgendwie sieht es nicht so eindrucksvoll aus wie die vier Kreisdiagramme."

"Stimmt, aber es wird viel leichter zu lesen sein."

Verena schaut sich die Skizze nochmal an und fügt dann hinzu: "Das größte Problem, das ich mit dieser Darstellung habe, liegt ganz einfach darin, daß unsere Anteile in der Spaltenform recht bescheiden und klein aussehen."

"Wir könnten natürlich die Skala auf 50 Prozent reduzieren. Dadurch würde unser Marktanteil dann doppelt so groß dargestellt werden als bisher. Jedoch ist das nicht ganz korrekt, da wir nicht den Gesamtmarkt als Ausgangsgröße zeigen."

"Was meinst du damit?" will Verena wissen. Tim zieht nochmal seinen Block aus der Tasche und skizziert seine Idee.

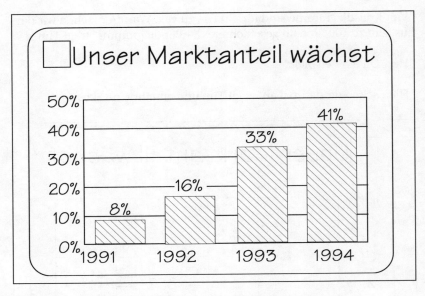

"Ok, Tim. Ich glaube, daß ich damit arbeiten kann. Danke."

Anschließend geht Tim hinunter in Alberts Besprechungszimmer. Albert hatte ihm eine Tabelle gegeben, die er in einem Dia umsetzen sollte, jedoch wollte Tim aus der Tabelle ein Diagramm aufbauen.

☐ Unser Produktmix ist ausgewogen
Einheiten in 1000

	1991	1992	1993	1994	1995	1996
Autotelephone	10	40	98	70	65	89
Kopierer	20	55	40	31	25	30
Telefax-Geräte	20	55	50	69	85	50
Summe	50	150	188	170	175	169

"Guten Morgen, Tim. Was machen die Dias?"

"Sieht gut aus. Fast fertig. Ich möchte aber gerne nochmals über diese Tabelle mit dir sprechen."

"Ist etwas mit der Tabelle nicht in Ordnung?"

"Eigentlich nicht. Aber ich würde die Tabelle lieber als Flächendiagramm darstellen. Ich glaube, daß es viel besser aussehen würde."

"Zeig doch mal, wie du dir das vorstellst."

"Die drei Reihen, in denen die produzierten Einheiten an Kopierern, Telefax-Geräten und Autotelefonen stehen, werden in der vierten Reihe addiert. Das ist ein klassisches Einsatzgebiet für ein Flächendiagramm. Ich habe mir vorgestellt, daß es so aussehen könnte." Tim zeigt Albert die schon vorher erstellte Skizze.

Grafik 10.24 einfügen.

"Das ist perfekt, Tim. Das Diagramm zeigt die Veränderung der produzierten Einheiten viel dramatischer. Mach es bitte so."

"Danke Albert. Ich werde dir das Ergebnis heute abend zeigen."

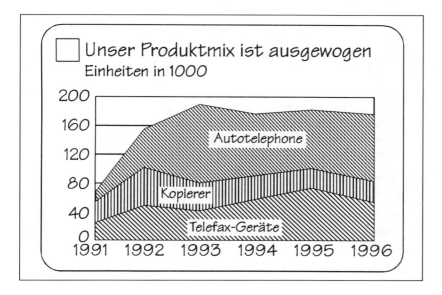

Zusammenfassung

Wenn man Textdias als das Herz einer Präsentation bezeichnet, dann sind Diagramme und Grafiken das Gehirn. Die Klarheit, die Verständlichkeit und die Wirkung Ihrer Diagramme kann den Unterschied zwischen einem desinteressierten Publikum und einem Publikum, das die Diagramme versteht und auf Ihre Aussagen reagiert, ausmachen. Setzen Sie Diagramme und Grafiken ein, um Zahlenbeziehungen zu verdeutlichen. Ein Diagramm ist immer einfacher zu lesen als die Daten einer Tabelle. Nun folgt eine Zusammenfassung der Dinge, die Sie in Erinnerung haben sollten, wenn Sie Ihre Diagramme und Grafiken erstellen:

- Nur eine Aussage und ein Diagramm pro Dia.

- Wählen Sie den Diagrammtypen aus, der am besten zu Ihren Daten und Ihrer Aussage paßt.

- Der Diagrammtitel sollte die Aussage des Diagrammes widerspiegeln.

- Gestalten Sie einen Standard-Diagramm-Rahmen, nach dem sich möglichst alle Diagramme Ihrer Präsentation richten. Erstellen Sie Muster von den Dias, die unterschiedliche Diagrammtypen enthalten.

- Halten Sie Ihre Diagramme so einfach wie möglich. Benutzen Sie ein einfaches Gitternetz, runden Sie die Zahlen der Daten, achten Sie auf die Lesbarkeit des Textes und setzen Sie nur die Zahlen ein, die Ihre Aussage unterstützen.

- Teilen Sie komplexe Organigramme und Flußdiagramme in mehrere, einfach zu verstehende Segmente auf, die durch mehrere Dias präsentiert werden. Zur besseren Verständlichkeit sollten diese Diagramme zusätzlich auch in die Informationsunterlagen integriert werden, die an das Publikum verteilt werden.

- Nutzen Sie Tiefe und dreidimensionale Effekte, um Ihren Diagrammen mehr Wirkung zu verleihen.

- Setzen Sie aufbauende Diagramm-Serien, bewegte Markierungen und Farbe ein, um die Geschwindigkeit zu steuern, in der die Informationen vermittelt werden, und um den Inhalt der Diagramme klarer darzustellen.

11

Einsatz von Illustrationen in Ihrer Präsentation

Das alte Sprichwort "Ein Bild sagt mehr als Tausend Worte" gilt auch in Business-Präsentationen. Sie können die Wirkung Ihrer Kommunikation steigern, indem Sie Dinge zeigen, anstatt über die Dinge zu erzählen. Ein schwieriges Konzept ist einfacher zu erklären, wenn eine klare und schlüssige Illustration beigefügt wird. Das Publikum kann sich dann, mit den in der Illustration dargestellten Personen, Objekte oder Plätze, besser auseinandersetzen.

Sie können Illustrationen auf verschiedene Weise in Ihre Präsentation einbauen. In diesem Kapitel werden zunächst verschiedene Illustrationsstile und Dateitypen beschrieben. Anschließend werden Sie erfahren, wie man Fotos in eine Präsentation integrieren kann.

Auswahl von Grafiken, die Aussagen unterstützen

Wie alle anderen Elemente in Ihrer Präsentation sollten auch die eingesetzten Grafiken Ihre Aussagen tragen. Das bedeutet, daß jede Illustration oder Fotografie Ihre Aussage unterstützen und verdeutlichen sollte. Ein schönes Bild, das nichts mit den Aussagen des Redners zu tun hat, wird das Publikum nur verwirren und die Aufmerksamkeit von den Informationen des Redners ablenken.

Abb. 11.1: Auch eine beschriftete Illustration benötigt eine verbale Beschreibung der einzelnen Teile

Sobald eine Illustration in einem Dia eingesetzt wird, stellt sie eine Ergänzung zur Rede dar, nicht aber einen Ersatz. Bezieht sich der Redner auf das Dia, sollte er die Illustration nicht nur vorstellen, sondern auch kurz beschreiben, was das Publikum durch die Illustration zu sehen bekommt. In der Abbildung 11.1 ist beispielsweise ein Dia dargestellt, auf dem ein Eishockeyspielfeld abgebildet und durch Beschriftungen erläutert ist. Wenn dieses Dia projiziert wird und der einzige Kommentar folgendermaßen lautet: "Auf diesem Dia wird ein typisches Eishockeyspielfeld abgebildet", dann würde das dem Publikum sicherlich nicht helfen, die verschiedenen Bereiche eines Eishockeyspielfeldes zu verstehen. Auch wenn die einzelnen Bereiche beschriftet sind, sollte sie der Redner nochmals verbal beschreiben. Die Rede soll die Illustration verstärken und umgekehrt.

Auswahl des Illustrationsstiles

Sie sollten einen Illustrationsstil auswählen, der zu Ihrer Aussage paßt. Den ausgewählten Stil sollten Sie dann durch die gesamte Präsentation beibehalten. Der Illustrationsstil beeinflußt, ähnlich wie der Schriftstil, die Stimmung und die Wahrnehmung Ihres Publikums.

Nachdem Sie einen angemessenen Stil ausgewählt haben, sollten Sie es vermeiden, stark abweichende Stile in Ihrer Präsentation einzusetzen. Die von Ihnen eingesetzten Grafiken sollten nicht aus zu vielen Quellen stammen, wie zum Beispiel einigen verschiedenen Clip-Art-Kollektionen. Alle Bilder sollten so aussehen, als ob sie von ein und derselben Person gezeichnet worden sind. Wenn die Unterschiede innerhalb der Bilder zu groß werden, bleibt ein amateurhafter Eindruck zurück.

Der Stil einer bestimmten Illustration wird durch den unterschiedlichen Gebrauch von Linien, Farben und Schatten festgelegt. In den folgenden Abschnitten werden vier Kategorien behandelt, die auf dem Computer Bilder zur Verfügung stellen, die man zu Präsentationszwecken einsetzen kann. Dabei handelt es sich um Symbole, Cartoons, grafische Illustrationen und Landkarten.

Symbole

Symbole sind die grundlegendste Form der Illustrationen. Manchmal können Symbole nur aus dem Umriß eines Objektes bestehen. Sie werden mit den geometrischen Grundformen und minimalem Einsatz von Linien erstellt. Die Abbildung 11.2 stellt einige Beispiele dar.

Abb. 11.2: Symbole bestehen aus einfachen Formen, die wenige Details enthalten

Zur Erstellung von Symbolen benötigen Sie keine besonderen Zeichnen-Programme. Die einfachen Malwerkzeuge, die in den meisten Grafik-Programmen enthalten sind, reichen für diesen Zweck aus. Beim Aufbau eines Symboles sollten Sie den Grundsatz "mehr ist weniger" beachten. Zeichnen Sie den Umriß des Objektes und setzen Sie dabei aber nur die Details ein, die notwendig sind, um das Objekt zu verdeutlichen. Benutzen Sie nur eine oder zwei einheitliche Farben, um die Flächen auszufüllen. Symbole sollten nur eine zweidimensionale Wirkung haben. Vermeiden Sie deshalb Verläufe oder Strukturierungen, die vielleicht Tiefe oder zuviele Details hinzufügen.

Symbole dienen in Präsentationen dazu, allgemeine Gedanken und Ideen darzustellen. Beispielsweise können Sie Überlegungen über Personal Computer illustrieren, ohne das Gerät eines besonderen Herstellers zeigen zu müssen. In der Abbildung 11.3 ist dieses Beispiel aufgegriffen.

Abb. 11.3: Benutzen Sie Symbole, um allgemeine Gedanken darzustellen

Um Überlegungen und Argumente visuell zu kommunizieren, können Sie Symbole auch in Diagrammen und Grafiken einsetzen. Bei der grafischen Darstellung von Computerumsätzen haben Sie die Möglichkeit, ein Computer-Symbol in einem Piktogramm einzusetzen, wie es in der Abbildung 11.4 dargestellt ist.

Durch Symbole vereinfachen Sie die Umsetzungsarbeit, die bei detaillierten Illustrationen viel zu komplex wäre. So würde in einer Abbildung, die ein Computer-Netzwerk darstellt, die feinen Details der Computer-Illustration verloren gehen, wenn man deren Größe verringert. Die Abbildung 11.5 zeigt, daß die Symbole bei der Verkleinerung kaum Details verlieren.

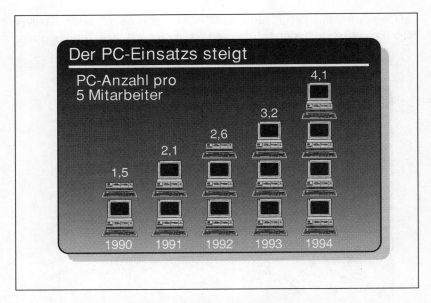

Abb. 11.4: Setzen Sie Symbole in Piktogrammen ein

Durch ihren allgemeinen Anspruch kann man Symbole in Präsentationen immer wieder einsetzen. Sie können sich eine Symbol-Bibliothek anlegen, aus der Sie bei anstehenden Präsentationen die entsprechenden Symbole entnehmen können.

Cartoons

Cartoons werden mit freihändigen Strichen erstellt und mit einer Farbe ausgefüllt. Normalerweise beabsichtigen Cartoons, humorvoll zu sein. Das Subjekt wird übertrieben dargestellt, die Farben sind leuchtend und viele Gegenstände und Dinge werden personifiziert. In der Abbildung 11.6 sind einige Cartoon-Beispiele dargestellt.

Inwieweit Cartoons in eine Präsentation passen, hängt sehr stark von den präsentierten Themen und Informationen ab. So sind Cartoons und andere witzige Zeichnungen in einer ernsthaften Präsentation zur finanziellen Situation einer Unternehmung sicherlich nicht angebracht. Dennoch kann eine Marketing- oder Verkaufs-Präsentation, die das Publikum anregen soll, von amüsanten Cartoons profitieren, die gelegentlich eingesetzt werden.

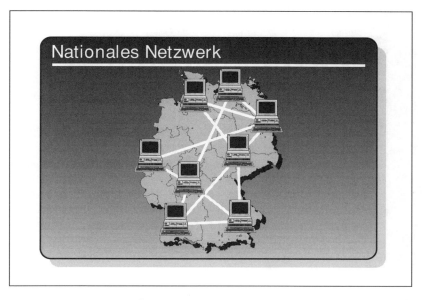

Abb. 11.5: Setzen Sie Symbole ein, wenn die Details einer komplexeren Zeichnung
verloren gehen würden

Abb. 11.6: Cartoons sind freihändige Zeichnungen, die Dinge übertrieben darstellen

Abb. 11.7: Setzen Sie Cartoons in "sekundären" Themenbereichen ein

Setzen Sie Cartoons in einer Präsentation sparsam ein. Vermeiden Sie hübsche Bilder, die nur wenig zu Ihrer Aussage beitragen. Cartoons können wichtige Informationen trivialisieren. Grenzen Sie deshalb die Themen ein, die mittels eines Cartoons aufgegriffen werden. Beschränken Sie in Ihrer Rede den Cartooneinsatz auf die "sekundären" Themen sowie gelegentliche humorvolle Randbemerkungen. Vergleichen Sie den im Cartoon dargestellten Computer der Abbildung 11.7 mit dem Computer-Symbol der Abbildungen 11.3, 11.4 und 11.5.

Grafische Illustrationen

Die Bandbreite der grafischen Illustrationen umfaßt verschiedene Stile, die von technischen Zeichnungen bis zur sehr detaillierten künstlerischen Gestaltung reichen können.

Die Klarheit ist das wichtigste Element jeder Illustration. Eine Grafik in einer Präsentation ist ähnlich wie ein Plakat, an dem mit einer Geschwindigkeit von 100 Stundenkilometern vorbeigefahren wird. Die Wirkung des Plakates kann dadurch beurteilt werden, wie schnell der

Betrachter die Aussage erkennt und begreift. Lassen Sie sich nicht von der Vorstellung ablenken, ein Meisterwerk erstellen zu wollen, da es wahrscheinlich ohnehin nur 20 Sekunden auf der Leinwand (oder dem Bildschirm) zu sehen sein wird.

Sehr feine Striche gehen beim Belichtungsprozeß oft verloren, insbesondere dann, wenn die Illustration verkleinert wird, um in einen bestimmten Bereich des Diaformates zu passen. Für Präsentationszwecke sind die Illustrationen am besten geeignet, die detaillierte Farbflächen benutzen, um eine realistische Wirkung zu erzeugen. In der Abbildung 11.8 sind einige Gestaltungs-Beispiele von flächenbetonten Illustrationen dargestellt.

Abb. 11.8: Grafische Illustrationen, die in Dias eingesetzt werden, sollten die Flächen stärker betonen als die Linien und Striche

Setzen Sie Illustrationen ein, um Dinge zu beschreiben, die verbal schwierig zu erklären sind. Sie können die interne Arbeit von Plänen oder Prozessen darstellen, die sehr groß oder sehr klein sind. Die Einschränkungen im Einsatz von Illustrationen werden durch Ihren Einfallsreichtum und Ihre künstlerischen Fähigkeiten bestimmt. Die Abbildung 11.9 stellt dar, wie sich die Illustration eines Computers von einem Symbol oder Cartoon unterscheidet.

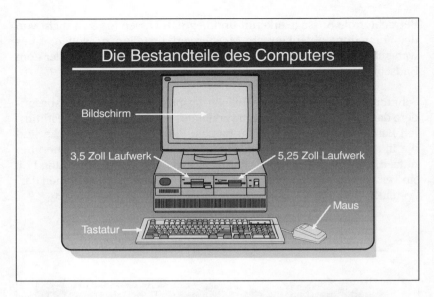

Abb. 11.9: Illustrationen können bei der Erläuterung von Strukturen hilfreich sein

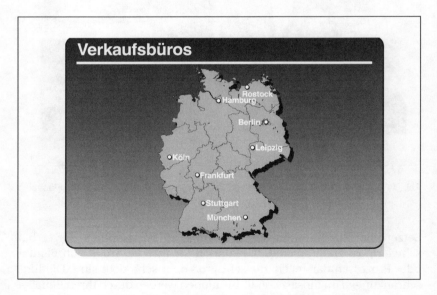

Abb. 11.10: Ein Dia mit einer Beispiel-Landkarte

Landkarten

Die Darstellung einer Landkarte ist in der Regel der beste Weg, um eine Liste von geographischen Punkten zu präsentieren. Im Gegensatz zu einem einfachen Textdia, in dem die Namen der Orte aufgelistet sind, bringt eine beschriftete Landkarte die Orte in einen optischen Zusammenhang. Dadurch wird es dem Betrachter erleichtert, die verschiedenen Plätze und Entfernungen zueinander in Verbindung zu bringen. Die Abbildung 11.10 stellt eine Landkarte dar, auf der die Orte angezeigt sind, in denen es Verkaufsbüros gibt.

Es folgen nun einige Hinweise zum Einsatz von Landkarten in Präsentationen:

– Die grundlegenden Regeln der Präsentations-Gestaltung gelten auch für Landkarten: Halten Sie es einfach, setzen Sie kontrastreiche Farben ein und vergewissern Sie sich, daß der Text lesbar ist.

– Versuchen Sie die Landkarte so genau wie möglich zu erstellen. Heben Sie die betreffenden Städte, Landstriche oder Länder hervor und plazieren Sie die Städte an die richtige Stelle. Bringen Sie Düsseldorf in Bayern unter, wird das die Einwohner beider Gebiete beleidigen.

– Setzen Sie nur den Detailgrad ein, der für Ihre Aussage notwendig ist. Möchten Sie beispielsweise nur die Städte an der Nord- und Ostseeküste zeigen, müssen Sie nicht die gesamte Deutschlandkarte darstellen. Lassen Sie die Grenzen der Bundesländer weg, falls Sie sie nicht benötigen.

Dreidimensionale Landkarten sind attraktiv und einfach zu erstellen. Sobald die Karte eine ungleiche Form besitzt, ist die echte Perspektive nicht mehr nötig, um der Landkarte eine gewisse Tiefe zu verleihen. Ziehen Sie die Karte einfach in vertikaler Richtung zusammen, um einen dreidimensionalen Effekt zu erzeugen. Sie können auch noch einen Schatten an den Kartenrand fügen, um die dreidimensionale Wirkung zu verstärken.

Eine dreidimensionale Landkarte kann mit einem einfachen Säulendiagramm kombiniert werden, um die Daten an jedem einzelnen Ort anzuzeigen. Die Abbildung 11.11 stellt diese Kombination dar. Da diese Dias über keine Werteskala verfügen, mit der man die Höhe der Säulen vergleichen kann, empfiehlt es sich, die entsprechenden Datenwerte an die Säulen zu plazieren. Damit die Lesbarkeit des Dias gewährleistet bleibt, sollten Sie die Anzahl der Säulen beschränken. Die Anzahl der Säulen, die auf Ihrer Landkarte untergebracht werden können, hängt von deren Plazierung und deren Höhe ab. Verwenden Sie ein normales Säulendiagramm, wenn die Landkarten-Säulen-Kombination nicht so einfach zu lesen ist, wie es erforderlich wäre.

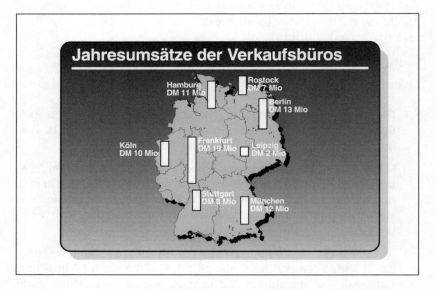

Abb. 11.11: Eine dreidimensionale Landkarte, kombiniert mit einem Säulendiagramm

Einsatz von Clip Art

Um Illustrationen in Ihre Präsentation einzubeziehen, müssen Sie weder ein guter Künstler sein noch jemanden anwerben. Einsatzbereite Computergrafiken stehen in Form von Clip Art zur Verfügung. Es gibt viel Firmen, die Disketten mit Clip-Art-Motiven verkaufen. Aber auch die meisten Präsentations- und Grafik-Programme enthalten eine eigene Clip-Art-Kollektion. Die Abbildung 11.12 zeigt einige Clip-Art-Beispiele der verschiedenen Präsentations-Programme.

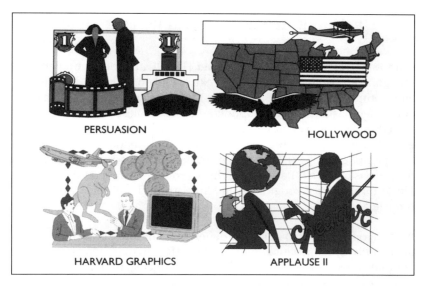

Abb. 11.12: Die meisten Präsentations-Programme enthalten Clip Art

Sie können aus Millionen Clip-Art-Zeichnungen aussuchen, wobei alle möglichen Bereiche berührt werden. Die Preise der Clip Art-Disketten sind in der Regel recht vernünftig, insbesondere diejenigen, die als CD-ROM Disketten vertrieben werden.

Es gibt aber auch bei der Auswahl der Clip-Art-Motive einige Richtlinien, die man beachten sollte:

– Wählen Sie Clip Art aus, die Sie bearbeiten und nachkolorieren können. Dies erlaubt Ihnen, die Illustration so zu bearbeiten, daß sie in die Gestaltung der Präsentation paßt.

– Erkundigen Sie sich, ob die Clip Art für Präsentationen geeignet ist. Viele Clip-Art-Kollektionen sind schwarz-weiße PostScript-Illustrationen mit sehr feinen Linien, die zum Druck auf Papier gestaltet wurden, nicht aber zur Projektion auf Dias.

– Kaufen Sie für eine Illustration keine vollständige Clip-Art-Sammlung. Besorgen Sie sich eine Kollektion, in der viele Illustrationen enthalten sind, die etwas mit Ihrem Geschäft oder den darin vorkommenden Bereichen zu tun haben. Diese Kollektion kann dann auch bei den folgenden Präsentationen als Illustrations-Quelle dienen.

Die Dateiformate von Grafiken verstehen

Computergrafiken lassen sich in zwei Hauptkategorien einteilen: Bitmapgrafiken (Rastergrafiken) und Vektorgrafiken. Jede Art der Ausgabe von Computergrafiken ist auf einem Bitmap aufgebaut. Ein Bitmap ist ein Raster, das aus vielen Bildpunkten besteht. Diese Bildpunkte nennt man Pixel (aus dem englischen *pic*ture *el*ements). Durch diese Pixel wird ein Bild festgelegt. Ihr Bildschirm stellt die Informationen in Form von farbigen oder schwarz-weißen Pixeln dar. Der Ausdruck eines Laserdruckers ist auch ein Raster von schwarzen und weißen Punkten (dots). Ein Filmrekorder erzeugt Dias, indem Farbpixel auf den 35-mm-Film projiziert werden.

Bitmapgrafiken sind Dateien, in denen das Bild direkt aus den individuellen Pixeln aufgebaut wurde. Die Schärfe und die Wirklichkeitstreue des Bildes sind durch die Anzahl der Pixel festgelegt und nicht durch die Ausgabeschnittstelle. Die Abbildung 11.13 zeigt die Pixel in einer Bitmapgrafik.

Pixels

Abb. 11.13: Bitmapgrafiken werden durch Pixel aufgebaut

Vektorgrafiken (oder objektorientierte Grafiken) werden erstellt, indem die Formen des Bildes genutzt werden, um eine mathematische Beschreibung zu erhalten. Ein Kreis wird beispielsweise durch einen bestimmten Durchmesser und seinen Mittelpunkt bestimmt. Ein Rechteck durch seine vier Ecken, die an vier bestimmten Punkten liegen.

Vektorgrafiken sind nur ein Mittel, um die bestmögliche Bitmap-Wiedergabe auf Ihrem Ausgabegerät (Bildschirm, Drucker, Filmrekorder) zu erhalten. Die Vektorbeschreibung teilt dem Ausgabegerät mit, wann die Pixel schwarz oder weiß sein müssen (oder wann Sie eine bestimmte Farbe annehmen müssen). Diese Mitteilung basiert darauf, wie eng die einzelnen Pixel in die beschriebene Form passen. Die Abbildung 11.14 illustriert, wie Vektorgrafiken gebildet werden.

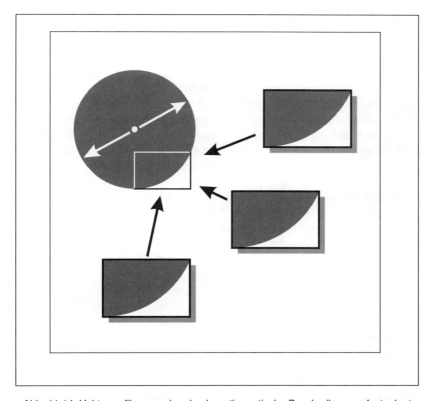

Abb. 11.14: Vektorgrafiken werden durch mathematische Beschreibungen festgelegt

Die Illustrationsstile sind vom Grafikformat unabhängig. Ein Cartoon kann sowohl eine Bitmapgrafik als auch eine Vektorgrafik sein. Dennoch ist es wahrscheinlicher, daß Illustrationen Vektorgrafiken sind.

Die Arbeit mit Bitmapgrafiken

Bei Präsentationen beschränkt sich der Einsatz von Bitmapgrafiken in der Regel auf eingefügte Fotografien und andere gescannte Bilder, die mittels Dia dargestellt werden sollen. Die Dateigrößen von farbigen Bitmapgrafiken können leicht die Marke von mehreren Megabytes erreichen. Dadurch entstehen Speicher-, Bearbeitungs- und Belichtungsprobleme. (Einige Ansätze, wie man mit großen Bitmap-Dateien umgeht, werden im Abschnitt über digitale Fotomontage vorgeschlagen, die im weiteren Verlauf dieses Kapitels noch folgen.)

Bitmap-Auflösung

Bitmaps werden nach Ihrer Auflösung beschrieben, die die Anzahl der Pixel angibt. Jede Bitmap-Datei besteht aus einer exakten Anzahl von Pixeln, die entlang der X- und Y-Achse gemessen werden. Beispielsweise hat ein Standard VGA-Bildschirm oder ein MacIntosh-Bildschirm eine Auflösung von 640 mal 480 Pixeln (640 quer mal 480 von oben nach unten), was eine Gesamtzahl von 307.200 Pixeln ergibt.

Die Auflösung wird auch in der Einheit *dpi* (dots per inch = Punkte pro Inch oder Zoll, wobei 1 Inch 2,54 Zentimetern entspricht) beschrieben, insbesondere wenn man sie auf Laserdrucker oder Satzanlagen bezieht. Ein Standard-Laserdrucker hat eine Auflösung von 300 dpi.

Farbtiefe in Bitmaps

Das Bitmap-Raster wird auch nach seiner Farbtiefe beschrieben. Die Farbtiefe besteht aus der Anzahl der Daten, die benutzt werden, um die Farbe jedes Pixels festzulegen. Ein Schwarz-weiß-Bild hat die Farbtiefe von einem Bit, das heißt, daß jedes Pixel entweder schwarz oder weiß ist. Ein 8-Bit-Farbbild benutzt 8 Datenbits, wodurch ein Resultat von 256 (2^8) möglichen Farben zustande kommt. Ein 24-Bit-Farbbild benutzt 24 Datenbits oder 16,8 Millionen (2^{24}) mögliche Farben.

Um attraktive Grafiken zu erzeugen, reichen 256 Farben für normale Computer-Illustrationen vollkommen aus. Selbst wenn Sie mit einem Verlauf im Hintergrund arbeiten, werden die meisten Präsentationsprogramme Dateien mit weniger als 256 Farben erzeugen.

Arbeiten Sie mit realistischen Fotografien, werden die 256 Farben jedoch nicht ausreichen, um das Bild ohne unerwünschte Effekte wiederzugeben. Um die Farben einer Fotografie sauber anzuzeigen und zu belichten, ist eine Farbtiefe von 24 Bit erforderlich.

Programme zur Erstellung von Bitmapgrafiken

Es gibt im wesentlichen zwei Programmarten, mit denen Bitmapgrafiken produziert werden: Fotobearbeitungsprogramme und Malprogramme.

Die Programme zur Fotobearbeitung sind entwickelt worden, um gescannte Fotos zu bearbeiten, zu retuschieren und zu verändern. Adobe Fotoshop, Letraset ColorStudio auf dem MacIntosh sowie Aldus Fotostyler auf dem PC sind Beispiele von Fotobearbeitungsprogrammen.

Malprogramme dienen zur künstlerischen Gestaltung, wobei Werkzeuge zur Verfügung gestellt werden, die die traditionellen Arbeitsmittel des Malers simulieren. Dazu gehören zum Beispiel Malpinsel und Kohlestift. Supermacs PixelPaint Pro, Electronis Arts Studio/32 auf dem MacIntosh, sowie ZSofts PC Paintbrush auf dem PC sind Beispiele von Malprogrammen.

Dateiformate von Bitmapgrafiken

Die grundlegende Form einer Bitmap-Datei listet jeden Pixel zusammen mit der dazugehörigen Farbe auf. Wie Sie sich vorstellen können, würde so eine Liste riesig werden, selbst wenn nur der relativ kleine Bereich des Bildschirmes aufgelistet werden soll. Tatsächlich ist es so, das 640 mal 480 Pixel (Auflösung eines VGA-Bildschirmes) bei einem 24-Bit-Farbbild weit mehr als ein Megabyte an Informationen beinhalten können.

Die Bitmap-Dateiformate organisieren und komprimieren in einigen Fällen die Daten der Pixel, damit die Dateigröße in einem Rahmen bleibt, mit dem man arbeiten kann. Grafiken können in einem der folgenden Bitmap-Dateiformate vorliegen:

TIFF-Dateien

TIFF (Tagged Image File Format) ist eines der ältesten und universellsten Bitmap-Dateiformate. Es ist eine Standardmethode, um Bitmap-Dateien zwischen MacIntosh- und PC-Programmen auszutauschen.

TIFF hat sich von einem 1-Bit-Schwarz-weiß-Format zu einem Format entwickelt, das 24Bit-Farbe unterstützt und Daten optimal komprimiert. Leider sind nicht alle Software-Pakete diesem Standard gefolgt; so kann es nun vorkommen, daß einige Programme Varianten des TIFF-Formates produzieren, die aber mit anderen Programmen nicht kompatibel sind.

PICT-Dateien

Das MacIntosh-PICT-Format ist ein Teil des Betriebssystemes von MacIntosh und wird von allen MacIntosh-Programmen unterstützt. Es gibt auch einige Programme auf dem PC, die das PICT-Format unterstützen.

Das PICT-Format unterstützt 24 Bit Farbe, plus zusätzliche 8 Bits für Spezialeffekte, wie beispielsweise Retusche, was eine Summe von 32 Bits ergibt. PICT-Dateien werden automatisch komprimiert, sobald sie gesichert werden. Da das 32-Bit PICT-Format ein Teil des Betriebssystemes ist, kann auch ein MacIntosh-Computer mit einem 8-Bit-Farbmonitor Vollfarbbilder anzeigen und bearbeiten.

PCX-Dateien

Die frühe Popularität von ZSofts PC Paintbrush ergab das ursprüngliche Dateiformat, PCX, das den Standard für DOS orientierte Programme darstellt. Es wird von den meisten Präsentations- und Zeichnen-Programmen unterstützt. Wie auch TIFF ist das PCX-Format häufig überarbeitet und verbessert worden und unterstützt nun auch 24 Bit Farbe.

TARGA-Dateien

Wie auch das PCX-Format ist das TARGA-(.TGA)- Dateiformat durch ein einzelnes Produkt bekannt geworden: das Truevision TARGA video board. Das TARGA board war die beliebteste Hardware für High-end-Grafikanwendungen (insbesondere Malanwendungen) auf dem PC, da es in der Lage war, 24-Bit-Grafiken auf großen Bildschirmen darzustellen. Viele Anwendungen sind speziell für das TARGA-Dateiformat entwickelt worden. Das TARGA-Format unterstützt 32 Bit Farbe und Datenkomprimierung.

Windows Bitmap-Dateien

Das Windows Bitmap-(.BMP)- Dateiformat wird in Windows von Microsoft benutzt, um Bitmapgrafiken zwischen den Windows-Anwendungen auszutauschen. Die meisten Windows-orientierten Malprogramme speichern Dateien im BMP-Format. Die meisten Präsentationsgrafik-Programme unter Windows sind in der Lage, BMP-Dateien zu importieren. Das BMP-Format unterstützt bis zu 24Bit Farbe.

Die Arbeit mit Vektorgrafiken

Vektorgrafiken werden als *auflösungsunabhängig* bezeichnet, da die Beschreibung der Grafik vom Ausgabegerät unabhängig ist. Das Bild, das auf Ihrem Monitor dargestellt wird, sieht vielleicht zackig und grob aus, da die Auflösung des Bildschirmes gering ist (72 dpi). Drucken Sie Ihre Grafik auf einem Laserdrucker aus, erscheinen die Umrisse und Kanten schon glatter, da der Laserdrucker eine höhere Auflösung als ein Bildschirm besitzt (ungefähr 300 dpi). Sobald Vektorgrafiken auf einem Filmrekorder mit hoher Auflösung belichtet werden (bis zu 8000 dpi), werden die Umrisse und Kanten noch viel glatter, selbst wenn die tatsächliche Größe des Filmes nur 2,54 mal 3,81 Zentimeter beträgt.

Programme zur Erstellung von Vektorgrafiken

Alle Programme, mit denen Vektorgrafiken erstellt werden, benutzten ihr eigenes System, um Illustrationen zu zeichnen. Die Qualität dieser Programme hängt von der Vielfalt der Werkzeuge (tools) und deren Genauigkeit ab.

Adobe Illustrator, Aldus Freehand, Claris MacDraw Pro und Deneba Canvas sind die bekanntesten Zeichnen-Programme auf dem MacIntosh. Auf PC-Basis sind die besten Zeichnen-Programme Windows-orientiert. Dazu gehören beispielsweise CorelDRAW!, Micrografx Designer und Art & Letters. Auch die Präsentations-Programme, die in diesem Buch erwähnt wurden, arbeiten vektororientiert.

Dateiformate von Vektorgrafiken

Es gibt einige universelle Dateiformate für Vektorgrafiken, die von Präsentations- und Zeichnen-Programmen unterstützt werden. Jedes Dateiformat beschreibt auf seine Weise die Form und Position von Objekten. Die gebräuchlichsten Formate sind nachfolgend beschrieben.

PostScript-Dateien

Mitte der Achtziger Jahre wurde PostScript von Adobe Systems als Werkzeug entwickelt, um Schriftarten und Schriftschnitte zu erstellen, Grafiken zu zeichnen und das Layout von Seiten festzulegen. Ursprünglich war nur der Schwarz-weiß-Ausdruck auf Laserdruckern beabsichtigt, PostScript hat sich jedoch weiter entwickelt, um auch Farben und die Arbeit mit praktisch jedem Medium einzuschließen. Farbdrucker, Filmrekorder, Plotter und sogar Farbkopierer besitzen mittlerweile PostScript-Interpretier- Programme, wodurch eine enorme Vielfalt für die Ausgabe von PostScript-Dateien besteht.

Die bekanntesten PostScript-Produkte sind die große Anzahl der Typ-1-PostScript-Schriften. Die leistungsstarken PostScript-Zeichnenwerkzeuge ermöglichen es dem Künstler, sehr detaillierte Bilder zu erstellen. PostScript unterstützt Bitmapgrafiken, wobei diese Dateien sehr groß werden können, da sie nicht komprimiert werden.

PostScript ist der Standard im Austausch von Vektorgrafik-Dateien zwischen den verschiedenen Computersystemen geworden, da die meisten Mal- und Zeichnen-Programme auf dem MacIntosh und PC das originale Format des Adobe Illustrator (Illustrator 1.1) unterstützen. Normalerweise liegen die PostScript-Dateien, die in Präsentations-Programme importiert werden, in Form von Encapsulated PostScript (EPS) vor. EPS ist eine besondere Art der PostScript-Datei. Sie enthält eine kleine, schwach aufgelöste Bitmap-Vorschau der Grafik. EPS-Dateien können normalerweise nicht zwischen MacIntosh- und PC-Systemen ausgetauscht werden, da die Bitmap-Vorschau nicht kompatibel ist.

Quickdraw-Dateien

Die Apple-Quickdraw-Grafik-Beschreibungssprache machte den MacIntosh zum beliebtesten Computer bei Grafik-Designern und Künstlern.

Das Quickdraw-(PICT)-Format erlaubt, sämtliche Grafikdateien über die Zwischenablage zwischen allen MacIntosh-Programmen auszutauschen. Dadurch wird die Übertragung von Grafiken zu einer einfachen *Ausschneiden (oder Kopieren) und Einfügen*-Operation.

Quickdraw unterstützt sowohl Vektorgrafiken als auch Bitmapgrafiken. Auf dem MacIntosh können alle Präsentations- und Zeichnen-Programme PICT-Dateien importieren und exportieren.

Computer Graphics Metafiles

Das Computer-Graphics-Metafile-(.CGM)-Format ist die meist-verwendete Grafik-Beschreibungssprache und das häufigste Austauschformat, das in DOS orientierten Grafik-Programmen (Harvard Graphics, Lotus Freelance Plus und vielen anderen) benutzt wird. Das CGM-Format kann recht detaillierte Grafiken unterstützen. Dennoch ist die Ausführung in früheren Versionen vieler Programme häufig nur mittelmäßig. Die CGM-Dateien, die mit diesen Programmen erstellt wurden, können Verzerrungen oder andere Probleme enthalten, wenn Sie in andere Programme übertragen werden.

Windows Metafiles

Das Windows-Metafile-(.WMF)-Format ist dem PICT-Format des Mac-Intosh ähnlich. Das WMF-Format ist entwickelt worden, um Grafikdateien zwischen den Windows-Anwendungen mittels der Zwischenablage auszutauschen. Die meisten Windows-Grafikanwendungen speichern Dateien auch im WMF-Format ab, damit sie in andere Programme importiert werden können.

Einbindung von Fotografien in Ihre Präsentation

Fotografien sind ein integrativer Bestandteil unseres Lebens. Wir akzeptieren Fotografien als einen Ausschnitt aus der Realität: Schnappschüsse der Familie, Fotografien in Zeitungen und sogar die Werbefotografie stellt eine Verbindung zur Realität dar. Indem Sie Fotos in Ihre Präsentation einfließen lassen, erhalten Sie einen Realismus, der selbst durch die beste Computergrafik nicht zu erreichen ist.

Abb. 11.15: Eine Fotomontage

Der einfachste Weg, Fotos in Ihre Präsentation einzubeziehen, liegt in der Integration von Fotos, die der Größe des gesamten Diarahmens entsprechen. Diese Methode ist nicht teuer und bequem. Es entstehen dabei nur die Kosten für die Entwicklung des Filmes sowie für das Montieren des Dias. Dieses Dia kann von Ihrem lokalen Fotoshop produziert werden. Der einzige Nachteil liegt darin, daß dieses Dia weder die Formatierung, noch die Gestaltung der restlichen Dias berücksichtigt, wodurch das Gesamterscheinungsbild Ihrer Präsentation unterbrochen wird.

Es ist schon etwas schwieriger, eine Fotografie in die grundlegende Gestaltung der Präsentation zu integrieren. Jedoch sind die Vorteile, bezogen auf die durchgehende Gestaltung und das einheitliche Format, groß. Der Prozeß, in dem die Fotografie und die Computergrafik miteinander kombiniert werden, heißt Montage. Das fertige Resultat ist dann die Fotomontage. Die Abbildung 11.15 stellt eine Fotomontage dar.

Es gibt zwei Methoden, um Fotomontagen für Präsentationen herzustellen:

– Die *konventionelle Fotomontage* wird mit konventioneller photographischer Technik erstellt, wobei eine besondere technische Ausrüstung eingesetzt wird.

– Die *digitale Fotomontage* wird mit dem Computer erstellt, wobei ein Scanner oder eine elektronische Fotografie eingesetzt wird, um den Inhalt des Fotos in das Präsentations-Programm einzubringen.

In den folgenden Abschnitten werden diese Methoden beschrieben und auf deren Vor- und Nachteile hingewiesen.

Konventionelle Fotomontage

Vor dem Auftreten der Scanner wurden alle Fotografien mittels optischer Prozesse in Dias eingefügt. Diese Prozesse ähneln denen, die eingesetzt werden, um Spezialeffekte in Filmen zu erzeugen. In vielen Fällen ist dies immer noch die beste Methode, um Computergrafiken und Fotografien miteinander zu kombinieren. Sie haben die Möglichkeit, Objekte einzubeziehen, die eine spezielle photographische Behandlung benötigen, oder solche, die zu groß sind, um gescannt zu werden. Mit der konventionellen Fotomontage können Sie alles, was fotografiert werden kann, auch in Ihre Dias plazieren.

Die Erstellung von konventionellen Fotomontagen ist keine Do-it-your-self-Arbeit. Diese Methode erfordert eine hochentwickelte Fotoaus-rüstung und Entwicklungsmöglichkeiten. Viele Belichtungsstudios und Fotolabore bieten Fotomontagen und andere photographische Dienst-leistungen neben dem Belichtungsservice an. Diese Firmen sind für Sie eine gute Quelle für die Umsetzung der Arbeiten, die mit der Fotomon-tage verbunden sind.

Sie können die Kosten reduzieren, indem Sie mit Ihrem Präsentations-grafik-Progamm die Grundelemente schon erstellen, die der Fotograf des beauftragten Studios benötigt, um das fertige Produkt herzustellen. Bei diesem Montageprozeß müssen Sie unter anderem in Ihrer Grafikdatei ein Fenster erstellen, das die Position des einzufügenden Fotos angibt. Die folgenden Anweisungen sind allgemeiner Natur; die Firma, mit der Sie zusammenarbeiten, wird möglicherweise davon abweichende An-forderungen haben. Klären Sie diese Anforderungen mit der beauftrag-ten Firma ab, ehe Sie mit den Vorbereitungen für die Fotomontage beginnen.

Vorbereitungen für die Fotomontage

Eine Fotomontage, bei der ein einzelnes Foto in einen Hintergrund ein-gefügt werden soll, der auf einem Computer erstellt wurde, benötigt drei Hauptelemente:

–   Ein farbiges Computerelement, das aus dem Hintergrund, dem Ti-tel und dem restlichen Text oder Grafiken besteht. Des weiteren muß ein schwarzes Fenster enthalten sein, das die exakte Größe und Position angibt, an der das Foto eingefügt werden soll. In der Ab-bildung 11.16 ist ein farbiges Computerelement dargestellt. Das Fen-ster muß genau die gleiche Form besitzen wie die Fotografie. Setzen Sie um das Fenster eine helle Linie, damit kleine Ausrichtungsfehler bei der Montage nicht auffallen.

–   Eine *schwarz-und-weiße Maske*, die aus einer weißen Fläche besteht, auf der das Foto erscheinen wird. Die Maske wird erstellt, indem man eine Kopie des farbigen Computerelementes anfertigt, bei der alles Überflüssige entfernt ist. Bei dieser Kopie werden alle Farben in Schwarz verändert (inklusive der hellen Linien um das Fenster), ausgenommen das Fenster, das in Weiß dargestellt wird. In der Abbildung 11.17 wird eine schwarz-und-weiße Maske dargestellt. Einige Belichtungsstudios oder Fotolabore bevorzugen ein umgkehrtes Farbschema, also einen weißen Hintergrund und ein schwarzes Fenster.

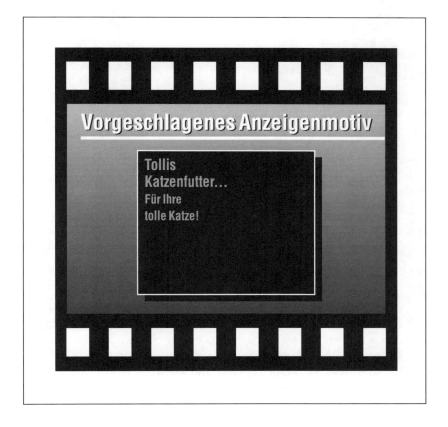

Abb. 11.16: Ein farbiges Computerelement

Tollis
Katzenfutter...
Für Ihre
tolle Katze!

Abb. 11.17: Eine schwarz-und-weiße Maske

– Ihr *Originaldia* oder ein *Fotoabzug*, der gegebenenfalls mit Be-
schnittmarken oder einem Ausschnitt zu versehen ist, wenn Sie nur
einen Teilbereich des Fotos einfügen oder belichten lassen. Die Abbildung 11.18 stellt zwei Beispiele dar. Bei 35mm Dias sollten die
Beschnittzeichen auf der oberen und linken Seite des Diarahmens
durch kurze Linien angedeutet werden. Bei großen Diapositiven
(10,16 mal 12,7 Zentimeter oder größer) oder Abzügen sollten Sie
ein Seidenpapier über das Foto legen und dann einen Kasten um
den gewünschten Ausschnitt zeichnen.

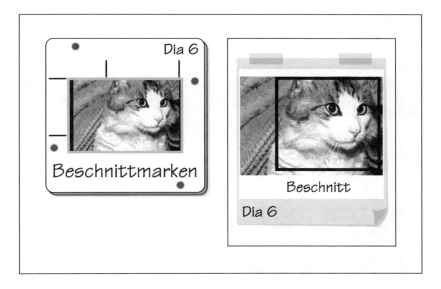

Abb. 11.18: Beschnittzeichen zeigen an, welcher Bereich des Bildes eingefügt werden
soll

Senden Sie Ihre Diskette mit dem Originaldia oder Abzug an das Belichtungsstudio. Die Dokumentation ist auf dieser Stufe des Prozesses sehr wichtig. Sie müssen eindeutig festlegen, welches Originaldia zu welchen Grafikdateien gehört. Es empfiehlt sich, einen Ausdruck der Grafikdateien beizufügen und die entsprechenden Dianummern darauf zu vermerken. Denken Sie daran, daß die Erstellung der Fotomontagen zwei bis drei Tage dauern kann. Um einen unnötigen Zeitverlust zu vermeiden, sollten Sie deshalb die Montagen so früh wie möglich an das Belichtungsstudio schicken (nach Möglichkeit, bevor die gesamte Präsentation belichtet wird).

Das Belichtungsstudio wird Ihre Datei belichten und entwickeln. Auf einer speziellen Reprokamera wird Ihr Originalphoto nochmals fotografiert, damit der Beschnitt, die Größe und die Position so weit wie möglich auf das Fenster angepaßt wird. Anschließend wird dieser Film entwikkelt. Ihre schwarz-und-weiße Maske und das reproduzierte Foto werden übereinander gelegt und auf einer Kamera für Spezialeffekte ausgerichtet. Durch die Maske wird nur der Bereich des Fensters belichtet. Ohne daß der Film in der Kamera transportiert wird, wird Ihr farbiges Computerelement fotografiert. Das farbige Computerelement belichtet die Bereiche, die auf der Maske schwarz waren, wobei hier nun das schwarze Fenster unbelichtet bleibt.

Die resultierende "Doppelbelichtung" erzeugt die fertige Fotomontage, die dann entwickelt wird und in den Diarahmen montiert wird. Die Abbildung 11.19 illustriert den gesamten Prozeß der Fotomontageherstellung.

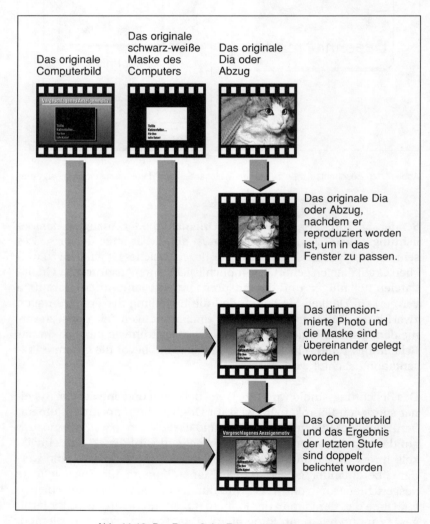

Abb. 11.19: Der Prozeß der Fotomontageherstellung

Die Qualität der konventionellen Fotomontage hängt von der Genauigkeit der Maske, der Qualität des Originalphotos und den Fertigkeiten des Fotografen ab. Bei diesem Prozeß gibt es für Fehler kaum Spielraum. Deshalb sollten Sie zuerst mit Ihrem Belichtungsstudio oder Fotolabor einen Probelauf durchführen, ehe Sie in ein großes Projekt einsteigen, bei dem konventionelle Fotomontage erforderlich ist.

Digitale Fotomontage

Digitale Fotomontagen werden vollständig mit dem Computer erstellt. Dabei werden Scanner, elektronische Fotografien und farbige Bitmap-Bilder eingesetzt, wobei letztere auf Diskette gespeichert sind und angeschaut, bearbeitet, verändert und beschnitten werden können. Anschließend kann man diese Bilder dann mit Vektorgrafiken kombinieren, um eine elektronische Version einer Fotomontage herzustellen.

Der erste Schritt bei der digitalen Fotomontage besteht darin, daß man das photographische Bild in den Computer bekommt.

Scanner

Scanner sind ein wichtiger Bestandteil bei der Erstellung von professionell anmutenden Präsentationen geworden. Neben dem Einsatzgebiet der Fotomontage dienen Scanner auch dazu, Logos oder andere kunstvoll gestaltete Objekte zu digitalisieren, die man dann in den Anwendungen weiterbearbeiten kann. Es gibt drei unterschiedliche Scannerarten: Flachbett-, Dia- und Hand-Scanner.

Ein *Flachbett*-Scanner arbeitet wie ein Kopierer. Sie legen das Objekt, das gescannt werden soll, mit dem Aufdruck nach unten, auf eine Glasplatte, die langsam verschoben wird. Ein helles Licht erlaubt es einem optischen System, das Bild auf einen elektronischen Sensor zu projizieren, der das reflektierte Licht in Signale umwandelt, die durch den Computer entschlüsselt werden können und woraus letztendlich das Bitmap-Bild erzeugt wird. Die Abbildung 11.20 zeigt, wie ein Flachbett-Scanner arbeitet.

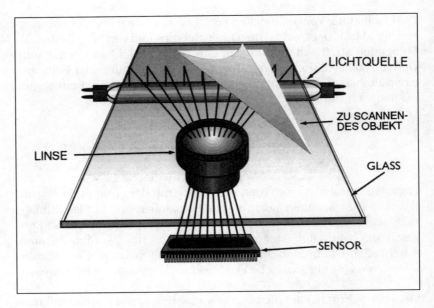

LICHTQUELLE

ZU SCANNEN-
DES OBJEKT

LINSE

GLASS

SENSOR

Abb. 11.20: Ein Flachbett-Scanner

Flachbett-Scanner werden nach dem maximalen Auflösungsvermögen des Sensors eingestuft. Die Auflösung wird in dpi (dots per inch = Punkte pro Inch, wobei 1 Inch 2,54 Zentimeter entsprechen) gemessen, was gleichzeitig die kleinste Fläche ist, die durch den Sensor erfaßt werden kann. Die Modelle für den Hausgebrauch liegen bei einer Auflösung zwischen 300 und 600 dpi, während professionelle Scanner (zum Beispiel in der Lithoanstalt) mehrere Tausend dpi scannen können.

Flachbett-Scanner gibt es als Modelle mit Graustufen oder als Farbmodelle. Die Graustufen-Modelle können üblicherweise bis zu 256 (8 Bit) unterschiedliche Graustufen scannen. Die Farbmodelle sind in der Lage bis zu 16,7 Millionen (24 Bit) Farben zu scannen.

Ein *Dia-Scanner* führt die gleichen Aufgaben mit 35-mm-Dias durch, jedoch wird das Licht durch das Dia projiziert anstatt reflektiert. Die Auflösung bei einem Dia-Scanner wird in der Zeilenauflösung gemessen. Dies ist die maximale Anzahl von individuellen Pixelreihen, die von einem Dia gescannt werden können. Für den Endverbraucher arbeiten die meisten Dia-Scanner mit einer Auflösung von 1500 bis 3000 Zeilen. Alle Dia-Scanner haben eine 24-Bit-Farbtiefe. Die Abbildung 11.21 illustriert die Arbeitsweise eines Dia-Scanners.

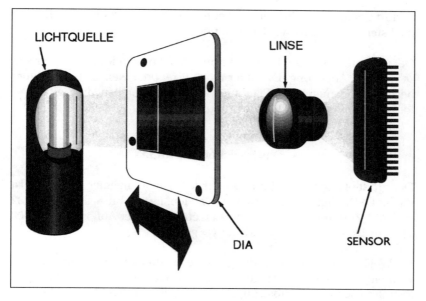

Abb. 11.21: Ein Dia-Scanner

Ein Hand-Scanner ist ein umgedrehter Flachbrett-Scanner. Das optische System ist hinter dem Glasfenster, innerhalb des Gerätes, plaziert. Sie müssen den Scanner in der Hand halten und dann das Glasfenster über das zu scannende Objekt führen. Hand-Scanner sind nicht genau genug, um damit Bilder zu scannen, die in einer Präsentation eingesetzt werden sollen.

Elektronische Fotografie

Leider ist es nicht möglich, den Scanner unter den Arm zu nehmen und ihn dann in das Büro zu tragen, in dem man die Sieger des monatlichen Verkaufswettbewerbs fotografieren möchte. Mit einer elektronischen Kamera ist dies jedoch möglich.

Eine elektronische Kamera ist im wesentlichen eine Videokamera, die unbewegte Bilder in digitaler Form aufnimmt. Produkte, wie beispielsweise das Sony-Mavica-System oder Canon Xapshot, speichern die digitalen Bilder auf kleinen Disketten, auf die dann der Computer zugreifen kann. Sie können das beste Foto auf Ihre Festplatte übertragen, damit es dort gespeichert wird. Die Diskette in der Kamera kann dann für den nächsten Fotoeinsatz wiederverwendet werden.

Der wesentliche Nachteil der elektronischen Fotografie liegt in der recht schwachen Auflösung der Bilder (1000 Pixel oder weniger). Es ist aber bei einigen Firmen in der Planung, Modelle vorzustellen, die digitale Fotos mit einer hohen Auflösung produzieren.

Das Speicher-Dilemma

Das größte Hindernis beim Einsatz jeder Art von digitaler Fotografie ist die bloße Dateigröße der erstellten Dateien. Ein 24-Bit-Scan eines 20,32 mal 25,4 Zentimeter großen Fotos erzeugt bei einer Auflösung von 300 dpi eine Datei, die bis zu 22 Megabyte groß ist.

Ein Weg, um die Verschwendung von Festplattenkapazität (und Zeit) zu vermeiden, ist der, die Materialien nicht mit der höchstmöglichen Auflösung zu scannen. Beabsichtigen Sie das gescannte Bild in ein 35-mm-Dia einzufügen, dann sollten Sie nicht in Größenordnungen von dots per Inch (Punkten pro Inch) denken, sondern in der Gesamtzahl der erstellten Pixel. Die maximale Pixelanzahl, die notwendig ist, um ein klares, den Diarahmen ausfüllendes photographisches Bild auf einem neutralen 35-mm-Dia zu erzeugen, liegt bei ungefähr 1.200 Pixeln in der Breite und 800 Pixeln in der Höhe. Fotos, die in Fenster plaziert werden, benötigen vielleicht noch weniger Pixel, um ein brauchbares Ergebnis darzustellen.

Wenn Sie eine Fotografie benötigen, die in ein Dia montiert werden soll, sollten Sie das Foto in einer Auflösung scannen, die eine angemessene Pixelanzahl ergibt. Wenn Sie beispielsweise ein 8 mal 10 Inch großes Bild (20,32 mal 25,4 Zentimeter großes Bild) mit nur 120 dpi scannen, wäre die Pixelanzahl immer noch groß genug, um ein scharfes Bild auf dem Dia zu erzeugen (8 Inch mal 10 Inch mal 120 dpi, Punkte pro Inch = 960 Pixel mal 1200 Pixel).

Denken Sie daran, daß bei einem vollständig ausgefüllten Dia die Pixel der Bitmapgrafik auch im gleichen 2-zu-3-Verhältnis stehen müssen wie die eigentliche Größe des Dias. Eine unterschiedliche Proportion wird im Diarahmen Zwischenräume lassen, als ob Sie beim Formatieren des Dias den falschen Seitenaufbau benutzt hätten.

Aber auch die Speicherung von mittelmäßig aufgelösten Fotos kann eine Menge Speicherplatz in Anspruch nehmen. Beabsichtigen Sie, mit elektronischer Fotografie zu arbeiten und auch Fotomontagen zu erstellen, sollten Sie sich darauf vorbereiten, viel Geld für den notwendigen Speicherplatz ausgeben zu müssen. Es folgen nun ein paar Tips, wie man große Bilddateien speichert:

– Investieren Sie in eine große Festplatte (mindestens 150 Megabyte), um mit den aktuellen Dateien umgehen zu können. Bei einer kleineren Festplatte werden Sie sehr schnell an die Kapazitätsgrenze stoßen.

– Große Bitmap-Dateien können oft auf 20 Prozent (oder weniger) der Originalgröße reduziert werden, indem man Komprimierungs-Programme für Bilder und Archivierung einsetzt. Sparen Sie wertvolle Festplattenkapazität mit PC-Archivierungs-Programmen, wie beispielsweise LHARC oder PKZIP, oder durch die MacIntosh-Komprimierungs-Programme, wie zum Beispiel Stuffit, DiskDoubler und Compact Pro.

– Benutzen Sie Backups auf Bändern oder Wechselplatten, wie Bernoulli oder Syquest, um Dateien zu speichern, die nicht mehr aktuell sind. Die Preise der Wechselplatten sind in den letzten Jahren rapide gesunken und können heute, bezogen auf den Preis pro Megabyte, mit Disketten konkurrieren.

Der Praxisfall

Die 64.000-Kilobyte-Präsentation

Donnerstag, den 11. Oktober, 10:00 Uhr: Tim Gonzales unterhält sich am Telefon mit einem Mitarbeiter des Belichtungsstudios über ein kleines Problem, das während der Vorbereitungen zur Übersendung der Dateien an das Belichtungsstudio aufgetreten ist.

"Tja, Frank, einige dieser Dateien sind wirklich ganz schön groß. Ich habe einige Dias mit den Fotos der Redner, wovon jedes einzelne ungefähr 6 Megabyte groß ist. Wie soll ich Dir diese Dateien übermitteln?"

"Für einfache Fotomontagen klingt das erschreckend groß, Tim. Wie hast Du sie gescannt?"

"Wir haben die Schwarz-weiß-Abzüge von der Personalabteilung erhalten und sie dann mit unserem Scanner digitalisiert. Anschließend haben wir die Fotos in unsere Präsentationsdatei importiert."

"Welche Maße hatten die Fotos?"

"20,32 mal 25,4 Zentimeter (8 mal 10 Inch)", sagt Tim.

"Ich wette, daß Du sie mit irgend etwas um die 300 dpi gescannt hast, nicht wahr?"

"Ja, stimmt."

Frank zuckt zusammen. Glücklicherweise ist Tim ein guter Kunde, der mit einem Ratschlag in der letzten Minute gut umgehen kann. "Tim, ich glaube, daß Du die Dias mit den Fotos nochmals überarbeiten mußt. Es hört sich so an, als ob Deine Scans zu groß sind. Ich könnte sie so belichten, wie sie jetzt sind, aber es würde dann länger dauern als die Standardbelichtung, was einerseits die Lieferung verzögern würde *und* andererseits zusätzliche Kosten verursachen würde."

Tim ist ein wenig verunsichert. "Du meinst, daß ich alle vier Dias nochmals erstellen sollte?"

"Absolut. Du benötigst keine so großen Dateien, um gut aussehende Fotomontagen zu erstellen. Ich würde die vier Fotos mit 100 dpi nochmals scannen. Bei dieser Auflösung müßten die Dateien unter einem Megabyte bleiben, und Du kannst sie mir dann einfach auf Diskette ziehen."

"Reicht die Auflösung für ein deutliches Foto aus? Es hört sich nach einer sehr niedrigen Auflösung an."

"Mach Dir keine Sorgen. Selbst bei 100 dpi wirst Du eine Datei mit 800 mal 1000 Pixeln bekommen. Das ist schon recht scharf, ausreichend, wenn Du nicht das gesamte Dia mit dem Foto ausfüllst. Ich nehme an, daß die Fotos innerhalb des Dias in einem Fenster plaziert werden?"

"Ja", sagt Tim.

"Dann brauchst Du Dir wirklich keine Sorgen zu machen. Das wird schon gut gehen. Schick mir doch einfach schon die restlichen Dateien zu."

"Ok, Frank", entgegnet Tim. "Ich werde die vier Dias bis heute Abend fertig haben. Bis dann, Frank."

"Tschüs, Tim."

Zusammenfassung

Sie können Ihre Präsentation beleben und Ihre Kommunikation mit dem Publikum verstärken, indem Sie Illustrationen und Fotografien in Ihre Dias integrieren. Es folgen nun einige Hinweise, wie Illustrationen und Fotografien einzusetzen sind:

–   Illustrationen sollten durch die Aussage getragen werden und einen Stil besitzen, der zu Ihrer Rede und Ihren Aussagen paßt. Benutzen Sie nie ein Bild, nur weil es schön aussieht.

–   Die Rede sollte das, was das Publikum sieht, unterstützend erläutern. Gehen Sie nie davon aus, daß eine Illustration selbsterklärend ist.

–   Versuchen Sie, einen einheitlichen Illustrationsstil durch die gesamte Präsentation beizubehalten.

–   Bitmap- oder Pixel-orientierte Grafiken werden durch ihre Auflösung und ihre Farbtiefe beschrieben. Die Auflösung der Ausgabe wird durch die tatsächliche Pixelanzahl in der Datei begrenzt.

–   Vektor- oder Objekt-orientierte Grafiken sind auflösungsunabhängig. Die Auflösung der Ausgabe hängt von der maximalen Auflösung des Ausgabegerätes ab.

–   Arbeiten Sie mit Fotomontagen, um Fotografien in Ihre Präsentation einzuverleiben. Die Fotomontagen können Sie in einem Fotolabor (oder Belichtungsstudio) produzieren lassen oder mit dem Computer erstellen. Fragen Sie Ihr Belichtungsstudio nach Ratschlägen bei der Kombination von Computergrafiken und Fotografien.

–   Wenn Sie digitale Fotomontagen erstellen, sollten Sie versuchen, die Dateigröße zu kontrollieren, indem Sie die Scans auf weniger als 1.200 mal 800 Pixel begrenzen. Setzen Sie Komprimierungs-Programme ein, um Speicherplatz zu sparen.

12

Erstellung des Ausgabemediums

Der letzte Schritt bei der Präsentationsvorbereitung ist die Erstellung der 35mm Dias oder der Overheadfolien sowie die Produktion der Redner-notizen und des Informationsmaterials für die Teilnehmer. Die techni-sche Ausrüstung, mit der Sie Ihre Ausgabe produzieren, kann von einem Laserdrucker für DM 1.750,- über einen Filmrekorder für DM 80.000,- bis hin zu DM 140.000,- teuren Farbkopierern reichen. Die von Ihnen ausgewählte Produktionsmethode hängt im wesentlichen von drei Fak-toren ab: der Art der Teilnehmer, Ihren Präsentationszielen und Ihrem Etat.

Der benötigte Qualitätsgrad der Ausgabe hängt auch von der Präsen-tationsart ab. Wie Sie richtig annehmen, steigen die Kosten mit anstei-gendem Qualitätsgrad.

Die Ausgabequalität auf die Präsentationsart abstimmen

Präsentationen kann man im allgemeinen in zwei Grundarten unterteil-en: Präsentationen für Mitarbeiter und Präsentationen für die Öffent-lichkeit.

In einer *Mitarbeiter-Präsentation* präsentiert der Redner die Informa-tionen vor einem kleinen Personenkreis, der aus dem Unternehmen stammt. Beispielsweise könnte es sich dabei um eine Präsentation vor Kollegen oder den direkten Vorgesetzten handeln, bei der die Ziele für das nächste Jahr oder andere Projekte besprochen werden. Es besteht in der Regel ein zwangloses Verhältnis zwischen dem Rednern und den Teilnehmern, wobei der Schwerpunkt auf Kooperation und Dialog an-statt auf Publikumswirksamkeit gelegt wird.

Miarbeiter-Präsentationen verlangen nicht nach aufwendigen Grafiken oder hochqualitativer Ausgabe. Deren Hauptzweck liegt in der prakti-schen Kommunikation, wobei häufig auch eine Wechselwirkung zwi-schen Redner und Teilnehmern beabsichtigt wird. Die meisten Unter-nehmen mißbilligen in hausinternen Präsentationen verschwenderische Extravaganzen. Das ist eine weise Einstellung, da diese Unternehmen es vorziehen, das Geld für die Image-orientierten Präsentationen in der Öffentlichkeit zu sparen. Overheadfolien oder 35mm Dias, die haus-intern mit einem Desktop Filmrekorder produziert wurden, reichen für

Mitarbeiter-Präsentationen aus. Computer Screen Shows, die sehr kurz-
fristige Änderungen zulassen, sind auch eine gute Wahl für diese
"hemdsärmeligen" Präsentationen.

In einer öffentlichen Präsentation, versucht der Redner ein Publikum zu
informieren, zu motivieren und zu überzeugen, das sich vorwiegend aus
Personen zusammensetzt, die nicht aus der eigenen Unternehmung
stammen. Das Verhältnis zwischen Redner und Publikum ist bei diesen
Präsentationen auf formaler Ebene. Der Redner trägt die Informationen
vor und die Interaktion zwischen Redner und Publikum findet erst in
der Frage-und-Antwort Runde im Anschluß an die Präsentation statt.

Es ist schwierig, die Verfassung des Publikums abzuschätzen. Die Teilnehmer können aufnahmebereit, neutral oder feindlich gesinnt sein. In
solche Präsentationen spielt die Publikumswirksamkeit und das Image
eine viel größere Rolle als bei Mitarbeiter-Präsentationen. Dies liegt ganz
einfach daran, daß das Publikum erst einmal in die Unternehmung und
das Thema einbezogen werden muß, ehe es überzeugt werden kann.

Öffentliche Präsentationen erfordern eine größere Aufmerksamkeit auf
die Qualität der Ausgabe. Neben der Vermittlung von Informationen
müssen die Grafiken zusätzlich auch Public Relations Funktionen übernehmen. Das heutige Publikum setzt sich permanent mit qualitativ
hochwertigen Präsentationsgrafiken auseinander, angefangen von der
Plakatwerbung bis hin zur Fernsehwerbung.

In öffentlichen Präsentationen werden meistens 35mm Dias eingesetzt. Bei Präsentationen, in denen ein Wechselspiel zwischen Redner und Zuhörern aufgebaut werden soll, sind Overheadfolien eine gute Entscheidung. Andere Ausgabe-Optionen sind Screen Shows, Computeranimationen, Videos und die Ausgabe über hochwertige Videoprojektionseinheiten.

Es lohnt sich nicht am falschen Ende zu sparen, wenn Sie die Dias, die Overheadfolien oder das Informationsmaterial für die Präsentation vorbereiten. Benutzen Sie für Ihre Ausgabe Farbkopierer und Filmrekorder, die professionellen Ansprüchen gerecht werden und arbeiten Sie mit einer hochwertigen Projektionsausrüstung. Wenn möglich sollte jemand bei der Präsentation anwesend sein, der mit eventuell auftretenden Problemen bei der Projektion umgehen kann.

Produktion der 35mm Dias

Der Weg, um die Präsentationsgrafiken von der Diskette auf die fertigen Dias zu bekommen, ist ein anspruchsvoller Prozeß. Er beginnt mit der Erstellung des richtigen Dateitypen, die an einen Filmrekorder gesendet werden müssen, und endet mit dem Entwickeln und Rahmen der Dias. Sie können 35mm Dias hausintern mit einem Desktop Filmrekorder herstellen oder die Dienste einer externen Firma in Anspruch nehmen.

Filmrekorder

Ein Filmrekorder ist eine Schnittstelle, die grafische Informationen interpretiert und auf einen Standard-Diafarbfilm belichtet. Filmrekorder produzieren eine viel größere Informationsdichte als die meisten anderen Ausgabeschnittstellen am Computer. In der Regel werden Dias mit einer Auflösung von 4.096 mal 2.730 Pixeln (4K oder 4000 Zeilen) belichtet. Dies ergibt eine Gesamtanzahl von mehr als 11 Millionen Pixeln, die auf einen knapp vier Quadratzentimeter großen Film gepackt werden. Einige Filmrekorder belichten sogar mit einer Auflösung von 8.192 mal 5.460 Pixeln (8K oder 8000 Zeilen), obwohl dies schon über dem Auflösungsvermögen der meisten 35mm Filme liegt.

Belichtungs-Programme

Ein Filmrekorder wird, genau wie alle anderen Schnittstellen des Computers, durch die Software gesteuert. Der Vorbereitungsprozeß, damit der Filmrekorder die Vektor- und Bitmapgrafiken aus Ihrer Datei bearbeiten kann, wird *Rasterung* genannt. Das Belichtungs-Programm analysiert Ihre Grafikdateien und konvertiert sie in eine Pixelserie innerhalb eines Rasters, das der Fläche des Dias entspricht.

Jedes Pixel wird farblich analysiert und anschließend in die rot-, grün-, und blau-Anteile zerlegt. Dieser Prozeß ähnelt den Farbseparationen, die bei Druckmedien erzeugt werden. Die Daten, für jede der drei Farbkomponenten werden dann temporär auf der Festplatte des Computers gespeichert, mit dem auch der Filmrekorder gesteuert wird.

Die meisten Belichtungsstudios benutzen spezielle Belichtungs-Programme, um die Dateien an den Filmrekorder zu senden. Alle Programme erfordern, daß die Grafikdateien in bestimmten Formaten gespeichert worden sind. Die meist verwendeten Dateiformate sind PostScript, MacIntosh PICT und Matrix SCODL. (Das SCODL-Format ist kennzeichnend für die Filmrekorder der Agfa-Matrix Corporation.) Ihr Belichtungsstudio wird Ihnen mitteilen, in welchem dieser Formate die Dateien benötigt werden.

Die Arbeitsweise von Filmrekordern

Alle Filmrekorder arbeiten mit der gleichen Methode, um Grafikdateien in Dias zu konvertieren. Die Geschwindigkeit und die Qualität eines Filmrekorders hängt von seinen Bestandteilen ab. Jeder Filmrekorder besteht aus drei Hauptbestandteilen - der Kamera, dem Filter und der Kathodenröhre -, die alle von einem lichtundurchlässigen Gehäuse umschlossen werden, um Reflexionen zu verhindern.

Die Kamera des Filmrekorders transportiert ein unbelichtetes Stück Film an eine bestimmte Position und öffnet dann den Verschluß, um die Belichtung einzuleiten. Die Farbfilter (rot, grün blau) werden dann in eine Position vor der Linse gebracht. (Die übliche Reihenfolge bei der Belichtung ist rot, dann grün und anschließend blau.)

Die Daten der Rot-Belichtung werden vom Computer, Zeile für Zeile mit bis zu 8000 Pixeln, an die Kathodenröhre gesandt. Jedes Pixel kann bis zu 256 Graustufen haben, die bei der Photographie durch den Rot-Filter auch die gleiche Anzahl an Rot-Tönen ergeben können. Der Strahl bewegt sich über die Oberfläche der Kathodenröhre bis die roten Daten komplett belichtet sind. Danach wird der Grün-Filter vor die Linse geschoben und die grünen Daten an die Kathodenröhre gesandt. Dieser Prozeß wiederholt sich dann auch noch für die blauen Daten. Sobald die blauen Daten belichtet sind, schließt die Kamera den Verschluß und transportiert den Film zum nächsten Dia.

Die Erklärung vereinfacht sehr die verblüffende Tatsache, daß professionelle hochauflösende (8000 Zeilen) Filmprojektoren fast 128 Millionen Pixel in weniger als einer Minute reproduzieren, um ein Dia zu belichten. Die meisten Standard-35mm Dias werden jedoch mit 4000 Zeilen belichtet, wobei das auch schon eine enorme Leistung ist.

Filmrekordertypen

Dias können mit Desktop Filmrekordern oder professionellen Filmrekordern erstellt werden. Desktop Filmrekorder werden im allgemeinen von Privatpersonen oder von Firmen, für kleinere hausinterne Belichtungsaufgaben, gekauft. Dagegen sind die professionellen Geräte für Anwender produziert worden, die einen hohen Belichtungsaufwand haben, wie zum Beispiel Belichtungsstudios oder grafische Abteilungen in sehr großen Firmen.

Bei Desktop Filmrekordern (der Preis liegt im allgemeinen unter DM 20.000,-) stehen Geschwindigkeit und Qualität zu Gunsten des Preises Hintergrund. Die Qualität der produzierten Dias ist für Mitarbeiter-Präsentationen akzeptabel, jedoch deutlich schlechter, als die Qualität, die mit professionelleren Geräten erzeugt werden kann. Desktop Filmrekorder haben die folgenden Nachteile:

–   Die Kameras sind in der Regel modifizierte 35mm-Modelle und sind keine speziell für Belichtungszwecke entwickelte Kameras. Es können nur 36 Einzelbilder belichtet werden, ehe die Kamera mit einem neuen Film bestückt werden muß.

–   Die Größenbeschränkungen, die notwendig sind, um eine kompakte Schnittstelle für den Normalverbraucher anzubieten, begrenzen die Größe und Leistungsstärke der Kathodenröhre.

–   Die Belichtungszeit kann bei einigen Dias bis zu 15 Minuten dauern, insbesondere bei Dias, mit komplexen Farbverläufen.

–   Die Farbdarstellung kann unvorhersehbar variieren.

Professionelle Filmrekorder (die in einer Bandbreite zwischen DM 40.000,- und mehr als DM200.000,- liegen) liefern für den höheren Preis auch höherer Qualität. Dias, die mit diesen Geräten belichtet werden, sind selbst für die anspruchsvollsten Präsentationen einzusetzen. Diese Filmrekorder verfügen über die folgenden Vorteile:

–   Sie verwenden eine hochwertige Optik, die Verzerrungen eliminiert und die Belichtungsschärfe verbessert.

–   Es können mehrere Hundert Einzelbilder belichtet werden, ehe ein neuer Film eingelegt werden muß.

- Größere Katodenröhren sind heller und schärfer, wodurch eine sattere Farbe und eine schnellere Belichtungszeit erreicht wird.

- Spezielle automatische Kalibrations-Systeme erzeugen eine gleichbleibende Farbqualität und Farbbeständigkeit.

Diaproduktion mit hausinternen Filmrekordern

Was sind die Kriterien, nach denen man entscheiden soll, ob man in einen eigenen Filmrekorder investieren soll? Es gibt einige gute Gründe die Belichtungen selber auszuführen:

- Sicherheit: Wenn Sie mit vertraulichen Informationen arbeiten, bleiben die Informationen bei eigener Belichtung hinter verschlossenen Türen.

- Bequemlichkeit: Ein hausinterner Filmrekorder arbeitet gemäß Ihrem Ablaufplan und geht nicht in Urlaub oder schließt das Geschäft.

- Schnelle Produktion: In einem Notfall könnten Dias sofort belichtet werden.

Ein Grund, mit dem Sie die Anschaffung eines hausinternen Filmrekorders nicht begründen können, sind die Herstellungskosten der Dias. Im Gegensatz zu den Werbetexten der Hersteller sind die Kostenvorteile eines hausinternen Filmrekorders, verglichen mit einem Belichtungsstudio, nur sehr geringfügig. Ausrüstung, Zubehör, Entwicklung und Lohnkosten liegen in der Summe pro Dia nur unwesentlich unter den Kosten, die ein Belichtungsstudio in Rechnung stellt. Dies gilt insbesondere dann, wenn Sie qualitativ hochwertige Dias benötigen.

Es folgen nun einige Kriterien, die Sie vor dem Kauf eines hausinternen Filmrekorders berücksichtigen sollten:

- Ausgabequalität: Stellen Sie zunächst fest, welche Arten von Präsentationen durchgeführt werden und wie die Dias qualitativ beschaffen sein müssen. Überprüfen Sie die Ausgabe von verschiedenen Filmrekordern, in dem Sie die Schärfe, die Sattheit der Farben und Kontraste sowie die Darstellung von Farbverläufen vergleichen.

- Volumen: Sie sollten pro Monat mindestens 100 Dias produzieren müssen, um die Ausgaben und Anlaufschwierigkeiten selbst mit dem günstigsten Gerät zu rechtfertigen.

– Verdeckte Kosten: Neben den Anschaffungskosten des Filmrekorders müssen Sie noch weitere Punkte in Ihre Rechnung aufnehmen: Filmkosten, Entwicklungskosten, Rahmung, Kurierkosten zum Fotolabor und die Arbeitszeit (und Überstunden!), die bei der hausinternen Belichtung benötigt wird.

– Neueinstellung: Es ist natürlich auch eine Person erforderlich, die mit dem Gerät umgehen kann, Zubehör einkauft und Fragen beantworten kann. Selbst bei einem mäßigen Produktionsvolumen (600 Dias und mehr) ist für diese Aufgaben mindestens eine Teilzeitkraft notwendig. Wenn die benötigte Arbeitskraft nicht zur Verfügung steht, müssen Sie jemanden neu einstellen.

Dia-Produktion mit Belichtungsstudios

Die meisten Leute, die Präsentationsgrafiken herstellen, senden ihre Dateien zur Belichtung an ein Belichtungsstudio. Dort werden die Dateien auf 35mm Film belichtet, die Bilder entwickelt und die Dias gerahmt.

Lokale und regionale Belichtungsstudios

Lokale Belichtungsstudios können von einem Kopiershop mit einem Desktop Filmrekorder bis hin zu komplett ausgerüsteten audiovisuellen Anbietern reichen. Es folgen nun einige Tips zur Auswahl des richtigen Belichtungsstudios:

– Haben die Angestellten Erfahrung im Umgang mit Ihren Programmen? Ist das Personal professionell und erfahren? Ihr Belichtungsstudio sollte auch Ratgeber bei Problemstellungen sein, die über Dias und Overheadfolien hinausgehen.

– Welche Ausrüstung benutzt das Belichtungsstudio? Ein Belichtungsstudio sollte über eine professionelle Ausrüstung verfügen. Sie bietet für das Studio und den Kunden Qualität und Zuverlässigkeit.

– Wie werden die Filme entwickelt? Viele kleinere Studios arbeiten mit einem ortsansässigen Fotolabor zusammen, wodurch die Produktionszeit verlangsamt wird. Andere Studio entwickeln die Bilder von Hand, was zu Inkonsistenten führen kann. Ein gutes Studio verfügt auch über hausinterne Entwicklungsmöglichkeiten.

– Bietet das Belichtungsstudio neben der Belichtung von Dias auch andere Dienstleistungen, wie beispielsweise Schulung oder technischen Support an? Der Erfolg und die Erfahrung eines Belichtungsstudios spiegeln sich häufig in der Vielfalt der angebotenen Dienstleistungen wieder. Ein Studio, das sich Schulung und technische Unterstützung zutraut hat in der Regel auch die Erfahrung, um qualitativ hochwertige Dias zu produzieren.

– Kann das Studio mit festgelegten Terminen umgehen? Unter Berücksichtigung der technischen Beschränkungen (wie zum Beispiel Belichtungs- und Entwicklungszeiten) sollte Ihr Belichtungsstudio alles was in seinen Möglichkeiten steht, daran setzen, um die von Ihnen gesetzen Termine einzuhalten.

Sie haben vielleicht bemerkt, daß der Preis in der obigen Aufzählung nicht aufgeführt war. Dies war beabsichtigt, da der Preis das letzte und unwichtigste Kriterium bei der Wahl des Belichtungsstudios sein sollte. Die Preise schwanken zwischen DM 20,- und DM 50,- pro Dia. Die Film- und Entwicklungskosten unterscheiden sich je nach Auftrag ein wenig. Die relevanten Unterschiede liegen in der Qualität und im Service, der Ihnen entgegengebracht wird.

Das wichtigste ist, ein gutes Verhältnis zu Ihrem Belichtungsstudio aufzubauen. Lassen Sie sich das Studio mit Ihnen und Ihren Anforderungen vertraut machen. Wenn Ihr Belichtungsstudio beispielsweise weiß, welche Schriftarten Sie normalerweise benutzen, können fehlende Schriftarten viel früher erkannt werden, wodurch dann Zeit und Geld gespart wird.

In den *Gelben Seiten* werden Sie ein Belichtungsstudio in Ihrer Nähe finden.

Rahmung und Umgang mit Dias

Nachdem Ihr Film belichtet und entwickelt wurde, müssen die Dias gerahmt und in ein Diakarussell plaziert werden, damit man sie projizieren kann. Sie können Ihre Dias zwar selber rahmen, es empfiehlt sich aber, diese Arbeit dem Belichtungsstudio oder dem Fotolabor zu überlassen. Es gibt verschiedene Rahmenarten, die auch in der Abbildung 12.1 zu sehen sind, sowie unterschiedliche Diakarusselle, in denen die Dias eingelegt werden. Die Dias sollten numeriert sein und in der richtigen Richtung in das Diakarussell gesetzt werden.

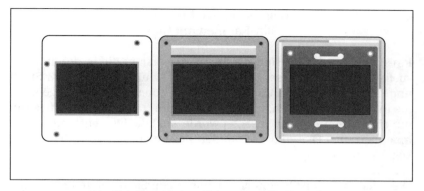

Abb. 12.1: Verschiedene Rahmenarten für 35mm Dias

Plastik- und Papprahmen

Wenn Sie Ihre Dateien zur Belichtung an ein Belichtungsstudio senden oder Ihren selbstbelichteten Film zur Entwicklung an ein Fotolabor verschicken, werden Sie die Dias wahrscheinlich in einem Standard-Plastikrahmen zurück erhalten. Papprahmen werden häufig in der Massenherstellung von Dias eingesetzt, während der Großteil der Belichtungsstudios und kleinen Fotolabore Plastikrahmen verwendet.

Unabhängig, ob mit Plastik- oder Papprahmen gearbeitet wird, muß in beiden Fällen der entwickelte Film in kleine Stücke geschnitten werden, die dann mit ein wenig Klebstoff am Diarahmen befestigt werden. Der Klebstoff dient dazu, daß der Film innerhalb des Rahmens nicht verrutscht. Der Rahmen wird durch Druck oder Hitze geschlossen, wodurch der Film dann endgültig festgehalten wird.

Glaslose Pin-Rahmen und
Pin-Rahmen mit Glas

Pin-Rahmen mit Glas sind die Standard-Version, die in der audiovisuellen Industrie eingesetzt wird. Das Glas schützt den Film vor Staub und Kratzern. In den Rahmen sind kleine rechteckige Pinne eingepreßt, die in die Löcher passen, mit denen ein Film transportiert wird. Wenn mit einem Filmrekorder belichtet wurde, sind die Elemente jedes Dias, innerhalb einer Diaserie, vollkommen gleichmäßig ausgerichtet (es gibt keine Verschiebungen).

Diese Rahmenart ist besonders wichtig, wenn Sie mehrere Projektoren benutzen, um eine weiche Überblendung von einem Dia zum nächsten vorzunehmen. Der Hauptnachteil von Glasrahmen liegt darin, daß sie sehr schwer und bruchanfällig sind (Zum Beispiel wenn ein Diakarussell auf den Boden fällt).

Glaslose Pin-Rahmen halten den Film genauso fest wie die Rahmen mit Glas, wobei sie jedoch wesentlich leichter sind. Belichtungsstudios erheben bei Pin-Rahmen eine besondere Gebühr.

Diakarusselle

Einer der größten Hersteller von Diakarussellen ist die Firma Kodak, die den Karussellprojektor und Diakarusselle entwickelt hat. Kodak stellt drei Diakarusselltypen her, die aber auch in den Produktlinien anderer Hersteller zu finden sind:

– Kodak B80T, das Standard-Diakarussell, kann 80 Dias in jeder Rahmenart enthalten.

– Kodak AV780, ein besonderes Diakarussell mit einem Staubdeckel, das auch 80 Dias in jeder Rahmenart enthalten kann. Dieses Karussell ist nützlich, wenn Sie Ihre Präsentation an verschiedenen Orten zeigen wollen. Der Plastikdeckel schützt die Dias dann vor Staub und Verschmutzungen.

– Kodak B140 kann bis zu 140 Dias enthalten, jedoch nur solche, die einen *unregistered* Plastik- oder Papprahmen haben. Pin-Rahmen sind in der Regel zu dick, um in die engen Schächte dieses Karussells hinein zu passen.

Die Plazierung der Dias in Diakarussellen

Die Richtung, in der Sie die Dias in das Diakarussell einlegen sollen, ist davon abhängig, wie die Dias projiziert werden.

Die von vorne auf die Leinwand erfolgte Projektion, ist die meist benutzte Methode, um Dias zu projizieren. Dabei wird der Projektor hinter dem Publikum aufgebaut und die Dias werden über die Köpfe der Teilnehmer hinweg von vorne auf die Leinwand projiziert. Bei der Projektion von vorne sollten Sie Ihre Dias auf dem Kopf stehend in das Karussell einsetzen, wobei die auf dem Kopf stehende Schrift, von rechts nach links zu lesen sein muß.

Die von hinten auf die Leinwand erfolgte Projektion wird in einigen Konferenzräumen oder auch in großen Vortragssälen eingesetzt. Bei dieser Methode wird der Projektor hinter einer lichtdurchlässigen Leinwand aufgebaut und die Dias werden von dort auf die Leinwand projiziert. Bei dieser Projektionsalternative sollten Sie Ihre Dias auch auf dem Kopf stehend in das Diakarussell einsetzen, wobei nun jedoch die auf dem Kopf stehende Schrift von links nach rechts zu lesen sein muß.

Wenn Sie eine Präsentation abhalten, bei der Sie den Aufbau nicht selber durchführen, sollten Sie sich vorher erkundigen, mit welcher Projektionsmethode gearbeitet wird, damit Sie Ihre Dias entsprechend in Ihr Diakarussell einordnen können.

Numerierung der Dias

Eine der größten Katastrophen, die über einem Präsentant niedergehen kann, ist ein heruntergefallenes Diakarussell unmittelbar vor der Präsentation. Es folgt dann in der Regel ein hektisches Rekonstruieren der Diafolge. Durch die Numerierung der Dias sind Sie auf eine solches Mißgeschick viel besser vorbereitet und es ist dann kein Problem mehr, die ursprüngliche Reihenfolge der Dias zu rekonstruieren. Markieren Sie die Dias immer an der gleichen Stelle. Es bietet sich dafür die Stelle an, an der Sie die Dias mit dem Daumen halten, wenn Sie die Dias in das Karussell einordnen, wie auch in der Abbildung 12.2 dargestellt ist.

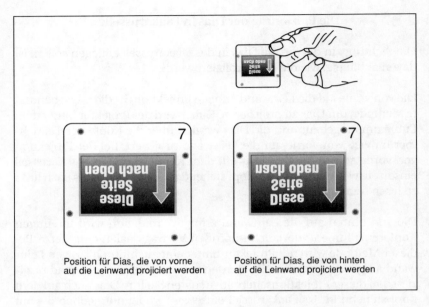

Abb. 12.2: Plazieren Sie die Dias entsprechend der Projektionsmethode in das
Karussell, und markieren Sie die Dias an der "Daumen"-Position.

Produktion der Overheadfolien

Overheadfolien sind immer dann besonders nützlich, wenn es darum
geht eine Interaktion zwischen dem Redner und den Teilnehmern herzustellen. Der Redner kann auf der Projektionsfläche schreiben, um auf
Fragen zu reagieren oder um bestimmte Dinge visuell zu kommentie-
ren.

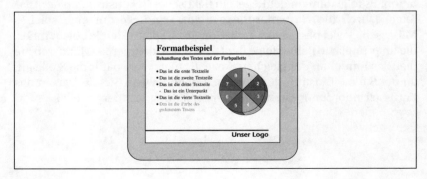

Es gibt verschiedene Möglichkeiten, um Overheadfolien herzustellen. Da die Ausgabemöglichkeiten von günstigen schwarz-weiß-Folien, die mit einem Laserdrucker erstellt worden sind, bis zu relativ teuren Overheadfolien in Photoqualität reichen können, stehen Etat-Überlegungen bei der Auswahl im Vordergrund.

Gedruckte Overheadfolien

Sie können Overheadfolien mit verschiedenen Druckerarten erstellen. Bei der Produktion von Overheadfolien in Präsentationsqualität sind Laserdrucker, Thermotransferdrucker, Thermosublimationdrucker und Tintenstrahldrucker die meist verwendeten Drucker.

Laserdrucker

Overheadfolien, die mit einem Laserdrucker erstellt werden, verursachen die geringsten Kosten. Die Durchschnittskosten betragen weniger als DM 2 pro Dia. Wenn Sie mit einem Laserdrucker eine schwarz-weiß Präsentation herstellen wollen, kann die fertige Ausgabe durchaus attraktiv sein. Halten Sie die Gestaltung einfach, vermeiden Sie großflächige Verläufe, setzen Sie Muster nur selten ein und arbeiten Sie mit schwarzem Text und Grafiken auf einem klaren (weißen) Hintergrund.

Verwenden Sie Overheadfolien, die speziell für die Laserdrucker-Ausgabe von einigen Herstellern entwickelt wurden. Andere Overheadfolien könnten sich vielleicht in der Hitze auflösen, wodurch der Drucker ernsthaft beschädigt wird. Legen Sie die Folien in den Papierschacht des Druckers und drucken dann jede Seite Ihrer Präsentation aus.

Farbthermotransferdrucker und Farbtintenstrahldrucker

Farbthermotransferdrucker arbeiten nach dem selben Prinzip wie der Standard-Vierfarbdruck. Jedoch wird ein besondere Tinte auf Wachsbasis benutzt, die auf das Papier, in den separaten Farbpunkten cyan, magenta, gelb und schwarz, geschmolzen wird. Die Farbpunkte werden sehr eng aneinander gedruckt, wodurch das Auge des Betrachters den Eindruck vermittelt bekommt, als ob der Farbpunkt aus einer einzigen Farbe bestehen würde.

Der Prozeß, bei dem andere Farben aus einer Mischung dieser vier Sekundärfarben entstehen, wird Rasterung genannt. Der Rasterung-Prozeß kann sehr viele Farben erzeugen, aber häufig zu Lasten eines strukturartigen Aussehens bei einigen Farben. Die Struktur ist von der Zusammensetzung der Cyan-, Magenta-, Gelb- oder Schwarz-Punkte abhängig.

Die Farbe wird dadurch aufgetragen, daß eine sehr dünne Plastikschicht auf das Papier oder die Overheadfolie gepreßt wird und dann beides durch den Drucker laufen muß. Die Plastikschicht ist mit Tinte auf Wachsbasis überzogen, wobei die Farbe der Tinte cyan, magenta, gelb oder schwarz ist. Sobald das Papier mit der Plastikschicht durch den Drucker laufen, schmilzt der Thermodruckkopf kleine Bereiche des tintenbeschichteten Plastiks, wodurch die Farbpunkte auf das Papier gebracht werden. Dieser Vorgang wird dann für jede der vier Farben wiederholt.

Anfangs waren diese Drucker sehr teuer. Doch mittlerweile können Farbthermotransferdrucker im Preis mit high-end Laserdruckern (im DM 10.000-Bereich) konkurrieren. Diese Druckerart ist am besten geeignet, um farbige Overheadfolien zu erstellen. Belichtungsstudios verlangen zwischen DM 8,50 und DM 30,- pro Overheadfolie.

Wie die Thermotransferdrucker, erzeugen auch die Farbtintenstrahldrucker die Farbe durch das Auftragen von kleinen Farbpunkten, jedoch werden bei Tintenstrahldruckern die Punkte mittels feiner Düsen auf das Papier gesprüht. Da die Tinte in den meisten Farbtintenstrahldruckern lichtundurchlässiger ist als die Tinte in den Farbthermotransferdruckern, ist die Qualität der Overheadfolien, die mit einem Tintenstrahldrucker erzeugt wurden, geringer. Die Ausnahme ist der IRIS Farbtintenstrahldrucker, dessen Ausgabequalität mit der des Thermosublimationdruckers zu vergleichen ist.

Thermosublimationdrucker

In einem Thermosublimationdrucker werden die Bilder dadurch erzeugt, daß verschiedene lichtdurchlässige Farbpunkte übereinander gelegt werden, anstatt nebeneinander gelegt zu werden. Dieser Vorgang erzeugt einen Farbpunkt aus reinen Mischfarben, der mit den umliegenden Punkten vermengt einen echten Farbbereich erzeugt. Bilder, die mit

einem Thermosublimationdrucker erstellt wurden, sind von Farbpho-
tographien oder Farbabzügen praktisch nicht zu unterscheiden.

Der Hauptnachteil dieses Druckers liegt in den fast astronomischen Kosten für die Anschaffung und das Verbrauchsmaterial. Während die
Drucker zwischen DM 40.000 und DM 110.000,- kosten, muß für das
Verbrauchsmaterial pro Seite auch nochmal bis zu DM 21,- eingerech-
net werden. Es gibt aber genügend Anwendungen, in denen der Preis
durch die hohe Qualität rechtfertigt wird. Belichtungsstudios verlangen
zwischen DM 25,- und DM 90,- für jede Overheadfolie.

Fotografisch erstellte Overheadfolien

Eine andere Alternative zur Erstellung von qualitativ hochwertigen Overheadfolien ist Fotografie. Um eine "fotografische" Overheadfolie zu erstellen, muß Ihre Datei zunächst als 35mm Dia belichtet werden und
anschließend photographisch auf ein 18 mal 24 Zentimeter großes
Farbbild vergrößert werden. Die Bildqualität ist fast genauso gut wie bei
35mm Dias, obwohl die Typographie durch die extreme Vergrößerung
manchmal ein wenig verschwommen erscheint. Die Overheadfolien sind
kratzfest und sehr leicht zu reinigen.

Durch die Film- und Entwicklungskosten können die Materialkosten bei
solchen Overheadfolien recht hoch sein. Dennoch gibt es einige Foto-
Systeme – wie beispielsweise Cibachrom – die qualitativ hochwertige
Overheadfolien von Dias produzieren, ohne dabei den finanziellen Rahmen zu sprengen. Am besten lassen Sie Ihre aus Dias basierende
Overheadfolien in einem Fotolabor oder Belichtungsstudio herstellen.
Die Entwicklung von großformatigen Filmen erfordert genaue Arbeits-
abläufe sowie Chemikalien, die in den meisten Büros nicht vorhanden
sind. Belichtungsstudios berechnen, je nach Verfahren, zwischen DM
14,- und DM 45,- pro fotografisch hergestellte Overheadfolie.

Rahmung und Umgang mit Overheadfolien

Die hellen Hintergründe, die in Overheadfolien vereinzelt eingesetzt
werden, sind besonders anfällig für Staub und Fingerabdrücke. Im
thermotransfer Verfahren verwendete Materialien sind auch sehr leicht
verkratzt. Da Overheadfolien während ihres Daseins sehr häufig einge-
packt, ausgepackt und hin und her gerückt werden, müssen sie sehr

sorgfältig gerahmt und aufbewahrt werden, um die bestmögliche Bildqualität zu sichern. Es folgen einige Tips, die die Lebensdauer Ihrer Overheadfolien verlängern:

– Um Beschädigungen während der Aufbewahrung, dem Umgang und der Projektion zu vermeiden, sollten Overheadfolien mit einen Plastik- oder Papprahmen versehen werden (in den meisten Bürobedarf oder Photozubehörgeschäften erhältlich).

– Bewahren und transportieren Sie die Overheadfolien in einer Box, wobei die Folien mit dünnem Papier voneinander getrennt werden sollten, um Kratzern vorzubeugen.

– Fassen Sie die Folien am Rahmen an, um Fingerabdrücke zu vermeiden.

– Bewahren Sie die Folien nicht in der Nähe von Hitze auf. Dies gilt insbesodere für jene, die mittels *color wax termal process* erstellt worden sind.

Color Sie immer Ihre Overheadfolien. Ein unbeabsichtigtes Entgleiten aus der Hand kann einen sauber geordneten Folienstapel im letzten Augenblick durcheinander bringen.

Wenn Sie die vorgedruckten Overheadfolien beschreiben möchten, sollten Sie Ihr Geld nicht damit verschwenden, nach jeder Rede eine neue Folie ausdrucken zu müssen. Kleben Sie eine durchsichtige *Acetatfolie* auf den Rahmen der Overheadfolie. Wenn Sie eine Overheadfolie während einer Präsentation beschreiben, brauchen Sie anschließend nur eine neue Acetatfolie gegen die beschriftete auszuwechseln, um für die nächste Präsentation vorbereitet zu sein. In der Abbildung 12.4 wird die Funktionsweise der Acetatfolie illustriert.

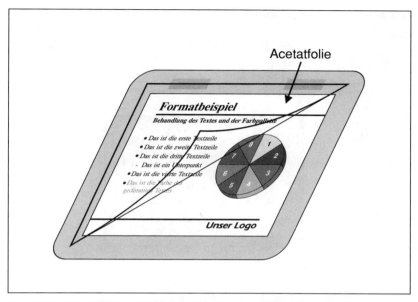

Abb. 12.3: Schreiben Sie nicht direkt auf die Overheadfolie, sondern auf die Acetatfolie

Produktion der Informationsmaterialien und Rednernotizen

Neben den Dias und Overheadfolien wollen Sie für Ihre Präsentation vielleicht auch Rednernotizen und Informationsmaterialien erstellen. Einige Präsentationsgrafik-Programme verfügen über eingebaute Möglichkeiten, um Rednernotizen und Infomaterialien zu erstellen. Sie können aber auch Textverarbeitungs-, Zeichnen- oder Layout-Programme zur Herstellung dieser Präsentationsmaterialien einsetzen.

Rednernotizen

Rednernotizen bestehen aus dem endgültigen Text einer langen Rede sowie den Kopien der verwendeten Grafiken. Der Redner kann sich dann auf die ausgedruckte Version jedes Dias beziehen, ohne auf die Projektionsfläche oder die Leinwand sehen zu müssen.

Der Aufbau der Rednernotizen sollte im günstigsten Fall so aussehen, daß ein großes Bild des aktuellen Dias im oberen Bereich der Seite zu sehen ist, dem dann der dazugehörige Text folgt, wie auch in der Abbildung 12.5 dargestellt wird.

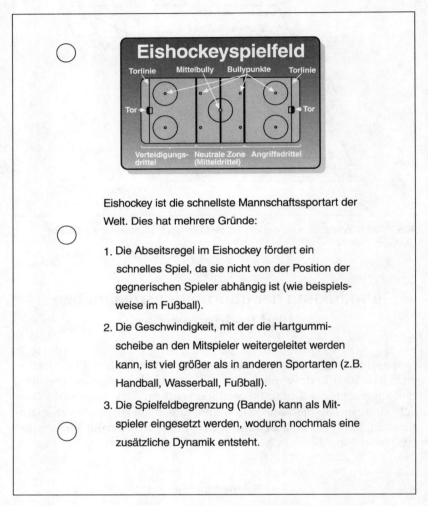

Abb. 12.4: Eine Seite der Rednernotizen

– Erstellen Sie für jedes Dia der Präsentation eine separate Seite. Bei aufbauenden Diaserien zeigen Sie nur die Endversion des Dias.

- Setzen Sie den Text linksbündig, mit doppelten Zeilenabstand, in eine 14 Punkt große Schrift (18 Punkt ist noch besser).

- Jede Seite sollte mit einem Hinweis auf den Diawechsel enden, damit Sie genau wissen, wann das nächste Dia und die nächste Seite der Rednernotizen einzusetzen ist. Benutzen Sie bei aufbauenden Diaserien einen farbigen Textmarker, um auf den Diawechsel hinzuweisen.

- Numerieren Sie die Seiten der Rednernotizen, damit Sie keine Probleme mit der Reihenfolge bekommen, falls die Seiten durcheinander geraten sollten.

Falls eine andere Person als der Redner den Projektor bedient, sollte diese Person auch eine Kopie der Rednernotizen erhalten, damit er (oder sie) weiß, nach welchen Textpassagen die Dias zu wechseln sind. Aus diesem Grund sollten die Hinweise auf die Diawechsel auch farbig markiert werden.

Informationsmaterial für die Teilnehmer

Häufig neigen die Präsenter dazu, Ihr Publikum mit Papierbergen zu versorgen, die nach der Präsentation zur Verfügung gestellt werden. Diese "Souvenirs" landen in der Regel ungelesen im Papierkorb, was zweifelsohne einen nicht umweltgerechten Umgang mit knappen Ressourcen darstellt. Die Informationsmaterialien werden häufig auf diese Weise falsch eingesetzt, es gibt aber auch einige gute Gründe für deren Einsatz:

- Sobald Ihre Dias sehr komplexe Daten enthalten, können die Teilnehmer mit Hilfe der Informationsmaterialien die Daten, sowohl während, als auch nach der Präsentation, eingehender studieren.

- Wenn Ihr Publikum detaillierte Informationen Ihrer Rede benötigt, um Sie an dritte weiterzuleiten, ersparen Sie den Teilnehmern das Kopieren der eigenen Notizen, indem Sie ihnen die gesamte Diashow als Informationsmaterial an die Hand geben.

- In einer Schulungs-Präsentation kann ein kompletter Satz der Informationsmaterialien weitergegeben werden, damit die Teilnehmer direkt in diese Unterlagen ihre Notizen hinein schreiben können.

Das Format und der Aufbau der Informationsmaterialien hängt sehr stark davon ab, wie Sie die Materialien verteilen wollen. Die folgenden Abschnitte enthalten einige allgemeine Richtlinien zur Erstellung von Informationsmaterialien sowie spezielle Vorschläge für die drei wichtigsten Unterlagentypen (Dias mit umfangreichen Daten, Zusammenfassung der Präsentation und Schulungsunterlagen).

Allgemeine Richtlinien zur Erstellung von Informationsunterlagen

Die meisten Präsentationsgrafik-Programme werden automatisch irgendeine Art von Informationsunterlagen erstellen. Dennoch müssen Sie vielleicht das Format dieser Unterlagen noch ein wenig verändern, um ein professionelles Aussehen zu gewährleisten. Es folgen nun einige Tips:

–   Überfrachten Sie die Seiten nicht. Plazieren Sie um die Grafiken angemessene Seitenränder. Lassen Sie Raum für eine Lochung am linken Seitenrand (auch wenn Sie die Seiten nicht lochen möchten, wollen Ihre Teilnehmer die Unterlagen vielleicht abheften).

–   Geben Sie auf jeder Seite immer den Namen des Redners, den Firmennamen und den Titel der Präsentation an.

–   Drucken Sie in einer aufbauenden Diaserie immer nur den letzten Schritt, der alle Informationen enthält (dies gilt nicht für aufdeckende Diasequenzen bei Texten mit Unterpunkten).

–   Wenn die Unterlagen aus mehreren Seiten bestehen, sollten Sie die einzelnen Seiten numerieren.

–   Wenn Ihre Informationsunterlagen mehr als 20 Seiten beinhalten, sollten Sie sie in irgendeiner Weise binden, damit man gut mit ihnen arbeiten kann.

–   Beziehen Sie die Seitenzahlen der Informationsunterlagen in Ihre Rede ein. Lassen Sie die Teilnehmer nicht raten, wo das auf der Leinwand dargestellte, in deren Unterlagen zu finden ist.

Informationsunterlagen für Dias mit komplexen Daten

Am häufigsten werden Informationsunterlagen eingesetzt, wenn die dargestellten Daten der Dias zu komplex sind, um ihnen folgen zu können. Tabellen, umfangreiche Schaubilder, Zeitablaufpläne und andere Grafiken benötigen die Informationsmaterialien, damit die Aufgabe der Teilnehmer (zu begreifen und zu folgen) leichter gemacht wird. Erstellen Sie aber nur für erklärungsbedürftige Dias Infomaterialien. Wenn Sie auf einer Seite nur ein Dia darstellen wollen, sollten Sie die Seite im Querformat ausdrucken, um sich dem Format des Dias oder der Overheadfolie anzupassen. In der Abbildung 12.6 ist dieser Aspekt dargestellt.

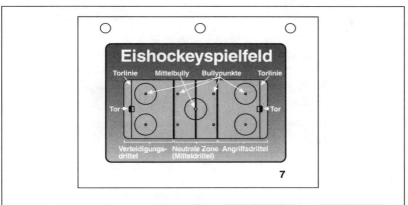

Abb. 12.5: Ein umfangreiches Dia in den Informationsunterlagen

Die Unterlagen sollten vor Beginn der Präsentation an die Teilnehmer verteilt werden.

Informationsunterlagen für Präsentationszusammenfassungen

Wenn es notwendig sein sollte, den Teilnehmern die gesamte Präsentation als Zusammenfassung zu geben, besteht immer die Gefahr, daß die Teilnehmer im voraus lesen, was der Redner als nächstes besprechen wird. Aus diesem Grund sollten Sie diese Art der Informationsmaterialien wenn möglich erst am Ende der Präsentation verteilen.

Plazieren mehrere Dias auf eine Seite, um die Druckkosten nicht in die Höhe zu treiben und um eine Unterlage zu erzeugen, die einfach zu handhaben ist. Sie können auf einer Seite bis zu sechs Dias unterbringen, wie auch in der Abbildung 12.7 zu sehen ist. Sie können die Dias entweder auf eine Seite im Hochformat oder im Querformat plazieren.

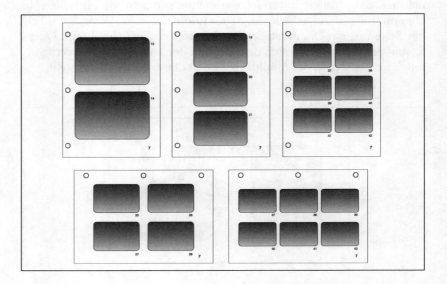

Abb. 12.7: Formate für Informationsunterlagen, in denen die Präsentation zusammengefaßt wird

Vergewissern Sie sich, daß die Kopien der Dias in den Informationsunterlagen gut lesbar sind. Numerieren Sie neben den Seiten auch die einzelnen Dias.

Informationsunterlagen für Schulungen

Bei Schulungen können Informationsunterlagen als Übungshandbuch dienen. Die Schulungsunterlagen sollten vor der Präsentation an die Teilnehmer verteilt werden.

Erstellen Sie die Informationsunterlagen mit ausreichendem Platz für Notizen und Anmerkungen neben den Dias. Erstellen Sie pro Seite drei

bis vier Blöcke mit je einem Dia und der Möglichkeit Notizen zu vermerken, wie es in der Abbildung 12.8 dargestellt ist. Benutzen Sie ein
Deckblatt für den Titel der Präsentation und fügen Sie hinter den eigentlichen Unterlagen noch ein oder zwei leere Blätter für weitere Notizen
hinzu.

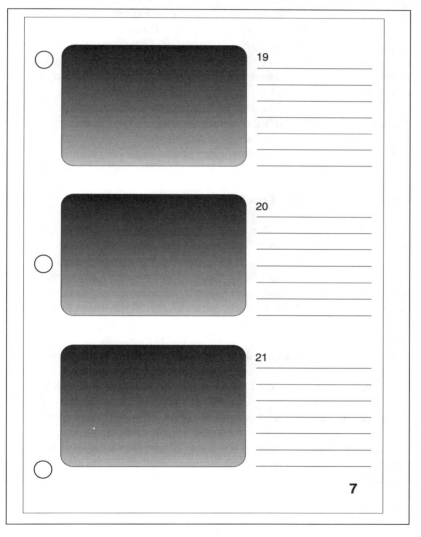

Abb. 12.8: Eine Seite der Schulungsunterlagen

Der Praxisfall

Die letzten Schritte

Donnerstag, den 11. Oktober, 13:00 Uhr: Tim Gonzales atmet erleichtert durch als er die endgültigen Disketten an das Belichtungsstudio zur Belichtung verschickt. Die vergangenen zwei Wochen waren unglaublich arbeitsreich gewesen. Neben den Dias für die Präsentation mußte er noch sein Tagesgeschäft erledigen und das Layout für eine Mitarbeiterbroschüre erstellen. Tim ist gerade auf dem Weg zum Mittagessen als Georg Spitzer sein Büro betritt.

"Guten Tag, Tim. Ich wollte dir nur nochmal für deine gute Arbeit danken. Wir glauben alle, daß es eine phantastische Präsentation geben wird, und du hast daran einen sehr entscheidenden Anteil. Es gibt jedoch eine Sache, die wir für dieses Projekt noch erledigen müssen."

Kalter Schweiß läuft an Tims Rücken herunter. "Was ist es?"

"Ich benötige von der Präsentation 40 Informationsunterlagen, um sie an die Analysten weiterzugeben."

Sehr beherrscht antwortet Tim: "Das ist kein Problem. Aber ich glaube nicht, daß unsere hausinternen Kapazitäten ausreichen, um diesen Job bis morgen zu erledigen. Es kann sein, daß der Job an einen Kopiershop herausgegeben werden muß."

"Das ist gut. Mach´ was du für notwendig hältst. Nochmals Danke."

"Ach, noch etwas, wie viele Dias möchtest du auf einer Seite haben?"

"Können wir mehr als ein Dia auf eine Seite nehmen?" fragt Georg.

"Sicherlich. Eigentlich sollten wir sogar mehr als ein Dia pro Seite abbilden. In der gesamten Präsentation werden fast 110 Dias gezeigt. Das ist eine Menge Papier."

"Was schlägst du vor?"

"Laß´ uns vier Dias auf eine Seite nehmen. Dadurch wird die Seitenzahl pro Booklet auf weniger als 30 Seiten reduziert."

"In Ordnung. Das wird gut aussehen. Danke, Tim."

Nach dem Gespräch setzt sich Tim wieder an seinen Computer und baut in seinem Präsentationsgrafik-Programm eine Seite mit vier Dias auf. Weiterhin fügt er im oberen Bereich der Seite den Firmennamen ein und im unteren Bereich den Ort und das Datum der Präsentation.

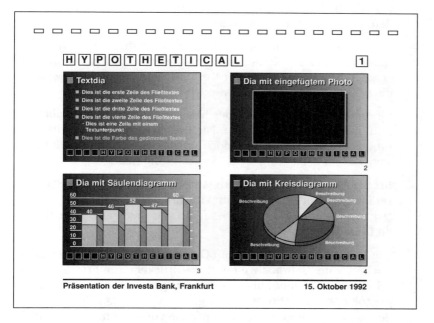

Nach dem Aufbau der Seiten gibt er den Druckbefehl ein und verläßt sein Büro in Richtung Mittagessen.

Zusammenfassung

Die Art, in der Sie Ihre Präsentation produzieren, hängt von Ihrem Publikum, Ihren Präsentationszielen und Ihrem Etat ab. Es folgt ein Rückblick auf die Ausgabemöglichkeiten und die dabei zu berücksichtigenden Faktoren:

– In Mitarbeiter-Präsentationen werden Informationen vor einem kleinen Personenkreis präsentiert, der aus dem Unternehmen stammt. Diese Präsentationen sind einfacher und zwangloser und benötigen deshalb auch keine kostenintensive Ausgabemedien. Overheadfolien sind bei dieser Präsentationsart das meist eingesetzte Medium.

– Öffentlichen Präsentationen werden abgehalten, um das firmenfremde Publikum zu informieren, zu motivieren und zu überzeugen. Qualität und anspruchsvolle Grafiken sind dabei wichtiger als bei Mitarbeiter-Präsentationen. In öffentlichen Präsentationen werden meistens 35mm Dias eingesetzt.

– Die Qualität eines Filmrekorders hängt von seinen Bestandteilen ab (Kamera, Filter und Kathodenröhre). Die Preise für Filmrekorder liegen bei unter DM 20.000,- für Desktop Filmrekordern und reichen bis zu DM 200.000,- für professionelle Geräte.

– Ein hausinterner Filmrekorder bietet Sicherheit, Bequemlichkeit und eine schnelle Produktion. Die Kosten für Dias, die hausintern produziert werden, liegen jedoch nur unwesentlich unter den Kosten, die ein Belichtungsstudio in Rechnung stellt.

– Bei der Auswahl des Belichtungsstudios sollten der Service, die Zuverlässigkeit, die Ausrüstung und die Erfahrung des Studios berücksichtigt werden. Die Kosten sollten Sie erst ganz zum Schluß berücksichtigen.

– Die Methoden, mit denen man Overheadfolien produzieren kann, reichen vom Gebrauch eines Laserdruckers zur Erstellung von schwarz-weiß Folien, bis zu hochwertigen Farbfolien, die mittels photographischer Prozesse erzeugt werden. Wählen Sie die Methode aus, die am besten Ihren Bedürfnissen und Ihrem Etat entspricht

– Rednernotizen enthalten Kopien der Dias mit dem Text der Rede, um dem Redner eine Hilfe zu geben.

– Die Informationsmaterialien für die Teilnehmer sind immer dann nützlich, wenn es darum geht Dias mit umfangreichen Daten zu erläutern, die Präsentation zusammenzufassen oder Schulungsunterlagen zur Verfügung zu stellen. Das Layout und der Zeitpunkt, an dem die Unterlagen verteilt werden, hängt immer davon ab, zu welchen Zweck die Informationsmaterialien eingesetzt werden sollen.

13

Präsentationstag

Nachdem Sie Ihr Präsentationsmaterial produziert haben, liegt die letzte Aufgabe darin, Ihre Vortragsweise zu polieren und die Ausstattung des Raumes zu arrangieren. Sollten Sie der Redner sein, ist die Probe der Rede die wichtigste Sache, die Sie tun können, um eine erfolgreiche Präsentation zu garantieren.

In einer heilen Welt hat jeder Konferenzsaal in einem Hotel ein vollständig ausgerüstetes Theater, mit professioneller Projektionsausrüstung, guter Sicht auf allen Plätzen, klar zu verstehenden Mikrophonen, guter Belüftung und einem Techniker, der sich den ganzen Tag darum kümmern kann, daß alles reibungslos funktioniert. In der Realität muß derjenige, der die Präsentation abhält, mit dem Platz auskommen, der ihm oder ihr zur Verfügung gestellt wird. Einen leeren Raum in einen annehmbaren Platz für eine Präsentation zu verwandeln wird *Inszenierung* genannt. Darin ist dann aber von der Anordnung der Stühle bis zur Verteilung des Informationsmateriales alles inbegriffen.

Proben Sie den Weg zu einer erfolgreichen Präsentation

Proben Sie Ihre Rede einige Male mit den Originaldias, den Overheadfolien und den Screen-Show-Elementen, die Sie während der Präsentation einsetzen werden. Benutzen Sie bei der Probe das gleiche Projektionsequipment, mit dem Sie auch während der Präsentation arbeiten müssen. Üben Sie vor Freunden oder Mitarbeitern und fragen Sie die Zuhörer anschließend nach deren Meinung und Ratschlägen bezüglich der Präsentation. Es folgen nun einige Dinge, die Sie während der Proberunden berücksichtigen sollten:

– Achten Sie auf die Veränderung der Tonlage in Ihrer Stimme, um das Interesse des Publikums zu binden. Verändern Sie die Geschwindigkeit Ihrer Vortragsweise, um Abwechslung zu erzeugen. Verändern Sie die Lautstärke Ihrer Stimme, um bestimmte Punkte zu betonen. Strategische Pausen vermitteln Vertrauen. Hören Sie gelegentlich auf zu reden, um dem Publikum die Möglichkeit zu geben, das Gesagte aufzufassen und eigene Gedanken einzubeziehen.

– Geben Sie auf Ihre Körperhaltung und die Gestikulierung mit Ihren Händen acht. Stehen Sie nicht steif am Podium und starren Sie nicht dabei auf Ihre Notizen. Entspannen Sie sich und kommunizieren Sie mit Ihrem gesamten Körper.

– Üben Sie den Augenkontakt zu den Anwesenden herzustellen. Wenn Sie von einem zum anderen Punkt in der Rede übergehen, wechseln Sie auch den Augenkontakt auf die nächste Person. Durch permanenten Augenkontakt wird die Präsentation persönlicher, und es hilft Ihnen, die eventuell auftretende Nervosität abzuschwächen.

– Üben Sie die visuellen Elemente zu den richtigen Zeitpunkten in der Rede darzustellen. Machen Sie sich mit dem Wechseln der Overheadfolien, der Fernbedienung für den Diaprojektor und der Arbeit mit der Maus bei Screen Shows vertraut.

– Heben Sie die Hinweise, wann ein Dia zu wechseln ist, oder andere Kommentare in Ihren Rednernotizen deutlich hervor.

Und wenn Sie denken, daß Sie Ihre Präsentation perfekt beherrschen, sollten Sie nicht aufhören, sondern noch einige Male üben.

Die Inszenierung der Präsentation

Selbst eine hervorragend geplante und perfekt gestaltete Präsentation wird keine Wirkung erzielen, wenn das Publikum den Redner nicht hören und die Grafiken nicht sehen kann. Bei einer Präsentation muß das Ziel der Inszenierung darin liegen, es dem Publikum so leicht wie möglich zu machen, Ihre Aussagen aufnehmen zu können.

Bei den Überlegungen, die die Inszenierung betreffen, muß man zwei Arten der Teilnehmer unterscheiden. Einerseits das große, formale Publikum, das wie im Theater plaziert wird, und andererseits eine kleine, informelle Teilnehmeranzahl an einer Präsentation in einem Besprechungsraum. Jede Kategorie wirft für die verschiedenen Präsentationsmethoden unterschiedliche Probleme auf. Es folgen nun einige Faktoren, die Sie bei der Inszenierung einer Präsentation berücksichtigen sollten:

– Aufbau der Projektionsausrüstung und Sicht der Teilnehmer: Plazieren Sie den Projektor, die Leinwand und die Sitzgelegenheiten der Teilnehmer so, daß für das Publikum die bestmöglichste Sicht entsteht.

- Position des Redners: Dort, wo der Redner in Verbindung zum Publikum und zu den Grafiken steht.

- Hörbarkeit: Vergewissern Sie sich, daß der Redner von jedem Teilnehmer gehört werden kann.

- Raumbeleuchtung: Richten Sie die Beleuchtung so aus, daß einerseits das Präsentationsmedium unterstützt wird, andererseits auf die Bedürfnisse der Teilnehmer eingegangen wird.

- Verteilung des Informationsmaterials: Überprüfen Sie, wie die Teilnehmer die gedruckten Materialien erhalten sollen.

Bei einer Präsentation kann ein Großteil der Aufbauarbeiten auch an Firmen delegiert werden, die sich diese Arbeiten zur Aufgabe gemacht haben. Schauen Sie in den *Gelben Seiten* in der Rubrik Audiovision nach. Diese Firmen können Sie bei Präsentationen mit einer Projektionseinheit genauso unterstützen wie bei Präsentationen, an denen mehrere Redner mit verschiedenen Medien gleichzeitig teilnehmen.

Wenn Sie für diese Arbeiten keine Profis mieten wollen, sollten Sie sich den Herausforderungen vertraut machen, die der Aufbau des Präsentationsraumes bereit hält. Es gibt keinen Vortragssaal (oder Besprechungsraum oder ähnliches), der perfekt ist. Deshalb müssen Sie flexibel bleiben und einige Vorkehrungen treffen, damit es nicht zum Desaster kommt. Die folgenden Abschnitte enthalten einige Hinweise für den Aufbau von 35-mm-Dia-, Overheadfolien- und Screen-Show-Präsentationen.

Aufbau einer 35-mm-Dia-Präsentation

Wenn Sie eine 35-mm-Dia-Präsentation aufbauen, müssen Sie sich über die Position des Projektors, der Raumbeleuchtung und der zur Verfügung stehenden Ausrüstung Gedanken machen.

Dia-Präsentationen in einem großen Vortragssaal

Es ist häufig recht schwierig, allen Personen in einem großen Raum eine optimale Sicht auf die projizierten Dias zu verschaffen. Wie in der Abbildung 13.1 zu sehen ist, wird der Projektor hinter dem Publikum aufgebaut. Er sollte hoch genug plaziert werden, damit der Lichtkegel des

Projektors nicht durch die Köpfe der sitzenden Teilnehmer blockiert wird. Im Fachhandel sind Teleskopstative für Diaprojektoren erhältlich, die den Projektor bis zu 1,8 Metern anheben können. Die ideale Höhe für die Position des Projektors liegt auf demselben Niveau wie die Leinwandmitte. Aber außerhalb eines sehr gut ausgerüsteten Theaters ist dies kaum zu erzielen.

Eine saubere Projektions-Leinwand wird zwar eine bessere Bildqualität angeben, jedoch kann eine weiße Wand auch als Leinwand dienen. Wenn Sie Ihre Dias auf eine farbige Wand projizieren, sollten Sie daran denken, daß Ihre Dias leicht eingefärbt werden, wodurch etwas fremd anmutende Farbeffekte entstehen könnten.

Sie sollten an einer Seite der Leinwand stehen (mit oder ohne Podium), jedoch nah genug, damit Sie die Teilnehmer auch dann noch peripher sehen, wenn sie auf die Leinwand schauen.

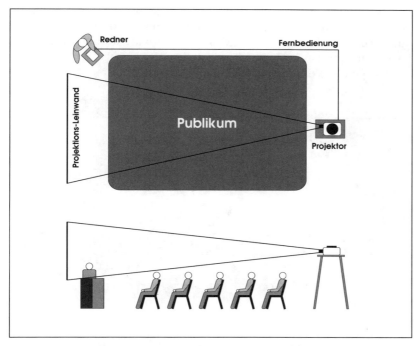

Abb. 13.1: Aufbau einer Dia-Präsentation in einem großen Vortragssaal

Vergewissern Sie sich, daß die Schnur der Fernbedienung lang genug ist, damit das Podium vom Projektor erreicht wird. Es sollte auf dem Podium auch ein Leselicht vorhanden sein, um das Skript zu beleuchten. Darüber hinaus wird auch Ihr Gesicht beleuchtet, sofern keine andere Lichtquelle zur Verfügung steht.

Bei der Präsentation in einem sehr großen Raum müssen Sie unbedingt darauf achten, daß Sie das Publikum hören kann. In den meisten Konferenz- und Vortragsräumen sind Mikrophonanlagen und Verstärker vorhanden. Falls der Raum keinen Verstärker hat, sollten Sie jemanden in die letzte Reihe setzen, der Ihnen dann anzeigt, wie stark Sie Ihre Lautstärke regulieren müssen, um auch in der letzten Reihe verstanden zu werden.

Dia-Präsentationen in einem Besprechungsraum

Wenn Sie vor kleineren Personenkreisen Dias projizieren, besteht der beste Aufbau darin, den Projektor auf den Konferenztisch zu stellen, wie auch in der Abbildung 13.2 dargestellt ist. Alternativ können Sie den Projektor auch auf einen kleinen Tisch stellen, der hinter dem Konferenztisch, gegenüber der Leinwand, aufgestellt wird.

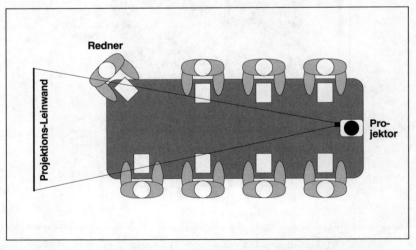

Abb. 13.2: Aufbau einer Dia-Präsentation in einem Besprechungsraum

Sie sollten neben einer Leinwandseite, am Tischende, sitzen, damit Sie die gesamte Gruppe sehen können (und auch gesehen werden) oder neben der Leinwand stehen. Lassen Sie das Kabel der Fernbedienung für den Projektor unter dem Tisch laufen.

Das Gebläse des Projektors kann recht laut sein. Deshalb sollten Sie in einem kleinen Besprechungszimmer etwas lauter sprechen, damit Sie auch die Personen verstehen, die direkt neben dem Projektor sitzen.

Raumbeleuchtung bei Dia-Präsentationen

Die kräftigen Farben sowie die vorwiegend dunklen Hintergründe, die in 35-mm-Dias eingesetzt werden, erfordern, daß die Raumbeleuchtung recht niedrig gehalten wird. Helles Licht wird die Farben auf den Dias verwaschen erscheinen lassen, insbesondere dann, wenn das Licht direkt auf die Projektionsleinwand fällt. Der Text wird schwer lesbar, und die Farbkontraste in Grafiken verschwinden. Dennoch sollten Sie nicht im Dunklen stehen. Ein separates Licht, das den Redner anleuchtet, wird die Aufmerksamkeit des Publikums enorm steigern, sofern dies möglich ist, ohne die Farben auf der Leinwand zu verwaschen.

Versuchen Sie auf dem Podium einen Dimmer für die Raumbeleuchtung zu erhalten, damit Sie das Licht richtig einsetzen können. Falls dies nicht möglich ist, vereinbaren Sie mit der Person, die für die Lichtsteuerung zuständig ist, ein Signal für den Wechsel der Beleuchtung.

Ausrüstung zur Vermeidung von Katastrophen bei Dia-Präsentationen

Wenn Sie Ihren eigenen Projektor zur Besprechung mitnehmen, sollten Sie sich nicht darauf verlassen, daß Ihnen alles, was Sie benötigen, auch zur Verfügung steht. Bereiten Sie sich auf die schlimmste Situation vor; packen Sie deshalb neben dem Projektor und Ihren Dias noch einige "Versicherungen" ein:

– Ein Verlängerungskabel für den Stromanschluß, da das Stromkabel des Projektors vielleicht nicht bis zur naheliegendsten Steckdose ausreicht.

- Eine Ersatzbirne für den Projektor, da die Birne des Projektors vielleicht im ungünstigsten Zeitpunkt ihren Geist aufgibt. Achten Sie beim Kauf der Ersatzbirne darauf, daß es sich um das richtige Modell für Ihren Projektortypen handelt. Lassen Sie sich erklären, wie die Birne schnell auszutauschen ist.

- Eine Verlängerungsschnur für die Fernbedienung des Projektors.

- Einige in Papier eingewickelte Ersatzrahmen für die Dias, da bei unsachgemäßer Behandlung des Diakarussells das Glas der Diarahmen zerbrechen kann.

- Ein sauberes, fusselfreies Tuch, um die Dias und die Projektorlinse zu reinigen. Es gibt von verschiedenen Herstellern auch Reiniger, die Staub und Fingerabdrücke von den Dias entfernen.

- Eine kleine Rolle Isolierband (oder ähnliches), um die Kabel auf dem Boden zu befestigen, damit niemand aus dem Publikum darüber stolpert und Ihren Projektor zerstört oder sich verletzt.

Aufbau einer Overheadfolien-Präsentation

Normalerweise werden Präsentationen mit Overheadfolien vor einer kleinen, informellen Gruppe gehalten und sind relativ einfach aufzubauen. Wenn Sie Overheadfolien in einem großen Raum präsentieren, gibt es beim Aufbau allerdings einige Faktoren zu berücksichtigen.

Overheadfolien-Präsentationen in einem großen Vortragssaal

In einem großen Raum muß man den Overheadprojektor in der Regel vor dem Publikum aufbauen, da bei dieser Projektionsart nur eine geringe Entfernung zur Leinwand erforderlich ist. Die Abbildung 13.3 stellt diesen Aspekt dar. Durch diesen Aufbau stellt sich nicht das Problem, das irgendwelche Teilnehmer dem projizierten Bild im Wege stehen (bzw. sitzen) können. Jedoch stehen nun der Redner und der Projektor direkt zwischen dem Publikum und der Leinwand. Das Bild sollte hoch genug projiziert werden, damit der Vortragende nicht im Bild steht. Die erste Sitzreihe sollte in einiger Entfernung von Redner und Projektor aufgebaut werden, damit die Teilnehmer über die "Hindernisse" hinweg die Leinwand erkennen können.

Sie sollten an einer Seite des Projektors stehen, wobei Sie Ihre Schreibhand so nah wie möglich an den Projektor bringen. Auf diese Weise blokkieren Sie nicht das Projektionslicht, wenn Sie etwas auf die Folie schreiben müssen.

Achten Sie darauf, daß es neben dem Projektor eine Ablagemöglichkeit gibt, die groß genug ist, um zwei Stapel mit Overheadfolien zu errichten. (Der erste Stapel beinhaltet die Folien, die noch nicht gezeigt wurden, der zweite Stapel enthält die bereits projizierten Overheadfolien.)

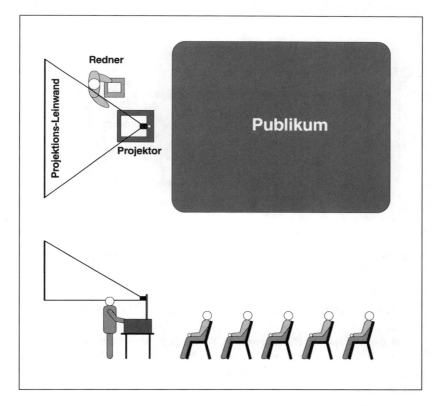

Abb. 13.3: Aufbau einer Präsentation mit Overheadfolien in einem großen Vortragssaal

Falls es in dem Raum keine Tonanlage mit Verstärker gibt, sollten Sie überprüfen, ob Sie auch aus der letzten Reihe noch gut zu vernehmen sind.

Overheadfolien-Präsentationen in einem Besprechungsraum

Der Besprechungsraum ist der eigentliche Ort, an dem Overheadfolien in einer kleinen Gruppe präsentiert werden. Der Projektor kann an das Tischende, gegenüber der Leinwand, aufgestellt werden, wie in der Abbildung 13.4 dargestellt ist. Sie sollten hinter dem Projektor stehen, wobei die Overheadfolien vor Ihnen auf dem Konferenztisch liegen. Der einzige Nachteil dieses Aufbaus besteht darin, daß das Publikum seinen Blick, wie in einem Tennismatch, ständig zwischen Leinwand und Redner hin und her wechseln muß.

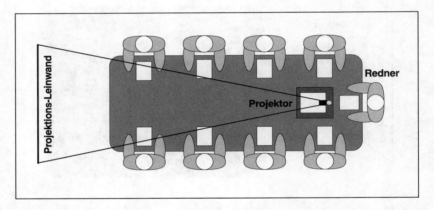

Abb. 13.4: Aufbau einer Präsentation mit Overheadfolien in einem Besprechungsraum

Raumbeleuchtung bei Präsentationen mit Overheadfolien

Overheadfolien kann man ausgezeichnet in halb abgedunkelten Räumen einsetzen. Wenn die Folien mit hellem Hintergrund und dunklem Text gestaltet sind, könnte man sie sogar bei normalem Licht lesen (nicht jedoch, wenn direktes Sonnenlicht einfällt).

Ausrüstung zur Vermeidung von Katastrophen
bei Präsentationen mit Overheadfolien

Wenn Sie Ihren eigenen Projektor in die Präsentation mitbringen, sollten Sie fast alle Punkte beachten, die bei 35-mm-Dias empfohlen worden sind: ein Verlängerungskabel für den Projektor, eine Ersatzbirne für den Projektor, Isolierband (oder ähnliches) zur Befestigung der Kabel und einige unbeschriebene Overheadfolien, falls Sie während der Präsentation improvisieren müssen.

Aufbau einer Screen Show

Durch den Anschluß eines Computers an einen großen Videobildschirm oder eine Videoprojektionseinheit wird es ermöglicht, bestimmte Elemente noch unmittelbar vor der Präsentation zu verändern. Sie können auch auf komplexe Fragen des Publikums eingehen und sie direkt auf dem Bildschirm in Form einer Tabelle oder eines spontan erstellten Diagrammes beantworten. Der Haken besteht jedoch darin, daß Videosysteme, im Gegensatz zu den anderen Präsentationsmedien, immer noch nicht standardisiert sind.

Wenn Sie in eine Präsentation nur mit einem Karussell voller Dias hineinspazieren, sind die Aussichten, daß das Diakarussell in einen anderen Projektor paßt, sehr gut. Wenn Sie aber mit einem Laptop-Computer unter dem Arm in eine Präsentation hineingehen, ist die Wahrscheinlichkeit, daß Sie Ihr Gerät einfach an den im Raum befindlichen Bildschirm anschließen und dann loslegen können, sehr gering.

Bevor Sie sich mit Screen Shows näher auseinandersetzen, sollten Sie mit einem renommierten Computerhändler sprechen, der in diesem Bereich schon Erfahrung hat. Einige Belichtungsstudios produzieren auch Screen Shows und werden Ihnen Ratschläge geben können.

Um eine Screen Show im Besprechungsraum Ihrer Firma zu produzieren, müssen Sie kompatible Hardware sowie die entsprechende Software kaufen und beides durch einen zuverlässigen Händler installieren lassen. Eine weitaus größere Herausforderung liegt in dem Vorhaben, einen Laptop-Computer bei externen Präsentationen einsetzen zu wollen.

Eine externe Screen Show

Wenn Sie eine Screen Show nicht in Ihrer Unternehmung präsentieren, ist es sehr problematisch, sich auf die Hilfsbereitschaft von Fremden zu verlassen, da es so viele unterschiedliche Projektionssysteme gibt. Sie sollten im voraus schon klären, mit welchen Anzeigesystemen Sie in den Konferenzräumen konfrontiert werden und ob diese Systeme mit dem Computer, den Sie benutzen werden, kompatibel sind. Natürlich können Sie auch bei externen Präsentationen immer Ihr Videosystem mit sich tragen, aber dann werden Sie einen kräftigen Rücken benötigen.

Große Videoprojektionseinheiten lassen sich im allgemeinen nicht gut transportieren. Abgesehen von ihrer Größe und ihrem Gewicht, können durch das Wackeln und Rütteln während des Luft- oder Autotransportes die sensiblen Geräte Schaden nehmen. Dies kann im Extremfall bis zum Totalausfall der Geräte führen. Wenn mehrere Präsentationen an verschiedenen Orten vor einem großen Publikum anstehen, werden Sie mit Sicherheit besser schlafen, wenn Sie die regionalen Audiovisions-Firmen mit dem Aufbau der Videoprojektionseinheiten beauftragen.

Einige neue Projektionsmodelle sind kleiner und portabler, füllen aber dafür den Bildschirm nicht genau so groß aus wie die größeren Einheiten. Wenn Ihr Publikum nicht mehr als 40 Personen umfaßt, sind diese kleinen Einheiten vielleicht annehmbar.

Videoprojektion in einem großen Vortragssaal

Die meisten Videoprojektoren benötigen auch nur eine geringe Entfernung zur Leinwand. Daher muß der Projektor auch in der Nähe der Leinwand aufgebaut werden. Trotzdem können Videoprojektoren viel niedriger als Overheadprojektoren positioniert werden, wodurch die Sichtlinien des Publikums erheblich verbessert werden. Die Abbildung 13.5 stellt den empfohlenen Aufbau dar. Redner und Computer können, wie bei der Projektion von Overheadfolien, neben der Leinwand positioniert werden.

Die Raumbeleuchtung sollte bei jeder Art der Videoprojektion gering gehalten werden (wie bei Dias), da projizierte Videobilder einen viel geringeren Kontrast als projizierte Dias besitzen und deshalb bei Lichteinfall auch sehr schnell verwaschen wirken.

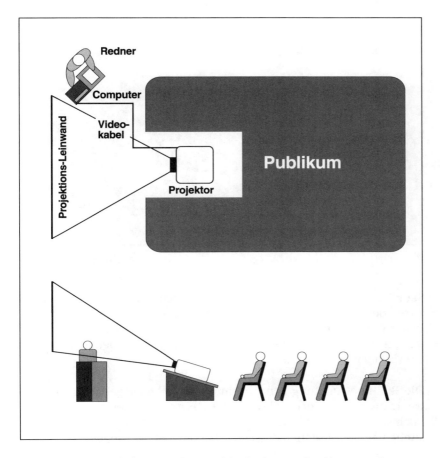

Abb. 13.5: Aufbau einer Videoprojektion in einem großen Vortragssaal

Videoprojektion in einem Besprechungsraum

In einem kleinen Besprechungsraum ist für Ihre Präsentation vielleicht schon ein einzelner Großbildschirm ausreichend. Der Bildschirm kann an eine der Kopfseiten des Konferenztisches plaziert werden. Der Redner kann seinen Computer direkt neben dem Bildschirm aufbauen, wie in der Abbildung 13.6 zu sehen ist, oder aus einer sitzenden Position am Tisch die Bildfolge steuern (wie bei einer Diaprojektion).

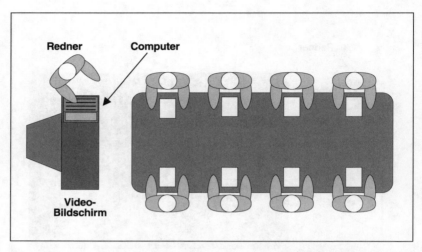

Abb. 13.6: Aufbau einer Videoprojektion in einem kleinen Besprechungsraum

Sie können, je nach den gegebenen räumlichen Möglichkeiten, auch zwei oder drei normale Bildschirme einsetzen. Der Einsatz mehrerer Bildschirme erfordert einen speziellen Videosignalverstärker bzw. -spalter, der das Videosignal verstärkt und an die verschiedenen Bildschirme simultan weiterleitet.

Die Raumbeleuchtung kann normalerweise heller gehalten werden, wenn anstatt der Videoprojektion Bildschirme eingesetzt werden. Dennoch sollten Sie darauf achten, daß auf den Bildschirm fallende Lichtstrahlen und Reflexionen dessen Lesbarkeit nicht verringern.

Die Verteilung des Informationsmaterials an das Publikum

Werden die Unterlagen während der Präsentation verteilt, wird die Aufmerksamkeit des Publikums unterbrochen und zerstreut. Verteilen Sie die Informationsmaterialien entweder vor oder nach der Präsentation, damit sich die Teilnehmer vollends auf die Präsentation konzentrieren können. Die Gestaltung und Größe des Raumes bestimmt die Art, wie Sie die Informationsmaterialien an den Mann (oder die Frau) bringen.

Informationsunterlagen bei einer Präsentation
in einem großen Vortragssaal

Wenn Ihr Publikum die Unterlagen während der Präsentation benötigt, legen Sie Kopien (mit dem Deckblatt nach oben) auf jeden Sitz des Vortragssaales. Unterlagen, die im Anschluß an die Präsentation verteilt werden, sollten auf Tischen an jedem Ausgang des Vortragssaales plaziert werden. Am Ende der Präsentation sollte der Redner darauf hinweisen, daß Informationsunterlagen zur Mitnahme bereitstehen.

Die Aufforderung zur Selbstbedienung garantiert aber nicht, daß auch jeder Teilnehmer eine Kopie der Unterlagen erhält. Wenn Sie sichergehen wollen, daß alle Teilnehmer die Unterlagen empfangen sollen, müssen Sie eine Hostess an jeden Ausgang plazieren, die dann die Unterlagen verteilt.

Mehrseitige Unterlagen sollten immer gebunden sein. Benutzen Sie niemals Büroklammern, um die verschiedenen Seiten, bei Selbstbedienung der Teilnehmer, voneinander zu trennen. Dies führt nur zu einem Durcheinander, sobald die Büroklammern verschwunden und die Blätter lose auf dem Tisch verteilt sind.

Informationsunterlagen bei einer Präsentation
in einem Besprechungsraum

Die zwanglose Atmosphäre in einem Besprechungsraum erleichtert die Verteilung der Informationsunterlagen sehr. Legen Sie die gebundenen oder gestapelten Unterlagen auf jeden Sitz oder verteilen Sie sie persönlich direkt nach der Präsentation.

Der Praxisfall

Auf Präsentationstour

Montag, den 15. Oktober, 10:00 Uhr. "Guten Morgen, meine Damen und Herren. Ich heiße Albert Schmitz und bin der Geschäftsführer von Hypothetika International. Es ist mir eine große Ehre, heute in Frankfurt in den Räumen der Investa Bank über die Zukunft von Hypothetika International zu reden ..."

Die Präsentation war mit einem langen Vorbereitungsprozeß verbunden, aber heute, vor dem Publikum stehend, ist Albert mit dem Erfolg zufrieden. Es arbeiten alle Elemente einer wirkungsvollen, überzeugenden Präsentation:

> Ein sorgfältiger Präsentationsplan deckt alle Informationen und Argumente ab, die zur Überzeugung des Publikums benötigt werden.

> Die Gliederung organisiert den dramatischen Ablauf und erzählt wirkungsvoll die Geschichte von Hypothetika.

> Albert und seine Kollegen haben klar verständliche Skripte geschrieben und sie sorgfältig einstudiert.

> Die Präsentationsgrafiken sind gut gestaltet, mit prägnanten Textdias, Diagrammen, die sich an den Aussagen orientieren, sowie attraktiven Illustrationen und Fotografien.

> Qualitativ hochwertige Dias erhellen die Leinwand hinter ihm, und professionell gedruckte und gebundene Informationsmaterialien befinden sich in den Händen der Anwesenden.

> Außerdem hat er noch eine Ersatzbirne in seiner Aktentasche.

11:15 Uhr. "Und wenn es keine weiteren Fragen gibt, möchte ich auch nicht mehr von ihrer wertvollen Zeit in Anspruch nehmen. Vielen Dank."

Albert tritt hinter dem Podium hervor und schüttelt den Vorstandsmitgliedern der Investa Bank, Dr. Herbert Braun, Dr. Günther Schreiber und Frank Verhoven die Hände.

"Vielen Dank für das Forum, Herr Verhoven. Ich hoffe, daß wir unserem Publikum die notwendigen Informationen mit auf den Weg gegeben haben."

"Das war eine ausgezeichnete Präsentation, Herr Schmitz. Es wäre schön, wenn wir Sie und Ihre Kollegen zum Mittagessen im Victorians begrüßen dürften, dort würden wir gerne noch einige Details bezüglich des Aktienpaketes besprechen."

Wie sich der Verkauf der Aktien entwickeln wird, ist nicht mehr Teil dieser Geschichte. Natürlich hat diese kleine Geschichte auch eine Botschaft zu vermitteln: Plane im voraus! Unabhängig von den kleinen Mißgeschicken, die während des Vorbereitungs- und Produktionsprozesses aufgetreten sind, haben die Mitglieder des Präsentationsteams an einem Plan festgehalten, der die Aussagen entwickelte, und haben Ihre kreativen Anstrengungen auf den Punkt gebracht.

Zusammenfassung

Wenn die Produktionsarbeit für die Präsentation abgeschlossen ist, müssen Sie Ihre Rede proben und die Show inszenieren. Bauen Sie den Konferenzraum so auf, daß er die beste Umgebung für die Projektion Ihrer Dias, Overheadfolien oder Ihrer Screen Show gibt:

–   Der Projektor sollte so plaziert werden, daß die Teilnehmer die projizierten Bilder nicht blockieren.

–   Der Redner sollte sich mit dem Gesicht zum Publikum positionieren, wobei er nicht die Sicht des Publikums oder die Projektion behindern darf.

–   Achten Sie besonders auf die Lautstärke, in der der Redner spricht. Setzen Sie, falls es notwendig ist, Mikrophone und Verstärker ein.

–   Richten Sie die Raumbeleuchtung nach Ihrem Projektionsmedium aus (und umgekehrt). Versuchen Sie nicht, in einem hellen Raum Dias oder Videos zu projizieren.

–   Seien Sie auf alles vorbereitet! Wenn Sie die Bedingungen, unter denen Sie präsentieren müssen, nicht genau kennen, nehmen Sie Verlängerungskabel und andere Dinge mit, um ein Desaster zu vermeiden.

–   Verteilen Sie die Informationsmaterialien gemäß ihrem Einsatz in der Präsentation. Binden Sie die Unterlagen, verwenden Sie niemals Büroklammern.

–   Bei sehr großen Präsentationen oder Präsentationen mit Videoprojektion sollten Sie den Aufbau einer professionellen Firma überlassen, damit Sie sicher gehen können, daß der Aufbau auch tatsächlich professionell sein wird.

Wenn alles gesagt und getan ist, steht der Redner in einer Präsentation allein vor dem Publikum. Alles, was vorher passiert ist - die Planung, die Produktion, die Probe -, beeinflußt die Überzeugungskraft der vom Redner vorgetragenen Aussagen. Nehmen Sie sich die Zeit, damit Sie Ihr Präsentationsgrafik-Programm beherrschen, lernen Sie, wie man plant und organisiert, und führen Sie dann Ihre nächste Präsentation erfolgreich durch.

Stichwortverzeichnis

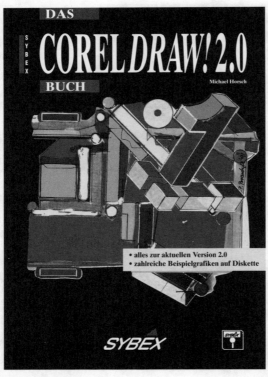

**Fordern Sie ein Gesamtverzeichnis
unserer Verlagsproduktion an:**

SYBEX-Verlag GmbH
Erkrather Str. 345-349
D-4000 Düsseldorf 1
Tel.: (02 11) 97 39-0
Fax: (02 11) 97 39-1 99